「慵齋叢話」 "活字"條 實驗 研究

An Experimental Investigation of the "Type" Paragraph in *Yongjae Ch'onghwa*

朝鮮時代 鑄物砂法 金屬活字印刷術

Metal Typography of Green Sand Mould Casting Method in Joseon Dynasty

조형진 활자인쇄술 연구 총서

(2)

「慵齋叢話」 "活字"條 實驗 研究

An Experimental Investigation of the "Type" Paragraph in *Yongiae Ch'onghwa*

朝鮮時代 鑄物砂法 金屬活字印刷術

Metal Typography of Green Sand Mould Casting Method in Joseon Dynasty

曺 炯 鎭

Cho, Hyung-Jin

〈초 록〉

1. 金屬活字의 鑄造 過程

1.1 鑄物砂法 鑄造 過程

(1) 조선시대 초기 금속활자의 주물사법 주조 과정은 다음과 같다. ① 木刻字模의 제작, ② 鑄型의 제작, ③ 金屬 鎔液의 주입, ④ 너덜이 修整. 이를 실험으로 밝혀내어, 전통적 방법으로 금속활자 주조를 가능하게 하였다.

(2) 주조 과정상에서 선행 연구와의 차이점은 다음과 같다. ① 음틀에 海浦軟泥를 다져 넣은 후 목각자모를 심었다. ② 離連劑를 음양 두 틀의 사이에 뿌렸다. ③ 금속 용액 주입로(湯道)를 음틀의 주조면에 조성하였다. ④ 그을음을 음양 두 틀의 주조면에 입혔다. ⑤ 주형을 35~45° 정도로 거치하여 천천히, 소량씩, 가득 차도록 금속 용액을 주입하였다.

1.2 木刻字模의 제작

(3) 목각자모용 자재가 황양목인 이유는 목질이 균일하여 刻字하기가 용이하였기 때문이었다.

(4) 목각자모의 동체는 문자면이 배면보다 넓도록 측면을 3~5° 정도 기울기로 재단하였다.

(5) 목각자모의 조각 방법은 偏刀로 대부분 필획을 새겼다. 필획 측면의

각도는 75~85°, 깊이는 1.0~2.0mm 정도여야 하였다. 조각 능률은 1시간에 6~7개 정도였다. 조각이 끝난 목각자모는 주조에 사용하기 전에 밀랍을 입혀 완성하였다.

1.3 金屬 鎔液의 注入

(6) 해포연니는 입자 직경 0.05mm 이하가 90% 정도 포함되어야 하였다. 水分을 8~10%, 鹽分을 2~4% 함유하고 있어야 하였다.

(7) 금속 용액의 주입 요령은 주형의 음틀(목각자모의 배면)을 아래에, 양틀(목각자모의 문자면)을 위에, 주형을 거치하는 각도는 35~45° 정도로 하여, 금속 용액을 천천히, 소량씩, 가득 차도록 주입해야 하였다.

2. 印版의 製作 過程 = 組版 過程

2.1 印版의 種類

(1) 조선시대의 금속활자 인쇄를 위한 조판용 인판은 庚子字(1420년) 이전의 일체식 인판과 甲寅字(1434년) 이후의 組立式 인판이 있었다.

2.2 印版 種類別 組版 過程

(2) 조판 과정은 인판의 종류와 무관하게 기초 단계인 ① 판식의 설계와 ② 자재의 준비를 선행하여야 하였다.

그 후, 일체식 인판의 경우는 ③ 필요한 활자 선별, ④ 광곽재 고정, ⑤ 판심재와 계선재 배열, ⑥ 인납을 부어 넣은 후 활자 배열, ⑦ 인출면 높낮이 조정, ⑧ 교정, ⑨ 인납으로 고정하여 인판을 완성하였다. 조립식 인판의 경우는 ③ 필요한 활자 선별, ④ 上邊과 左邊의 광곽재 고정, ⑤ 활자·계선재·판심재 배열, ⑥ 下邊과 右邊의 광곽재 고정, ⑦ 인출면 높낮이 조정, ⑧ 교정, ⑨ 나뭇조각 등으로 고정하여 인판을 완성하였다.

(3) 모든 과정은 능률 향상에 초점을 맞추어 진행되며, 모든 과정이 잘되어야 우수한 書品의 인쇄물을 얻을 수 있었다.

2.3 組版 技術

(4) 組版 과정의 원론적 선후 관계는 있으나, 구체적 절차에서는 경험적 감각이 크게 작용하였다. 구체적인 수치로 표현할 수 없는 부분일수록 더욱 숙련된 기술이 필요하였다.

(5) 작업 대부분이 均字匠에 의하여 이루어지며, 서품에도 절대적인 영향을 미치므로 균자 과정이 가장 숙련된 기술을 필요로 하였다.

(6) 일체식 인판은 조판 과정은 간단하지만, 인쇄 능률은 낮고, 조립식 인판은 그 반대여서, 庚子字에서 甲寅字로의 전환은 기술적 발전이었다.

3. 印版의 印出 過程

3.1 墨汁

(1) 동양에서는 묵즙의 재료로 周代부터 松煙墨을, 唐代 말기부터 油煙墨도 사용하였다.

(2) 송연묵은 목질 인판 인출용으로, 유연묵은 금속질·석질·유리질 인판 인출용으로 사용되었다.

(3) 墨汁은 그을음·아교·첨가제로 제조하였다. 그을음은 금속활자 인출용으로는 입자가 굵은 유연을 사용하였다. 아교의 기능은 그을음 고착, 묵색 광채, 묵즙 농도 조절, 그을음의 침전 방지였다. 인출을 위한 첨가제는 농도를 짙게 하기 위한 丹砂類, 향기를 위한 麝香·樟腦, 방부와 방충제 역할을 하는 椑木皮·石榴皮·膽礬 등을 사용하였다.

(4) 묵즙의 성분 분석은 無機化學的 방법과 有機化學的 방법 모두 불가능하였다. 부득이 문헌적 고증과 경험적 직관을 활용하여야 하였다. 묵즙에 관한 과학적 분석은 본 연구에서 최초로 시도한 것이다.

3.2 冊紙

(5) 종이 재료로는 靭皮 植物·樹皮 植物·禾本科 植物·種子 植物·蠶絲(누에고치) 등이 사용되었다. 단위 섬유의 평균치가 길고 가늘수록 이상적인 종이 재료였다.

(6) 종이 재료를 알칼리 성분인 석회수와 잿물에 끓임으로써 불순물을 제거하여 순수한 纖維素를 얻었다.

(7) 종이 섬유의 叩解 處理를 통하여 유연성과 可塑性을 높여서 강도가

높은 종이를 얻었다.

(8) 종이의 표면 처리와 내부 처리를 통하여 흡수성을 낮추고 平滑度·白度·均一度·不透明度를 높여서 서사 효과와 인쇄 적성을 개선하였다.

(9) 册紙로는 楮紙·藁精紙·桑紙가 많이 사용되었다. 품질도 우수하고, 가공하기 쉬우며, 재료를 쉽게 구할 수 있기 때문이었다.

(10) 책지로서의 저지는 堅靭하고 윤택하며 질겼다. 고정지는 平滑하고 섬유질이 잘 결속되었고, 흡수성이 좋았다. 상지는 결속력이 강하고 견인하며, 두꺼운 종이를 제조하기에 적합하였다. 麻紙는 섬유가 부드러우면서 견인하고 세밀하면서도 不透水性이 강하여 이상적인 제지 재료였다. 저지·상지는 인쇄 적성에 적합하여 가장 많이 사용되었다. 마지도 우수한 종이지만 저지에 밀려서 많이 쓰이지 않았다. 竹紙는 섬유의 조건이 좋은 종이는 아니지만, 재료를 쉽게 구할 수 있는 장점으로 많이 사용되었다.

(11) 책지의 두께가 두꺼우면 견인하여 인쇄 능률도 높고 서품도 우수한 인쇄물을 얻을 수 있었다. 종이의 두께를 좌우하는 요소로는 紙漿의 농도·뜸발의 굵기·물질의 속도와 회수 등이 관계가 있었다. 책지의 두께에 따른 견인도와 인쇄 적성과의 관계는 본 연구에서 최초로 분석하였다.

3.3 印出 技術

(12) 인출 과정은 ① 자재 준비, ② 인판 고정, ③ 묵즙 도포, ④ 책지 얹기, ⑤ 밀대로 인출하기, ⑥ 책지 걷어내기 순이었다.

(13) 인출 공구로 먹솔은 벼 이삭의 穗로 만들었고, 밀대는 말총이나 印髢가

사용되었다.

(14) 인출용 묵즙은 액상으로 조제하였으며, 고체 먹을 사용할 때에는 물에 2~3일 담그거나 끓여서 사용하였다. 탁주로 농도를 조절하였다.

(15) 책지의 크기는 인판·서적·本紙(全紙) 등의 크기를 참작하여 재단하였다.

(16) 인출 방법은 수평으로 미는 방법과 수직으로 압박하는 방법이 있는데, 책지의 두께와 견인도, 묵즙의 농도와 도포량 등이 좌우하였다.

(17) 우수한 서품의 인쇄물은 인출면의 균일한 높낮이·묵즙의 농도와 도포량·책지의 吸水性과 吸水量·인출 기술 등이 조화를 이루어야 가능하였다. 이는 숙련된 기술이 더 중요하였다.

책지의 재단·묵즙과 책지의 인쇄 적성·인출 기술과의 관계는 본 연구에서 최초로 실험 분석하였다.

요어: 금속활자, 주물사법, 木刻字模, 海浦軟泥, 주입 요령, 一體式 인판, 組立式 인판, 조판 과정, 松煙墨, 油煙墨, 冊紙, 인쇄 적성, 인출 과정

〈ABSTRACT〉

1. The Casting Procedure of Metal Type

1.1 The Type Casting Procedure Using Green Sand Mould Casting Method

(1) The metal type casting procedure using green sand mould casting method in the early Joseon period is as follows: ① production of wooden matrix, ② production of mould, ③ pouring of metal liquid, and ④ finishing touches. It was verified through experiments, proving that the traditional method enables casting of metal types.

(2) This study differs from the preceding studies in the casting procedure as follows: ① After green sand was put in yin mould and firmly pressed, wooden matrix was driven into the yin mould. ② The separation powder was scattered between the yin and yang moulds. ③ The pouring path of metal liquid was established on the casting face of yin mould. ④ Soot carbon was coated on the casting faces of yin an yang moulds. ⑤ The metal liquid was poured into the mould slowly, in small quantities, until full, with the mould being slanted at 35 to 45°.

1.2 The Production of Wooden Matrix

(3) The material for wooden matrix was boxwood because it had evenly distributed tissues and was easy for carving.

(4) The body of wooden matrix was trimmed such that the face of character was larger than its bottom with a slope of 3~5°.

(5) The carving method for wooden matrix was to carve most character strokes with a single-edged graver. The slope of the character stroke had to be 75~85°, with the depth of 1.0~2.0mm. In terms of efficiency, 6 to 7 pieces were carved in an hour. After completion of carving, the wooden matrix was coated with bees wax before being used for casting.

1.3 Pouring of Metal Liquid

(6) Around 90% particles of green sand had to be no bigger than 0.05mm in diameter. They had to contain 8 to 10% water and 2 to 4% salt.

(7) The metal liquid was poured into the mould slowly, in small quantities, until full, with the mould being slanted at 35 to 45°, yin mould(bottom of wooden matrix) placed below and yang mould(character face of wooden matrix) placed above.

2. The Production Procedure of Printing Plate = Typesetting Procedure

2.1 Types of Printing Plate

(1) The printing plates for metal types in the Joseon Dynasty had a whole body printing plate before the geng-zi[1] type(1420) and an assembly printing plate after jia-yin1) type (1434).

2.2 Typesetting procedure of Printing Plates

(2) Typesetting procedure had to precede the basic stage of ① design of edition format and ② preparation of materials, irrespective of printing plate types.

After then, in the case of a whole body printing plate, the printing plate was completed following each stage of ③ selection of types, ④ fixation of frame materials, ⑤ arrangement of plate heart materials and dividing line materials, ⑥ arrangement of types after pouring printing wax, ⑦ height adjustment of printing face ⑧ correction, ⑨ fixation by printing wax.

In the case of assembly printing plate, the printing plate was completed following each stage of ③ selection of types, ④ fixation of upper and left frame materials, ⑤ arrangement of types, dividing line materials and plate heart materials, ⑥ fixation of lower and right

---

1) year recording by sexagenary cycle.

frame materials, ⑦ height adjustment of printing face ⑧ correction, ⑨ fixation by wood pieces.

(3) Each stage was focused on improving efficiency, and the whole procedure had to be well done to obtain high quality print.

2.3 Typesetting Technique

(4) Although in principle there is a sequence in the typesetting procedure, experience played a huge part in the specific application. In particular, experienced skill was required more for the parts that were not quantifiable.

(5) Most of the work was done by artisans responsible for typesetting and the process of adjusting the height of the type had an absolute impact on quality, so required the highest skill.

(6) The whole body printing plate had a simple typesetting procedure, yet the printing efficiency was low, whereas the assembly printing plate was exactly the opposite. Accordingly, the transition from geng-zi type(1420) to jia-yin type(1434) had made technological advances.

3. Brushing Procedure of Printing Plate

3.1 Chinese Ink

(1) In the East, they used pine soot chinese ink as a material for chinese

ink since the Zhou Dynasty and oil chinese ink additionally since the late Tang Dynasty.

(2) pine soot chinese ink was used for wooden printing plate, and oil chinese ink was used for metal, stone and glass printing plates.

(3) The chinese ink was made by mixing soot, glue, and additives. Soot for brushing metal types used oil soot carbon with thick particles. The function of the glue was to force soot to stick, make the color of chinese ink gloss, control the concentration of chinese ink, and prevent soot from being deposited. Additives for brushing included cinnabar for thickening concentration, musk and camphor for scent, barks of buckthorn and pomegranate and alum for preservatives and insect repellents.

(4) Analyzing the ingredients of chinese ink was not possible by neither of inorganic and organic chemistry approaches. Inevitably, literary review and empirical intuition had to be adopted as an alternative. This study was the first attempt to scientifically analyze the ingredients of chinese ink.

3.2 paper for book printing

(5) The materials for paper were plants of bast, bark, grass family, seed, silkworm cocoon etc. The longer and thinner the average of unit fibers, the more ideal the paper material.

(6) By boiling paper materials in alkali-based lime water and lye, impurities were removed and pure cellulose was obtained.

(7) Through the unwinding process of paper fibers, the high strength paper was obtained by increasing flexibility and plasticity.

(8) Absorbability was reduced through surficial and internal treatment of paper. It also increased the degree of evenness, smoothness, whiteness, uniformity and non-transparency so that the writing and printing qualities were improved.

(9) For the book printing paper, papermulberry paper, rice straw paper and mulberry paper were used a lot. It was because they were good quality, easy to process, and their materials were easy to obtain.

(10) As a paper for printing books, the papermulberry paper was solid, glossy and tough. The rice straw paper was even, smooth, fiber-bound and absorbent. The mulberry paper had a strong binding force and was suitable for making thick paper. The hemp paper was an ideal paper material because the fibers were soft, solid, dense, and impermeable. The papermulberry paper and mulberry paper were most used for printing because of their suitability for printing. The hamp paper was also an excellent paper, but it had not been used much since it was outstripped by the papermulberry paper. The bamboo paper was not a paper material with good fiber condition, but it was used a lot because of easy access to its materials.

(11) The thickness of paper for book printing enhanced solidness, improving efficiency of printing and enabling the high quality print. Factors that determined the thickness of paper were the concentration of paper fiber liquid, the thickness of the bamboo grid, and the speed and number of

movements in which the fiber was scooped.

This study was the first attempt to analyze the relationship between the solidness determined by the thickness of paper for book printing and suitability of printing.

3.3 brushing Technique

(12) The brushing procedure was followed by ① material preparation, ② fixing the printing plate, ③ applying the chinese ink, ④ placing the book printing paper, ⑤ brushing it with a brush, ⑥ peeling off the book printing paper

(13) As the brushing tool, the ink brush was made from rice ears, while the brush was made of a horse tail or human hair.

(14) The chinese ink for brushing was prepared in liquid form. When used in solid form, it was used by soaking in water for two to three days or boiling. The concentration was controlled by the grain wine.

(15) The size of the paper for book printing was determined by taking into account the size of the printing plate, books, and whole paper.

(16) As for brushing, there were horizontal pushing method and vertical pressing method, depending on the thickness and solidness of the book printing paper, and the concentration and applied amount of chinese ink.

(17) High quality printing was only possible when a number of elements were integrated such as uniformly adjusted height in the printing face, the concentration and applied amount of chinese ink, absorbability

and absorbed amount of book printing paper, and brushing technique. This means that the experienced skill was more important..

This study was the first attempt to experimentally analyze the relationship among cutting book printing paper, printing suitability of chinese ink and book printing paper, and brushing technique.

Key words: Metal Type, Green Sand Mould Casting Method, Wooden Matrix, Green Sand, Pouring Method, Whole Body Printing Plate, Assembly Printing Plate, Typesetting Procedure, Pine Soot Chinese Ink, Oil Chinese Ink, Book Printing Paper, Printing Suitability, Brushing Procedure.

〈提 要〉

1. 金屬活字之鑄造過程

1.1 鑄砂法鑄造過程

(1) 朝鮮朝早期金屬活字之鑄砂法鑄造過程如下: ①製作木刻字模, ②製作鑄範, ③注入金屬鎔液, ④修整活字胴體之多餘部分。本研究以實驗法檢驗上述鑄造過程, 證實傳統方法確能鑄造出金屬活字。

(2) 本次鑄造過程, 與前此的研究相較, 不同點如下: ①將木刻字模印着在鑄範之工程, 應先將海浦軟泥鎚熟在陰範匡內後, 才可施行。②離連劑應在陰陽兩範之間均勻撒佈。③金屬鎔液之注路(湯道)應做在陰範鑄造面上。④煙煤燻黑的程序, 應在陰陽兩範之鑄造面進行。⑤裝置鑄範之角度應在35-45°左右, 將金屬鎔液以少量方式慢慢注入, 至倒滿爲止。

1.2 木刻字模之製作

(3) 木刻字模所用材料爲黃楊木, 選用之理由是木質均勻, 又容易刻字之故。

(4) 木刻字模之胴體要確保文字面比背面廣, 將側面以3-5°斜度裁斷。

(5) 木刻字模之雕刻方法爲以偏刀雕刻大部分筆劃。筆劃側面之角度應在75-85°, 雕刻深度要1.0-2.0mm左右。雕刻速率爲一小時刻6-7個字。雕刻完之木刻字模應在用於鑄造之前, 塗布蜂蠟。

1.3 金屬鎔液之注入

(6) 海浦軟泥之粒子直徑, 至少有90%左右應爲0.05mm以下, 竝要含有8-10%水分、2-4%鹽分。

(7) 金屬鎔液之注入要領, 是鑄型之陰範(木刻字模之背面)在下, 陽範(木刻字模之文字面)在上, 裝置鑄範之角度應在35-45°左右, 將金屬鎔液以少量方式慢慢注入, 至倒滿爲止。

2. 印版之製作過程 = 排版過程

2.1 印版之種類

(1) 朝鮮朝爲金屬活字印刷之排版所用印版, 可分兩種, 一爲庚子字(1420年)以前之固着式印版, 二爲甲寅字(1434年)以後之組合式印版。

2.2 各個印版之排版過程

(2) 無論採何種印版, 排版過程有兩個基本階段皆須施行: ①設計板式, ②準備材料。其後, 固着式印版的後續步驟爲: ③抽選所需活字, ④固定匡郭材, ⑤排列版心材與界線材, ⑥熔入印蠟後, 排列活字, ⑦調整印面高度水平, ⑧校正, ⑨以印蠟固定而完成印版。組合式印版則爲 : ③抽選所需活字, ④固定上邊與左邊匡郭材, ⑤排列活字、界線材、版心材, ⑥固定下邊與右邊匡郭材, ⑦調整印面高度水平, ⑧校正, ⑨以木片等固定而完成印版。

(3) 一切程序以提高印刷效率為主要考量，各項步驟按部就班、確實執行，才能得書品優秀之印刷品。

2.3 排版技術

(4) 排版過程有其原理上的先後關係，不過實務上，印刷工匠會依其經驗調整相關細節與順序；尤其是無法在上述步驟中以具體數字表示的部分，更需要熟練的技術。

(5) 大部分工作由均字匠執行，均字匠的技術嫻熟度絕對會影響書品，故均字過程需要最熟練之技術。

(6) 固着式印版的特色，為排版過程簡單，但印刷效率低，組合式印版則正好與其相反，故庚子字轉到甲寅字，在印版的轉變是一種技術發展。

3. 印版之刷印過程

3.1 墨汁

(1) 東方國家之墨汁材料，自中國周代卽使用松煙墨，至唐代末期竝用油煙墨。

(2) 松煙墨用在木質印版刷印，油煙墨用在金屬質、石質、玻璃質印版刷印。

(3) 墨汁以煙煤、阿膠及適當添加物調製。金屬活字刷印所用煙煤為粒子粗的油煙。阿膠之功能為固着煙煤，調節墨色光彩、墨汁濃度，防止煙煤沈澱。墨汁所用添加物包括 ： 為加濃度之丹砂類，為香味之麝香、樟腦，為防腐與防蟲功能之椑木皮、石榴皮、膽礬等。

(4) 分析墨汁成分的過程，無論是無機化學法或有機化學法皆不成功，故不得不利用文獻考證與經驗直觀。

針對墨汁進行科學分析，是由本研究最早嘗試。

3.2 冊紙

(5) 紙張原料使用韌皮植物、樹皮植物、禾本科植物、種子植物、蠶絲等。單位纖維之平均分越長又細，越為理想材料。

(6) 紙張材料以鹼性石灰水或灰水泡煮，再除去不純成分，而得純粹纖維素。

(7) 經過紙張纖維之叩解處理，提高柔軟性與可塑性，能得強度高之紙張。

(8) 紙張經過表面與內部處理，降低吸水性，提高平滑度、白度、均勻度、不透明度，可有效提昇書寫效果與改良印刷敵性。

(9) 冊紙多用楮紙、藁精紙、桑紙。因品質優良，加工又容易，且材料容易求得之故。

(10) 楮紙冊紙堅韌，有光澤又結實；藁精紙則平滑，纖維好結合，吸水性佳；桑紙結合力強又堅韌，適合製造厚紙；麻紙纖維柔軟，堅韌又細密，而不透水性強，是理想的造紙材料。楮紙、桑紙適合印刷敵性，故使用最多；麻紙是優質紙張，但其實際應用情形，因楮紙等的普及而用量較少。竹紙不是纖維條件好的紙張材料，但有材料易得之長處，而多為人採用。

(11) 冊紙越厚，就越堅韌，印刷效率越高，又能得書品優秀之印刷品。左右紙張厚薄之因素包括：紙漿濃度、紙簾之粗細、撈紙漿裏紙纖維之速度與次數等。

探討隨冊紙厚薄而改變的堅韌度與印刷敵性間之關係，是由本研究最早提出。

3.3 刷印技術

(12) 刷印過程分爲①準備材料, ②固定印版, ③塗布墨汁, ④放上冊紙, ⑤用刷子刷印, ⑥拿上冊紙等步驟。

(13) 刷印工具之墨刷由稻草之穗製作, 刷子用馬尾或印髦。

(14) 刷印所用墨汁, 一般調製成液狀直接應用; 若製量過多則將剩餘墨液製成墨塊。使用墨塊時, 需泡水2-3日或煮來用。並以濁酒調節其濃度。

(15) 冊紙之大小視需要而定, 將酌印版、書籍、本紙(全紙)等之大小而裁斷。

(16) 刷印方法有水平推法與垂直壓法, 依冊紙之厚薄與堅韌度, 墨汁之濃度與塗布量等選用適合之刷印法。

(17) 書品優秀的印刷品, 講究印面高度之均匀、墨汁之濃度與塗布量、冊紙之吸水性與吸水量。而刷印技術之良窳, 會影響書品之高下, 因此, 熟練的刷印技術更爲重要。

冊紙之裁斷、墨汁與冊紙之印刷敵性、與刷印技術之關係, 是由本研究最初以實驗分析進行檢驗。

關鍵詞: 金屬活字, 鑄砂法, 木刻字模, 海浦軟泥, 注入要領, 固着式印版, 組合式印版, 排版過程, 松煙墨, 油煙墨, 冊紙, 印刷敵性, 刷印過程。

목차

사진·書影·印出 書葉·圖·표 목차

Ⅲ. 印版의 製作 過程 = 組版 過程

Ⅳ. 印版의 印出 過程

附錄 2. 韓國 古活字印刷 槪要

附錄 3. 金屬活字本說 「南明泉和尙頌證道歌」의 鑑別 方法 研究

附錄 4. 蔡倫은 製紙術의 發明者인가?

序言

1

1. 序 言

1. 古書籍의 生産 方法

동양에서의 전통적인 서적 생산 방법은 크게 (1) 筆寫와 (2) 印刷로 나뉜다. (1) 필사는 원고의 내용을 書寫家가 손으로 한 자씩 써서 완성한다. 필사본(寫本·抄本·鈔本)이다. 이는 대량생산이 불가능하다. (2) 인쇄는 다시 (2-1) 木板印刷術[1]과 (2-2) 活字印刷術로 나뉜다. (2-1) 목판인쇄술은 저자가 완성한 원고대로 서사가가 板下本을 쓴 다음, 이 판하본을 刻手가 제련한 목판에 뒤집어 붙이고 투영된 문자를 陽刻 反體字로 조각한 후, 印出匠이 묵즙을 도포하고 책지를 얹어서 인출하는 과정을 거친다. 목판본(刻本·刊本·雕本·雕刻本·整版本)이다. (2-2) 활자인쇄술은 ① 활자의 제작, ② 인판의 제작, ③ 인출 등 세 단계의 과정을 차례로 거친다. ① 활자의 제작은 陶土·木材·金屬 등의 재질에 따라서 크게 두 가지 방법이 있다. 도토·금속은 주조와 조각, 목재는 조각이다. 도토 활자는 절반 정도 건조된 도토를 조각의 방법으로 제작하는 것이 대부분이지만, 재벌구이의 방법으로 제작한 주형을 사용하여 주조하기도 한다.[2] 금속활자는 드물지만, 조각의 방법으로 제작한 적이 있다.[3] 저자도 주석활자의 조각이 가능함을 실험으로 확인하였다. 그러

---

1) 선학에 의하여 잘못 명명된 명칭이다. 목판에 문자나 그림을 조각하여 인출하는 기술이므로 **"彫(雕)板인쇄술"**, 또는 문자 등을 조각한 목판을 **"冊板"**이라 하므로 **"책판인쇄술"**이 타당한 명칭이 될 것이다. 같은 원리로 이 방법으로 생산된 서적은 **"조판본"** 또는 **"책판본"**이 정확한 명칭이다.

2) 曹炯鎭, 「中韓兩國古活字印刷技術之比較研究」(臺北: 學海出版社, 1986), 81-83.

3) 1. 金柏東, "早期活字印刷術的實物見證-溫州市白象塔出土北宋佛經殘頁介紹", 「文物」 1987年 第5期

나 보편적인 방법, 특히 조선시대에 유일하게 이용한 방법은 주조다. 주조는 밀랍주조법·주물사주조법·단면점토판주조법 등의 세 종류가 있다.[4] 활자의 제작이 완성되면, ② 均字匠이 낱낱의 활자를 원고대로 배열하여 인판을 제작한다. ③ 완성된 인판 위에 인출장이 묵즙을 도포하고 책지를 얹어서 인출하는 과정을 거친다. 활자본(植字本·排字本·一字本·聚珍本·擺字本 등)이다. 목판인쇄술과 활자인쇄술은 모두 절차상 선후의 차이는 있으나 재료의 연판과 교정 과정을 거친다. 이는 복본의 대량생산이 가능하다는 특징을 가지고 있는데, 목판인쇄술은 소종다량의 인쇄물 생산에, 활자인쇄술은 다종소량에 적합하다.

한국의 조선시대 서적 인쇄 문화는 500년 역사를 통하여 눈부시게 발전하여 일본으로 전파되었을 뿐만 아니라,[5] 문화 대부분을 수입하던 중국에까지 역수출될 만큼 찬란했음은 주지의 사실이다.[6] 그중에서도 특히 銅·鉛·鐵 등의 금속활자를 발명하여 서적 생산에 꾸준히 응용하여 오면서 이룩한 금속활자의 인쇄 문화는 동서양을 막론하고 그 유례를 찾아볼 수 없을 만큼 독보적인 가치를 지니고 있다.

조선에서의 서적 생산은 (1) 필사도 (2-1) 목판인쇄술도 적지 않게 이용하였지만, 주류를 이루는 방법은 역시 (2-2) 활자인쇄술이었다. 활자 중에는 도활자와 목활자도 있었지만, 중심은 역시 금속활자였다. 조선의 기본적인 서적 인쇄 출판 정책은 태종 3(1403)년 주자소를 설치

(1987. 5), 15-18 및 圖版 1.
  2. 曺炯鎭(1986), 71-73.

4) 1. 曺炯鎭, 「『白雲和尙抄錄佛祖直指心體要節』復元 硏究」 (파주: 한국학술정보(주), 2019).
  2. 曺炯鎭, "『慵齋叢話』 "鑄字"條 記事의 實驗的 解釋", 「書誌學硏究」 第5·6合輯(1990. 12), 307-330.
  3. 曺炯鎭, "韓中兩國 活字印刷의 技術的 過程", 「書誌學硏究」 第17輯(1999. 6), 240-251.

5) 曺炯鎭, "日本 勅版 古活字의 印刷技術 硏究", 「書誌學硏究」 第54輯(2013. 6), 103-136.

6) 1. 「高麗史」, 世家卷第10, 宣宗辛未(8년)6月丙午.
  2. 「高麗史節要」, 卷之6, 宣宗思孝大王辛未8年6月.

한 이후부터, 중앙정부가 宋·元本이나 한국인의 저작을 입수하면, 먼저 교정하여 금속활자로 인출하여 왕실과 문신들에게 하사하고 각 지방 정부에 보내어 이를 자본으로 복각하여 보급하도록 하였다.[7] 이처럼 금속활자는 조선의 서적 인쇄 문화와 간행 정책의 출발점이면서 핵심이었다.

2. 金屬活字印刷術의 研究 理由

그런데도 금속활자로 서적을 생산하는 세 단계의 과정에는 아직 풀지 못한 적지 않은 과제를 안고 있다. ① 조선의 중앙정부가 금속활자를 제작하는 주된 방법은 주물사주조법이었으며, 이 방법에 관한 기술적 과정이 成俔(1439-1504)의 「慵齋叢話」(1500)에 다행히도 수록되어 있다. 하지만 그 내용이 지나치게 소략하여 구체적인 과정을 알지 못하기 때문에 오늘날 그 기록만으로는 활자를 주조해 내지 못하는 문제점을 가지고 있다. 단면점토판주조법은 소략하나마 기록은 있지만,[8] 역시 동일한 상황이다. 밀랍주조법은 최근 저자에 의하여 복원이 완성되긴 하였지만,[9] 관련된 기술적 기록은 소략한 것조차도 전혀 없다. ②

7) 1. 『朝鮮王朝實錄』, 「世祖實錄」, 卷11, 4年正月戊寅條.
   2. 『朝鮮王朝實錄』, 「中宗實錄」, 卷23, 11年丙子正月甲辰條.
   3. 『朝鮮王朝實錄』, 「宣祖實錄」, 卷210, 40年丁未4月乙未條.
   4. "鑄字跋", 正祖21(1797, 淸嘉慶2)年丁酉字印本 「春秋左傳」 수록.
   5. 李塏, "李塏跋", (明)景泰甲戌(5, 1454, 朝鮮 端宗 2年), 韓國國立中央圖書館所藏本 「音註全文春秋左傳句讀直解」 수록.

8) 辛敦復, 「東國厚生新錄」, 單卷, 抄本, 金然昌收藏本. 鑄字, 鐵鑄字: "取陶土, 精細治之, 塡鋪木板上, 而板四邊皆有匡郭, 塡鋪旣均平, 曝之日中, 待其半乾, 取薄紙格楷書, 大小隨意, 鎔蠟塗之, 覆着板上, 令刻手爲陰刻, 旣訖, 始鎔鐵灌汁, 用杓灑之板上, 務令平鋪, 候冷凝合, 脫下板上, 則是爲鐵鑄字, 每字剪出, 用鐵刷子磨治, 箇箇精潔."

9) 曹炯鎭(2019).

인판 제작의 경우도 一體式 인판과 組立式 인판으로 구분할 수 있는데, 그 구체적인 조판 방법을 알지 못하고 있다. ③ 인출 과정에서도 관련 자재인 묵즙과 책지의 문제가 있다.

板本 상의 문제 또한 작지 않다. 고문헌 자료를 이용할 수 있도록 이용자에게 정확하게 제공되어야 할 서지 사항 중에 특히 출판 사항이 명확하지 않은 결과, 오늘날 이를 이용자에게 제공하기 전에 정확하게 감별해야 하는 과제를 안고 있다. 조상의 생활 관습과 의식의 결과로 오늘날 나타난 이 피할 수 없는 감별 작업을 과거에는 경험과 안목을 토대로 수행하였다. 그렇지만, 첨단 과학 기술이 발달한 오늘날에는 실물을 복원하는 과정에서는 물론, 판본과 간행연도의 감별에서도 과학적인 분석 방법을 적용하여 정확을 기해야 할 필요가 있다. 이 같은 판본의 감별 문제를 해결하기 위하여도 서적 생산의 과학 기술적 과정을 정확하게 파악하는 노력은 대단한 의미가 있을 것이다.

3. 선행 研究

이러한 문제점에 대하여 금속활자의 주물사법 주조 과정의 복원을 시도한 저술, 활자인쇄술에 관한 기존 연구를 종합적으로 정리한 저술, 목활자를 중심으로 匠人들의 기술을 분석한 연구, 그리고 묵즙의 성분을 분석한 논문, 紙質을 화학적으로 분석한 논문 등을 찾아볼 수 있다. 주물사법 주조 과정을 연구한 경우는 자본을 轉寫하고, 찰흙이나 나무에 字模(일명 보기자·어미자·父字·父型)를 새기고, 그것에 밀랍을 입혀서 평평한 판자에 늘어놓고, 음틀을 씌우고 海浦軟泥(일명 해감모래)를 넣

어서 다진 후, 음틀을 뒤집어서 자모 사이에 가지쇠를 얹고, 그 위에 양
틀을 얹고 해포연니를 다진 후에, 음양 두 틀을 분리하여 가지쇠와 자모
를 들어내고, 다시 두 틀을 맞추어 수직으로 쇳물을 부으면 활자가 되며,
하나씩 떼어낸 후 너덜이를 쓸어내는 것을 골자로 한 저술10) 등이 있다.
조판과 인출을 연구한 경우는 재질에 따라 금속활자·목활자·도활자로
나누어 문헌 자료와 기존 연구를 종합하여 기술적 과정을 원론적으로 정
리한 저술11) 등과 목활자의 조판·인출·墨의 성분을 분석12)한 연구가
있다. 묵즙의 경우는 성분과 점도를 분석하였다.13) 지질의 경우는 종이
의 뜸발·두께·재료의 처리 과정을 실험을 통해 분석한 연구,14) 한지
재료 및 한지의 물성·SEM을 이용한 종이 섬유의 형태 분석·발묵 특
성 분석,15) 종이의 종류·문서지의 종류와 특성 분석 연구16) 등이 있다.

4. 硏究의 範圍·目的·方法

본 연구는 이러한 상황을 고려하여 서적 생산의 방법으로 필사·목
판인쇄·활자인쇄·신식 鉛활자인쇄·石版 인쇄·影印 등 많은 기술
이 있지만, 특히 전통적인 주물사주조법으로 제작한 금속활자의 인쇄

---

10) 孫寶基, 「한국의 古活字」(서울: 寶晋齋, 1982), 8-10, 59-64.
11) 千惠鳳, 「韓國典籍印刷史」(서울, 汎友社, 1990), 358-368.
12) 柳鐸一, "韓國木活字 印刷術에 對하여", 「民族文化論叢」 第4輯(1983. 12), 111-125.
13) 김동원·홍영관·류해일, "금속활자 직지에 사용된 먹물의 성분", 「과학교육연구」 제33집(2002), 215-220. 등
14) 鄭善英, "朝鮮初期 冊紙에 관한 硏究", 「書誌學硏究」 創刊號(1986. 9), 177-212.
15) 程仙花, "代用纖維資源으로써 어저귀의 韓紙製造 特性", 박사학위논문, 충북대학교 대학원, 2001. 2.
16) 孫溪鏌, "朝鮮時代 文書紙 硏究", 박사학위논문, 한국학중앙연구원 한국학대학원, 2004. 9.

기술에 대하여 집중적이고 종합적으로 천착하고자 한다. 구체적 내용을 세 부분으로 나누어 차례로 전개하였다. "Ⅱ. 金屬活字의 鑄造 過程"에서는 활자를 제작하는 주물사주조법의 과정은 어떠하였는가? 즉 木刻字模와 鑄型의 제작 과정, 鎔銅의 注入 방법, 너널이의 修整 過程 등을 실험으로 증명하였다. "Ⅲ. 印版의 製作 過程"에서는 우리나라의 고서를 일관해 볼 때 그 조판 방법이 과연 일률적이었는가? 즉 일체식 인판을 사용할 경우와 조립식 인판을 사용할 경우의 구체적인 조판 과정을 실험으로 증명하였다. "Ⅳ. 印版의 印出 過程"에서는 관련 자재인 묵즙과 책지, 그리고 인출의 기술적 과정을 문헌과 실험으로 증명하였다. 즉 묵즙에 관하여는 묵즙의 종류별 특징과 용도, 묵즙의 조제 방법, 첨가제의 종류와 기능, 묵적의 과학적 분석 등을 포함하였다. 책지에 관하여는 제지 재료의 종류, 제조 과정에 내재하고 있는 물리적·화학적 작용, 책지의 종류와 재료에 따른 물리적 특성 등을 포함하였다. 인출 과정에 관하여는 인출의 기술적 요소, 서품에 영향을 주는 요소들의 유기적 관련성 등을 포함하였다.

이로써 조선시대 주물사법에 따른 金屬活字印刷術을 완전히 복원하여 금속활자본을 생산할 수 있도록 함으로써 조상의 전통적인 금속활자 인쇄 기술의 진면목을 究明하고, 더 나아가 고서 감별에 일조하고자 하였다.

이상의 문제에 대하여 實錄·文集·筆記·전문서·논문 등의 자료를 이용한 문헌적 방법과 활자 실물·인판 실물·書影·인쇄 공구·실존 인물의 증언·경험적 직관 등의 실물 자료에 근거한 실증적 방법으로 연구하였다. 다시금 그의 진위 또는 가능성 유무를 과학 기술적 실험을 통하여 검증하였다.

금속활자의 주조·조판·인출 기술의 究明을 위한 물리적 실험에서는 林業研究院과 모 제지회사의 技術研究所, 화학적 실험에서는 공업진흥청·광업진흥청 뿐만 아니라 고고화학자의 협력을 구하였다.

본 연구 전체에 대하여 영문 제목 및 국문·영문·중문 초록을 함께 수록하였다. 각 장에는 국문 초록을 추가하였다. 색인은 본 연구와 직접 관련된 용어로만 최소화하였다.

5. 附錄 資料

활자인쇄와 관련된 네 건의 자료를 부록으로 수록하였다. 발표하지 않은 자료도 있고, 간행한 자료도 있다. 일부는 약간의 수정을 가하였다. 이들이 한국의 활자인쇄 발달에 관한 문제를 이해하기 위하여 참고되기를 희망한다.

"附錄 1. 朝鮮 文化의 꽃, 活字"는 조선 활자의 조선 사회에서의 기능, 중국과 일본에의 영향, 구텐베르크와의 관련 가능성 등을 짤막하게 압축하여 서술하였다.

"附錄 2. 韓國 古活字印刷 槪要"는 외국의 학자, 특히 중국권의 학자들과 금속활자의 발명 문제로 논쟁하는 과정에서, 이들에게 한국의 활자를 이해시킬 필요를 느낀 결과, 발명에서부터 도태까지 전반적인 내용을 개괄적으로 정리한 글이다. 이를 한국어로 번역하여 중국어와 함께 수록하였다. "韓國古活字印刷槪況"이라는 제목으로 2013. 11. 中國 四川大學에서 四川大學 道敎與宗敎文化硏究所·韓國 江南大學校 仁山東方文化硏究所가 공동 주최한 제7회 "亞洲與發展: 宗敎與文化"

國際學術硏討會에서 발표는 하였지만, 간행하지는 않았다.

"附錄 3. 金屬活字本說「南明泉和尙頌證道歌」의 鑑別 方法 硏究"는 고려시대 중앙정부가 주조한 금속활자로 인출한 판본을 복각한 후쇄본 인「南明泉和尙頌證道歌」를 대상으로, 박 모 씨가 복각본이 아닌 금속 활자본이라고 주장할 때, 이를 논파하기 위하여 관련 근거를 조목조 목 제시한 논문이다. 이를 통하여 금속활자본의 감별 방법을 엿볼 수 있다.

"附錄 4. 蔡倫은 製紙術의 發明者인가?"는 한국 학계의 종이에 관한 잘못된 인식을 바로 잡기 위하여 또 알려지지 않은 사실을 알리기 위 하여 관련 내용을 정리한 논문이다. 이 문제가 활자인쇄와 무슨 관련이 있느냐고 반문할지 모른다. 그러나 금속활자인쇄술을 연구하는 과정에 는 필연적으로 묵즙과 책지를 다루지 않을 수 없다. 지금까지 관련 학 계는 종이에 관하여는 다소의 연구가 나왔다. 그러나 인쇄용 묵즙에 관 하여는 거의 연구되지 않고 있다. 문화재청이 관리하는 인간문화재도 단절된 상태이다. 저자는 이 문제를 직시하면서 묵즙에 관하여는 최근 출간한 「「直指」復原 硏究」에서 거의 완벽한 수준으로 완성하였다. 따 라서 여기에서는 종이 문제만 다루었다. 미발표 논문이다.

6. 正確한 用語 驅使

본론과 부록을 포함한 이상의 내용을 서술하면서, 지금까지 명확한 개념 구분의 의식 없이 혼용하던 용어도 전문적인 개념에 맞는 정확한 용어를 구분하여 사용하였다. 예를 들면 서적 인출 도구인 '활자'와 활자로 간행한 서적인 '활자본', 주형을 제작하기 위한 '주형 틀'과 주조할 준비가 완성된 '주형', 조판을 위한 '인판 틀'과 조판이 완성된 '인판', 인판에서의 '광곽재'와 판본에서의 '광곽', '계선재'와 '계선', '판심재'와 '판심', '활자'와 그 활자로 인출한 '문자', 인판 틀의 형식인 '조립식'과 조판 방식인 '조임식', 인판에서 서엽을 찍어내는 '인출'과 활자 제작·조판·인출의 종합 개념인 '인쇄', 紙匠에 의하여 제작된 '종이'와 서책 인쇄용으로 재단된 '책지' 등이다.

7. 後記

"나는 인생의 승부를 학문에 걸었다!" 2000년 7월 경주에서 개최되었던 '제8회 문헌정보학 4개 학회 공동학술대회'에서 서지학회를 대표하여 "서지학과 문헌정보학의 학문적 과제와 그 발전 방향"[17])이라는 주제 발표를 할 때, 공개적으로 언급했던 말이다. 이 각오는 1987년 臺灣 유학을 마치고 귀국하여 주물사법 금속활자인쇄술을 실험할 때, 이 실험 연구가 나에게 부여해 준 학문 자세의 상징이다. 이를 계기로 형성된 진실을 좇는 투철한 자세는 세계의 어느 학자를 만나도 나의 의견을 피력하기에 주저함 없는 용기를 주었다. 특히 다라니경 논쟁이나 금속활자의 발명 문제 등 국가 간의 이견이 있는 문제를 토론할 때, 이 진실에 바탕을 둔 객관적 연구 자세는 국수주의·종교, 심지어 연구비 지원자에 기준을 둔 연구자를 무찌르는 실력을 유감없이 발휘할 수 있었다. 지금 생각해도 이 주물사법 금속활자인쇄술에 관한 실험 연구는

---

17) 曺炯鎭, "書誌學과 文獻情報學의 學問的 課題와 그 發展方向", 「도서관」 제55권 제3호(2000. 9), 3-23.

나의 인간 형성을 결정짓는 계기가 되었다.

中華民國 國立臺灣大學 석사를 마치고, 부모님의 권유도 있고 하여 국내에서 박사를 하려고 귀국하였다. 출국할 땐 박사 과정이 없었지만, 그 사이에 과정이 신설되었기 때문이기도 했다. 하지만 "앞에 아직 입학 못 한 선배가 있으니 기다리라."라는 지도교수의 명령에 할 말을 잃고 다시 臺灣으로 떠났다. 臺灣에서는 이미 인정을 받고 있던 터이기에,[18] 또 하루가 아까운 생각에 한국에서 마냥 기다려야 할 이유가 없었다. 臺灣에서 곧장 박사학위 과정을 시작하였다. 직후, "귀국하여 국내에서 학위를 하는 것이 좋겠다."라는 지도교수의 제안을 받아들여 재차 귀국하였다. 첫 강의를 들어보니 원전 강독인데 몇 글자 풀이에 세월아 네월아였다. 내용 연구는 아예 강의 범위가 아닌 듯했다. 儒學 전공의 어느 교수님은 특수대학원 야간반과 합반하기도 하였다. 물론 지금도 생각나고 감사한 강좌도 있었지만, 이것이 한국의 박사 수준인가? 말은 못 하고 묵묵히 따랐다. 한국의 박사 수준에 문제 있음을 철저히 인식하는 계기가 되었다.

당시 한국 서지학계는 선학의 문헌적 연구 관념을 답습하는 수준으로, 도약을 위한 새로운 전기가 필요해 보였다. 선학의 연구 관념을 돌파하고 한국 서지학의 발전을 위한 전환점으로 삼기 위하여 기술사적 주제로 연구 방향을 잡았다. 그것이 곧 「慵齋叢話」에 압축적으로 기록된 금속활자의 주물사주조법에 조판 및 인출까지를 더하여 금속활자본을 완성할 수 있도록 실험으로 연구한 "韓國 初期金屬活字의 鑄造·組版·印出 技術에 대한 實驗的 研究"이다.[19] 이것이 나의 박사학위 논

---

18) 석사 논문이 바로 전문 저술로 출판되어 한국의 中華民國 유학생 역사에 기록을 세웠다.

19) 曺炯鎭, "韓國 初期金屬活字의 鑄造·組版·印出 技術에 대한 實驗的 研究", 박사학위논문, 중앙

문으로, 한국의 서지학 영역에서 처음으로 기술사 연구의 필요성을 주창하고 직접 실험으로 실천해 온 결과물이다.

본 연구는 박사학위 논문을 위하여 착수했던 것이어서 이미 30년 전부터 발표하기 시작했던 논문들을 보완한 것이다. 학위 후에는 「「白雲和尙抄錄佛祖直指心體要節」 復原 硏究」에 매진하느라 주물사법 주조 연구에 소홀한 점도 있었고, 세월도 많이 흘러 수정 보완해야 할 부분도 많았다. 국내 첫 번째 저작으로 高麗時代 蜜蠟鑄造法 金屬活字印刷術인 「「直指」 復原 硏究」에서 이미 인쇄에 관련한 많은 내용을 서술하였다. 두 번째 저작인 이번 朝鮮時代 鑄物砂法 金屬活字印刷術인 「「慵齋叢話」 "活字"條 實驗 硏究」에서는 부분적으로 중복을 피해야 했기에 분량이 줄었다. 기본 연구는 먼저 했지만, 「直指」에 애정도 강했고, 시대의 선후 관계도 있어서 이제야 출간하게 되었다. 다행으로 생각한다.

본 연구가 완성되기까지 도움을 아끼지 않으신 여러분께 감사드린다. 목각자모를 조각하여 주신 임철재 님, 해포연니의 현장을 안내하여 주신 김포의 모 씨, 이를 분석해준 林業硏究院의 邊載京 님, 모 제지회사의 技術硏究所, 주조 과정을 복원하기 위하여 많은 힌트와 실험 장비를 제공하여 주시고 부족한 활자를 보충하여 주신 안성 유기공방의 인간문화재 김근수 옹, 작업 장면을 촬영하여 준 제자, 묵의 과학적 분석을 도와주신 중앙대학교 화학과 高慶信 교수팀, 印髢 제작에 필요한 머리카락을 모아주신 백만숙 님께 감사드린다. 자기 연구로 바쁜 중에도 표지 도안과 영문 초록을 도맡아 수고해 준 두 아우에게도 감사드

대학교 대학원, 1994. 12.

린다. 이 연구가 출간될 수 있도록 배려해 주신 한국학술정보(주)의 대표이사님과 편집 등 수고를 아끼지 않으신 관계자 여러분께 깊은 감사를 올린다.

나의 부모님은 없는 가정에서 성장하여 경제적으로 커다란 발전을 이루셨다. 그 혜택을 받고 성장한 나는 어느 길을 가야 보답을 할 수 있을까? 경제적으로는 부모님을 따라갈 자신이 없었다. 정신적으로 성장해야 자식답다고 할 수 있겠다 싶었다. 靑出於藍이라 하지 않았던가! 아버님은 이 결실을 보지 못하고 별세하셨다. 명복을 빈다. 지금도 건강하고 맑은 정신으로 이 노력은 물론 國立臺灣大學 유학 시절부터도 그랬듯이 모든 연구에 지원을 아끼지 않으시면서, 결실을 끝까지 지켜봐 주신 90세 노모께는 지상 최고의 감사를 올린다!!!

어머니, 당신은 비록 이 연구의 내용을 모르시지만,
당신만큼 위대한 여인을 본 적이 없습니다!!!
하늘만큼 사랑합니다!!!

2019. 10. 1. 용인 '傳統과 尖端 硏究所' 실험실에서
曺炳鎭 씀.

Ⅱ

金屬活字의 鑄造 過程

金屬活字의 鑄造 過程*

〈초 록〉

(1) 조선시대 초기 금속활자의 주물사법 주조 과정은 다음과 같다. ① 木刻字模 제작 = 황양목을 각목으로 재단, 문자를 양각 반체자로 조각, 밀랍을 입힌다. ② 鑄型 제작 = 음틀에 海浦軟泥를 다져 넣고, 주조면에 목각자모를 심는다. 음틀에 離連劑를 뿌린 후, 양틀을 결합하여 해포연니를 다져 넣는다. 목각자모 적출 후, 금속 용액 주입로를 조성한다. 주조면에 그을음을 입힌다. ③ 金屬 鎔液 주입 = 주형을 35~45°로 거치한 후, 압박한다. 천천히, 소량씩, 가득 차도록 금속 용액을 주입한 후, 활자군을 꺼낸다. ④ 너덜이 修整 = 활자를 하나씩 떼어내어 너덜이를 쓸어낸 후, 문자면을 곱게 다듬는다. 이를 실험으로 밝혀내어, 전통적 방법으로 금속활자 주조를 가능하게 하였다.

(2) 주조 과정상, 선행 연구와의 차이점 5가지를 밝혀내었다. ① 음틀에 해포연니를 다져 넣은 후 목각자모를 심었다. ② 이연제를 음양 두 틀의 사이에 뿌렸다. ③ 금속 용액 주입로를 음틀의 주조면에 조성하였다. ④ 그을음을 음양 두 틀의 주조면에 입혔다. ⑤ 주형을 35~45°로 거치하여 천천히, 소량씩, 가득 차도록 금속 용액을 주입하였다.

---

* 曹炳鎭, "「慵齋叢話」'鑄字'條 記事의 實驗的 解釋", 「書誌學硏究」 第5·6合輯(1990. 12), 307-330.

(3) 목각자모용 자재가 黃楊木인 이유는 목질이 균일하여 刻字하기가 용이하였기 때문이었다.

(4) 목각자모의 동체는 문자면이 배면보다 넓도록 측면을 3~5° 정도 기울기로 재단하였다. 이 점이 목활자와 다른 특징이었다.

(5) 목각자모의 조각 방법은 偏刀로 대부분 필획을 새겼다. 필획 측면의 각도는 75~85°, 깊이는 1.0~2.0mm 정도여야 하였다. 조각 능률은 1시간에 6~7개 정도였다. 조각이 끝난 목각자모는 주조에 사용하기 전에 밀랍을 입혀 완성하였다.

(6) 해포연니는 입자 직경 0.05mm 이하가 90% 정도 포함된 것만이 활자 주조가 가능하였다. 8~10%의 수분과 2~4%의 염분을 함유하고 있어야 하였다.

(7) 금속 용액의 주입 요령은 음틀(목각자모의 배면)을 아래에, 양틀(목각자모의 문자면)을 위에 위치시켜야 하였다. 주형의 기울기는 35~45° 정도로 가파르지 않아야 하였다. 천천히, 소량씩, 가득 차도록 주입해야 하였다

요어 : 금속활자, 주물사법, 주조 과정, 木刻字模, 조각 방법, 海浦軟泥, 주입 요령

1. 小緒

한국의 금속활자 주조에 대한 기록은 문헌의 序·跋에 흔히 보인다. 가장 이른 기록으로 晉陽公의 跋을 들 수 있다:

> 至(高麗)仁廟朝, 始勅平章事崔允儀等十七臣, 集古今同異, 商酌折中, 成書五十卷, 命之曰詳定禮文, 流行於世, 然後禮有所歸, 而人知不惑矣. 是書跨歷年禩(祀), 簡脱字缺, 難於攷審, 予先公洒令補緝, 遂成二本, 一付禮官, 一藏于家, 其志遠也. 果於遷都之際, 禮官遑遽未得賷來, 則幾若已廢, 而有家藏一本, 得存焉. 予然後益諳先志, 且幸其不失, 遂用鑄字印成二十八本, 分付諸司, 藏之.[1]

즉 "高麗 仁宗(1123-1146)이 平章事 崔允儀 등 신하 17명에 명하여 古今同異를 모아 참작하고 절충하여 50권을 편찬하여 「詳定禮文」이라고 명명한 책을 주조한 금속활자로써 28本을 인쇄하여 여러 기관에 나누어 주어 소장하게 하였다."라고 기록하고 있다.

高麗 高宗 26(1239)년 9월 상순에 복각된 「南明泉和尙頌證道歌」의 권말 발문(<書影 1>)에는

> 夫南明證道歌者, 實禪門之樞要也, 故後學參禪之流, 莫不由斯, 而入升堂覩奧矣, 然則其可閉塞而不傳通乎. 於是募工重彫鑄字本, 以壽其傳焉, 時己亥(1239년)九月上旬, 中書令晉陽公崔 怡 謹誌.[2]

즉 "「南明泉和尙頌證道歌」는 선종의 중추이므로……. 이에 工匠을 모집하여 鑄字本을 重雕하여 그 傳함을 永久케 한다."라고 하였다.

---

1) 李奎報,「東國李相國集」, 後集, 卷11, 新印詳定禮文跋, 代晉陽公行.

2) (宋)法泉,「南明泉和尙頌證道歌」, 中書令晉陽公崔怡謹誌.

「白雲和尙抄錄佛祖直指心體要節」의 권말 간기(<書影 2>)에는

宣光七(1377)年丁巳七月 日 淸州牧外興德寺鑄字印施.3)

즉 "高麗 禑王 3(1377)년 7월 淸州牧(市) 교외의 興德寺에서 鑄字印施하였다."라고 기록하고 있다.

<書影 1> 「南明泉和尙頌證道歌」　　<書影 2> 「白雲和尙抄錄佛祖直指心體要節」의
鑄字本의 覆刻本, 第44葉上葉, 跋文.　　卷下 第39葉上葉, 刊記.

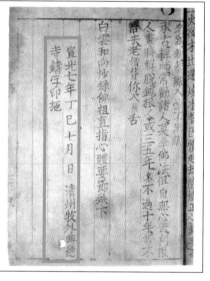

朝鮮朝에 들어와서도 「朝鮮王朝實錄」은 물론, 각종 문집 등에도 적지 않게 보인다. 權近의 「陽村集」 卷22에

3) 景閑和尙, 「白雲和尙抄錄佛祖直指心體要節」, 卷末 刊記.

永樂元(1403)年春二月, 殿下謂左右曰, 凡欲爲治, 必須博觀典籍, 然後
可以窮理正心, 而致修齊治平之效也. 吾東方在海外, 中國之書罕至, 板
刻之本易以剜缺, 且難盡刊天下之書也. 予欲範銅爲字, 隨所得書, 必就
而印之, 以廣其傳, 誠爲無窮之利. 然其供費, 不宜斂民, 予與親勳臣僚
有志者共之, 庶有成乎. 於是悉出內帑, 命判司平府司臣李稷, 驪城君臣
閔無疾, 知申事臣朴錫命, 右代言臣李膺等監之. 軍資監臣姜天霔, 長興
庫使臣金莊侃, 代言司注書臣柳荑, 壽寧府丞臣金爲民, 校書著作郎臣朴
允英等掌之. 又出經筵古注詩書左氏傳以爲字本, 自其月十有九日而始
鑄, 數月之間多至數十萬字.[4]

즉 太宗 3(1403)년에 동활자를 주조하여 서적을 간행하고자 하여, 判
司平府事 李稷 등에 명하여 經筵에서 쓰였던 古註의 「詩」·「書」·「左
氏傳」을 자본으로 하여 수십만 字를 주조하였다는 기록은 너무나 잘 알
려진 바 있다.

그런데 이 鑄字에 대하여 '鑄' 字가 반드시 금속을 의미하는가? 鏤板
이란 기록도 사실은 목판을 지칭하니 의문의 여지가 있고,[5] 「(朝鮮)正
宗大王實錄(正祖實錄)」에는 "우리나라의 活字印書法은 太宗朝 癸未
(1403)年에 비롯되었다."[6]라고 한 것으로 보아 고려의 鑄字說을 부인
하는 경향도 없지 않다. 그러나 "우리나라는 고려시대 말기로부터 비
롯되었다."[7]라는 기록도 있고, 전래 실물의 감정에서 고려시대에 이미
금속으로 鑄字印刷한 활자본이 있었다는 견해가 지배적이다. 또한, 최
근 고려본 「南明泉和尙頌證道歌」를 인출한 것으로 보이는 금속활자
실물까지 출토[8]되었으니 재론을 피한다.

---

4) 權近, 「陽村集」, 卷22, 跋語類, 鑄字跋.

5) 徐有榘 著, 洪命憙 校訂, 「鏤板考」(京城: 大同書館, 昭和 16(1941)).

6) 「朝鮮王朝實錄」, 「正宗大王實錄」, 卷44, 20(1796)年丙辰3月癸亥: "我東活字印書之法, 始自國初 太宗朝癸未."

7) 李圭景, 「五洲衍文長箋散稿」, 卷24, 鑄字印書辨證說: "我東則始自麗季, 入于國朝, 太宗朝命鑄銅字而列聖朝所鑄字樣事實一通, 載於內閣所印書籍之末. 可徵也."

한편 이 鑄字가 확실히 금속이라고 인정할 때 그 鑄字法은 어디에서 유래되었으며, 그 방법과 과정은 어떠하였는가? 이에 대하여는 이미 중국의 鼓鑄法이 우리나라에 전래되어 高麗 肅宗 7(1102)년에 이 방법으로 海東通寶를 제작하였다. 그런데 이 鑄錢法이 바로 (明)宋應星의 「天工開物」에도 수록되어 있는바, 우리나라 成俔(1439-1504)의 「慵齋叢話」(1500)에 수록된 주자법과 일치하여 주전법이 주자법에 끼친 영향까지 연구되었음[9]도 주지의 사실이다. 이에 따라 鍮器의 주조법과 활자의 주조법이 같은 기법이라는 방향 제시는 물론 그에 관한 연구도 자못 깊이 다루어져 있다.[10]

그러나 다시금 자세히 살펴보면 우리나라 鑄字 技法의 기록을 재음미할 필요를 느낀다. 그것은 유기의 주조법이 그리 단순하지 않을 뿐만 아니라, 「慵齋叢話」의 기록이 너무 소략하여 현재 이를 근거로 금속활자를 주조하는 것은 불가능하기 때문이다.

이번 실험은 이 점에 착안하여 成俔의 「慵齋叢話」에 수록된 기록을 과학 기술적인 관점에서 一字一句를 따라 실험으로 해석하여, 다시금 금속활자를 주조할 수 있도록 하고자 한다.

---

8) 1. 남권희, 「직지보다 앞선 세계 최고의 금속활자 證道歌字」(서울: 다보성고미술, 2010).
   2. 남권희, 「세계 최초로 주조된 금속활자 증도가자와 고려시대 금속활자」(서울: 다보성고미술, 2011).

9) 沈隅俊, 「日本傳存韓國逸書硏究」(서울: 一志社, 1985), 311-353.

10) 1. 孫寶基, 「한국의 고활자」(서울: 寶晋齋, 1982), 59-66.
   2. 황정하, "<<厚生錄>>의 鐵活字 만드는 方法", 「古印刷文化」 제9집(2002.12), 229-261.
   3. 金聖洙, "壬辰字의 復原 鑄造를 위한 豫備 實驗 연구", 「書誌學硏究」 제37집(2007.9), 23-49.
   4. 옥영정, "한글 금속활자 복원을 위한 주조 및 조판 실험 연구", 「書誌學硏究」 제38집(2007.12), 347-376.
   5. 朴文烈, "戊申字의 復元에 관한 實驗的 硏究", 「書誌學硏究」 제38집(2007. 12), 129-162.
   6. 김성수, "「월인천강지곡」 한글활자 복원을 위한 실험 주조·조판 연구", 「書誌學硏究」 제49집(2011. 9), 143-167.

成俔의 「慵齋叢話」 卷7 "活字"條(<書影 3>):

大抵鑄字之法, (1) 先用黃楊木, 刻諸字, (2) 以海蒲軟泥, 平鋪印板, 印
着木刻字於泥中, 則所印處凹而成字, (3) 於是合兩印板, 鎔銅, 從一穴
瀉下, 流液分入凹處, 一一成字, (4) 遂刻剔重複而整之.[11]

이에 의하면 "활자의 주조 방법은 (1) 먼저 황양목을 사용하여 모든
문자를 (양각으로) 새겨서, (2) 바닷가의 연한 진흙(일명 해감모래)을
印板(鑄型 틀)에 평평히 깔고 木刻字模를 그 진흙 가운데에 印着하면
찍힌 곳이 오목하게 (음각) 문자가 된다. (3) 이에 두 印板(陰陽[12] 鑄
型)을 합쳐놓고 銅을 鎔解하여 한 구멍으로 부어 넣으면 쇳물이 오목
한 곳으로 흘러 들어가 하나하나 활자가 이루어지니 (4) 드디어 너덜이
진 부분을 깎아서 다듬는다."라고 되어 있다.

이 기록의 내용을 살피면, 주물사를 사용한 금속활자의 주조 방법을
설명하고 있음을 알 수 있다. 여기에서 말하는 "印板"은 오늘날의 주형
또는 주형 틀이다.

---

11) 成俔, 「慵齋叢話」, 卷7, 活字條. 이 앞의 내용은 다음과 같다: "太宗於永樂元(1403)年, 謂左右曰, 凡
爲治, 必須博觀典籍, 吾東方在海外, 中國之書罕至, 板刻易以剜缺, 且難盡刻天下之書, 予欲範銅爲字,
隨所得而印之, 以廣其傳, 誠爲無窮之利, 遂用古註詩・書・左氏傳字鑄之, 此鑄字所由設也, 名曰丁亥
(癸未)字. 世宗又於庚子年, 以所鑄之字大而不整改鑄之, 其樣小而得正, 由是無書不印, 名曰庚子字.
甲寅年又用爲善陰驚字鑄之, 比庚子字差大而字體甚好. 又命世祖書綱目大字, 世祖時爲首陽大君, 遂
範銅爲字, 以印綱目, 即今所謂訓義也. 壬申(庚午)年間, 文宗更鎔庚子字, 命安平書之, 名曰壬子(庚午)
字. 乙亥年, 世祖改鎔壬申字, 命姜希顔書之, 名曰乙亥字, 至今用之. 其後乙酉年, 欲印圓覺經, 命鄭
蘭宗書之, 字體不整, 名曰乙酉字. 成宗於辛卯(甲辰)年, 用王荊公歐陽公集字鑄之, 其樣小於庚子, 而
尤精, 名曰辛卯(甲辰)字. 又得中朝新板綱目字鑄之, 名曰癸丑字."
이다음에 이어지는 내용은 다음과 같다: "刻木者曰刻字匠. 鑄成者曰鑄匠. 遂分諸字, 貯於藏櫃. 其
守字者曰守藏, 年少公奴爲之. 其書草唱准者曰唱准, 皆解文者爲之. 守藏列字於書草上, 移之於板曰上
板, 用竹木破紙塡空而堅緻之, 使不搖動者曰均字匠. 受而印之者曰印出匠. 其監印官則校書館員爲之.
監校官則別òⁿ文臣爲之. 始者不知列字之法, 融蠟於板, 以字着之, 以是庚子字, 尾皆如錐. 其後始用竹
木塡空之術, 而無融蠟之費, 始知人之用巧無窮也."

12) 작업 과정에서 뒤집기도 하므로 이것이 혼돈을 피할 수 있는 이상적인 명칭이다. "암수"로 표현하
기도 한다.

이 내용을 정리하면 다음 네 과정으로 나누어진다.

(1) 木刻字模의 제작 과정

"用黃楊木, 刻諸字" 부분이다. 이에는 왜 황양목을 刻材로 선정하였는가? 그 각재의 특성은 무엇이며, 刻字 방법은 어떠하였는가? 하는 문제가 있다.

(2) 鑄型의 제작 과정

"以海浦軟泥, 平鋪印板, 印着木刻字" 부분이다. 이에는 해포연니의 입자 분석·수분과 염분의 함유율·목각자모의 인착 방법 등의 문제가 있다.

(3) 金屬 鎔液의 주입 과정

"合兩印板, 鎔銅, 瀉下" 부분이다. 이에는 음양 두 주형의 합치 방법·금속 용액의 처리 방법 및 주입 요령 등의 문제가 있다.

(4) 너덜이의 修整 과정

<書影 3> 「慵齋叢話」 卷7
"活字"條 기록

"刻剔重複而整之" 부분이다. 이는 너덜이진 부분을 깎아서 다듬는 방법은 어떠하였는가? 하는 문제가 있다.

한 과정상의 문제를 해결하였다고 하여 금속활자를 훌륭히 주조해 낼 수 있는 것은 아니며, 그 전체 과정을 세밀히 분석하지 않으면 안 된다. 그것은 고려시대 또는 조선시대 초기부터 한결같이 활자 주조에 전승되어온 전통적인 기술의 전체 과정이 완전한 금속활자를 주조해 내기 위함에 초점을 맞추어 진행되었기 때문이다. 이상, 네 과정을 차례로 실험으로 해석하고자 한다.

2. 木刻字模의 製作 = "用黃楊木, 刻諸字"의 해석

「慵齋叢話」에는 字模를 제작하기 위하여 "黃楊木을 사용하여 모든 문자를 새긴다."라고 되어 있다. ① 왜 황양목을 각재로 선정했으며, ② 그 刻字의 방법은 어떠하였을까? 하나하나 점검하고자 한다.

2.1 木刻字模의 資材

황양목(=회양목)[13)]의 선정 문제에 관하여 살펴보고자 한다. (元)王禎의 「農書」에 기록된 목활자 제작 기법[14)]에서는 재료의 선정에 대하여 전혀 언급이 없다. (淸)金簡의 「武英殿聚珍版程式」에는 棗木(대추나무)을 사용하였다.[15)] 李德懋의 「靑莊館全書」에는 杪木(사당나무)·紅梨(배나무)·樺木(자작나무) 등을 사용하였다[16)]고 하였다. 徐有榘의 「林園經濟志」에는 棗黎木(대추나무)이 최상이요, 梓木(가래나무)이 그다음이다[17)]고 하였다. 李圭景의 「五洲衍文長箋散稿」에는 黃楊木·灰木(노

---

13) Buxus koreana. 회양목과에 속하는 상록 활엽 관목, 또는 작은 교목. 잎은 타원형 또는 도란형이며 톱니가 없고 잎 뒤에 微毛가 난다. 4월에 엷은 황색 꽃이 腋生하여 피며, 蒴果는 7~8월에 익는다. 산록·산허리·골짜기·석회암 지대에 나는데, 한국 각지와 일본에 분포한다. 정원수로 심고, 도장·지팡이·조각 재료로, 가지와 잎은 한약재로 쓴다.

14) (元)王禎, 「農書」, 卷22, 造活字印書法.

15) (淸)金簡, 「武英殿聚珍版程式」, 成造木子: "製造木字之法, 利用棗木……"

16) 李德懋, 「靑莊館全書」, 卷61, 盎葉記8, 板木: "我國用杪木, 不必專用杪木, 兼用紅梨與樺木."

린재나무)・檀(박달나무)・梨・棠(팥배나무)・杪・山櫻(산벚나무) 등을 썼다[18]고 하였다.

그런데 「慵齋叢話」에서는 왜 황양목을 사용하였다고 했을까? 그 이유는 목질이 字模로 사용할 수 있을 만큼 堅靭하면 충분하였기 때문이었다.[19] 또한, 梓木은 견인도에서 황양목보다 더 우수하기는 하나 刻字하기에 매우 어려웠던 것[20]에 비하여 황양목은 목질이 균등하여 각자하기가 쉬웠기 때문이었다. 또한, 수목의 생장 속성을 바탕으로 판단하면, 황양목은 직경 10cm 이상 굵기로 성장하는 것이 거의 불가능하므로 목판본용 각재로는 적합하지 않다. 그러나 목활자나 목각자모용으로는 전혀 손색이 없다. 따라서 굵게 성장하는 나무는 목판본용으로 사용하고, 황양목은 그렇지 않으므로 목각자모용으로 사용하였을 것이다.

2.2 角木의 裁斷

이와 같이 선정된 황양목은 어떠한 과정으로 목각자모 각자용 각목으로 만들어졌을까? 이에 대하여는 「靑莊館全書」에 徐贊이 목활자를 새로 만들었다[21]고 하나 그 제작 기법은 기록에 명시되지 않아서 구체적인 과정을 알 길이 없다. 일반적으로 문헌을 통하여 알 수 있는 것은

(1) 우선 황양목을 벌목하여,

(2) 대톱으로 板子로 조성하여,

---

17) 徐有榘, 「林園經濟志」, 怡雲志, 卷7, 圖書藏訪, 下, 鋟印: "鋟刊書籍, 棗黎木爲上, 梓木次之."

18) 李圭景, 「五洲衍文長箋散稿」, 卷24, 鑄字印書辨證說: "木刻字用黃楊・灰木・檀・梨・棠・杪・山櫻, 其他堅靭, 俱可用."

19) 李圭景, 「五洲衍文長箋散稿」, 卷24, 鑄字印書辨證說.

20) 李裕元, 「林下筆記」, 卷17, 文獻指掌編7, 木板鑄字之辨: "中朝冊板, 以梨棗雜木爲之, 而我國則惟用梓木, 故板子甚難, 刊布不廣, 而我國之拙處也."

21) 李德懋, 「靑莊館全書」, 卷60, 盎葉記7, 東方活字之始: "徐贊所造刻字云者, 卽木活字, 無乃贊創造歟."

(3) 소금물에 찐 다음,

(4) 볕에 말렸는데,[22)]

이는 급히 사용할 경우이다. 장인의 증언에 의하면 국개논이나 오래된 연못에 한두 달 담가두었다가 樹液이 제거되면 음지에서 건조하여 사용하기도 하였다[23)]는 것이다. 그런데 황양목을 과연 어떻게 켰을까? 현재 목판본과 목활자본을 보면 木理가 보이는 점으로 보아 刻字面은 목리가 나타나는 면이다. 따라서 이는 나무를 세로로 켜서 판자로 조성하였다.[24)] 건조된 목재는

(5) 刻字할 면을 고르게 대패질한 다음,

(6) 미리 정한 활자의 크기에 따라서 가는 톱으로 고르게 잘라서 刻字하기 위한 육면체의 각목을 만들었다.

각목의 측면은 수직으로 깎아도 무방하나 文字面이 背面보다 넓도록 3~5° 정도 약간의 기울기를 주어 깎으면 주형을 제작할 때 다져진 음틀로부터 목각자모를 비교적 손쉽게 적출할 수 있었다("<圖 1> 목각자모의 단면도" 참조). 이 점이 목활자의 제작과 다른 특징이다.

---

22) 徐有榘, 「林園經濟志」, 怡雲志, 卷7, 圖書藏房, 下, 鏤印: "裁成板子, 用鹽水煮出, 晩乾則板不龜瓦, 且易彫刻也." 때에 따라서는 소금물에 찌지 않고, 건조만 시켜서 사용하기도 하였는데, 이는 목각자모의 크기가 작고 또 刻字한 즉시 사용하므로 크게 변형될 가능성이 없기 때문이다.

23) 柳鐸一, "韓國木活字 印刷術에 대하여", 「民族文化論叢」 第4輯(1983. 12), 112-113.

24) 曺炯鎭, 「「白雲和尙抄錄佛祖直指心體要節」 復原 研究」(파주: 한국학술정보(주), 2019), 58-59.

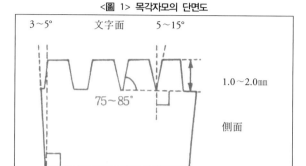
<圖 1> 목각자모의 단면도

3~5°   文字面   5~15°

1.0~2.0mm

75~85°

側面

背面

2.3 木刻字模의 刻字

문자를 각목에 조각하는 과정을 살펴보고자 한다. 우리나라의 서적 판각은 刻石이 유행하던 신라시대에 이미 시작되어 고려시대에 성행하였는데, 그 실물은 八萬大藏經板에서 알 수 있다[25]고 하였으나, 그 조각 기술에 대하여는 언급이 없다. 중국에서는 底本(=자본)을 사용하여 한 자씩 오린 후, 각목에 뒤집어 붙인 다음 각자한다[26]고 하나, 역시 구체적인 조각 기술은 알 수 없다. 다만 일반적으로 생각할 때 우선 필수적으로 필요한 것이 자본이다.

(1) 자본은 육필로 문자를 써서 사용할 때는 미리 정한 활자의 크기와 서체대로 寫字官이 필요한 字樣을 직접 썼고, 覆刻의 형식을 취할 때는 기존 판본에서 필요한 자양을 선별하였다. 다음에는 각자를 위한 준비 과정으로

---

25) 李圭景, 「五洲衍文長箋散稿」, 卷24, 刊書始原辨證說: "我東則刻石, 已在於新羅矣, 刊板亦或防於其昔, 自高麗時, 已盛行, 則於八萬大藏經板, 可知也."

26) (淸)金簡, 「武英殿聚珍版程式」, 刻字.

(2) 준비된 자본을 한 자씩 또는 여러 자를 연이어 오린 다음,

(3) 문자면에 녹말풀을 칠하여,

(4) 각목의 문자면 위에 뒤집어 붙이고,

(5) 풀이 마르기를 기다렸다가 다 마르면 손으로 물을 조금씩 발라 가면서 종이의 섬유질만을 조심스럽게 벗겨내면 자양이 反體字로 선명히 나타났다. 또는 자본의 배면에 밀랍을 먹여 투명해진 것을 붙이기도 하였다.27) 이와 같은 과정을 거친 후,

(6) 나타난 자양대로 문자의 필획을 양각으로 조각하였다. 그러나 여기에 대해서도 그 기법을 설명하고 있는 기록이 없다.

저자의 직접 실험에 의하면, 이것은 주형의 제작과 그 효율을 고려하여 刻字하는데, 필획을 만들어 내는 대부분 작업은 偏刀를 사용하였고, 간혹 깊은 곳이나 미세한 부분의 손질은 直刀를 사용하였다("<사진 25> 각종 조각도" 참조).28) 이때 필획 측면의 각도는 75~85° 정도로 약간의 기울기를 주어야 하며, 문자면의 상단(인출면)에서 刻底部까지의 깊이는 1.0~2.0mm 정도로 가능한 한 깊어야 했다("<圖 1> 목각자모의 단면도" 참조). 이와 같이 조각하는 까닭은 字形의 漫漶(모호해짐)에 대비하려는 뜻도 있다. 만약 필획의 측면을 90°로 조각할 경우, 주형을 제작할 때("3.2 木刻字模의 印着" 참조) 양틀의 鑄造面에 음각으로 인착된 목각자모의 字跡이 파손되기 쉬워서 활자 주조에 실패하기 쉽다. 이와 반대로 각도를 75°보다 낮게 하면, 필획 사이의 깊이가 얕아져서 주조한 활자로 인출할 때 墨色이 번지거나 잡묵이 생기기 쉬

---

27) 辛敦復, 「東國厚生新錄」, 單卷, 抄本, 金然昌收藏本. 鑄字, 鐵鑄字: "取薄紙楮楷書, 大小隨意, 鎔蠟塗之, 覆着板上, 令刻手爲陰刻."

28) 도장의 경우는 대부분의 필획을 수직으로 조각하기 때문에 직도를 주로 사용한다.

우며 활자의 수명도 짧아진다. 따라서 목각자모의 필획도 가능하면 가늘어야 필획 사이의 공간에 충전되는 海浦軟泥가 상대적으로 충분히 다져져서 인착된 자적이 쉽게 파손되지 않는다.

목각자모용 각목에 문자를 조각하는 실험을 한바, 각목 한 개에 문자를 하나씩 새겨 넣는데, 장인[29] 1인이 1일 12시간 작업에 80개 정도 조각하니 한 시간에 새길 수 있는 수량은 6~7개 정도였다. 조각 순서에 대하여는 일반적으로 왼손으로 자(尺)를 잡고 오른손으로 조각도를 잡은 후, 먼저 자로 조각도를 받쳐가며 세로획을 새긴 다음 끝나면 가로획을 새겨서 능률을 올렸을 것[30]이라고 한다. 그러나 이는 匠體字 이후의 일이어서 조선시대 초기에도 그런 수법을 썼겠는가 하는 것은 단정할 수 없다.

이런 과정을 거쳐서 목각자모가 완성되면, 주조에 사용하기 전에 밀랍을 입힌다. 일반적으로 목각자모를 인착하기 전에 미리 밀랍을 입히는데, 그 방법은 녹은 밀랍에 목각자모를 담갔다가 꺼내어 식히면 되었다. 밀랍을 입히는 이유는 목각자모의 표면을 매끄럽게 하여 완전한 금속활자를 주조해 내기 위함이었다. 또 목질의 강도를 높여 더욱 견고하게 하는 효과도 있었다. 이상이 「慵齋叢話」에 나오는 목각자모를 제작하는 과정이었으며, 다음에는 이를 주형에 인착하는 과정이었다.

---

29) 임철재, 42세(1989년 당시), 正印工房 1급 技能士. 자본에 나타난 자형을 90~95% 이상 살려서 조각할 수 있다고 하였다.

30) 李淸志, "明代中葉以後刻版特徵", 「古籍鑑定與維護硏習會專集」(臺北: 中國圖書館學會, 1985), 97: "硬體宋字之刻法, 各筆畫均極平直硬挺, 直刻而入, 刻工可左手按尺, 右手持刀, 先直線後橫線, 易刻速成."

3. 鑄型의 製作 = "以海浦軟泥, 平鋪印板, 印着木刻字"의 해석

「慵齋叢話」에 "바닷가의 연한 진흙을 印板(鑄型 틀)에 평평히 깔고 木刻字模를 그 진흙 가운데에 印着하면 찍힌 곳이 오목하게 문자가 된다."라고 하였다. 이에는 해포연니와 자모 인착의 두 과정이 있는데, ① 해포연니의 분석과 ② 자모 인착의 기술이 문제가 된다.

3.1 海浦軟泥의 分析

해포연니를 인판(주형 틀)에 평평히 깔아야 한다고 되어 있다. 금속 활자 주조에 쓰이는 해포연니는 입자의 크기에 따라 자갈·모래·점토 등이 포함되어 있을 수 있다. 그런데 지금까지 그 입자의 크기에 따른 분포율을 알지 못하고 있다. 또 주조에 사용하기 위하여 해포연니가 잘 엉겨서 자모의 자적이 인착될 수 있으려면 수분을 어느 정도 함유하고 있어야 하는데, 그 정도를 역시 알지 못하고 있다. 그뿐 아니라 해포연 니가 단단히 응고하기 위하여는 염분의 함유량이 문제인데, 이 비율 역시 알지 못하고 있다.

또한, 주물사로서 두께 3cm 내외의 작은 청동 기물이나 기계 부속 등의 주조에 사용되는 硅砂와 두께 5~10cm 이상의 대형 청동 주물이나 범종·동상 등의 주조에 사용되는 磨砂도 있으므로, 금속활자 주조에 사용되는 해포연니와는 어떤 차이점이 있는가도 아울러 밝힐 필요가 있다. 따라서 금속활자 주조에 왜 해포연니가 사용되었으며, 어떻게 사용되었는가 하는 문제는 주물사의 입자 분포 및 성분 분석을 요구하고 있다.

이번 실험은 이러한 문제를 해결하기 위하여 한강 하류[31]에서 채취한, 아직 금속 주조에 사용하지 않은 해포연니와 유기 주조에 사용되고 있는 해포연니 및 규사·마사의 입자 분포를 林業硏究院 분석실에 의뢰하여 Hydrometer 測定法과 粒徑別 細網分析法으로 분석하였다. 그 결과는 <표 1>과 같다.

<표 1> 주물사의 입자 분포

직경(㎜) 비율(%)	2.0 이상 자갈	2.0~1.0 왕모래	1.0~0.5 굵은 모래	0.5~0.25 중모래	0.25~0.1 가는 모래	0.1~0.05 고운 모래	0.05~0.002 가루 모래	0.002 이하 점토
미사용 해포연니	0.00	0.12	0.19	0.17	1.25	8.16	90.11	
							82.51	7.60
사용 중 해포연니	0.00	0.24	1.51	2.40	3.21	5.15	87.49	
							77.89	9.60
규사	0.00	0.62	0.82	0.96	54.08	15.93	18.19	9.40
마사	0.00	0.34	18.08	20.24	24.50	8.71	23.93	4.20

또한, 한강 하류에서 채취한 해포연니와 금속의 합금 성분에 따라 달리 사용되고 있는 해포연니 3종류를 대상으로, 수분의 함유율을 乾燥機測定法으로, 염분의 함유율을 Mohr 滴定法으로 측정한 결과는 <표 2>와 같다.

<표 2> 해포연니의 수분과 염분 함유율(%)

	미사용 해포연니	사용 중 해포연니1	사용 중 해포연니2	사용 중 해포연니3
수분	-	9.55	8.60	9.03
염분	0.004	2.47	3.68	3.82
비고	해포연니1은 銅과 亞鉛 합금의 주조용이고, 해포연니 2·3은 銅·니켈·朱錫 합금의 주조용이다.			

---

31) 바다와 만나는 하구로부터 상류 방향으로 약 30km 지점에서 채취하였다. 이 지점은 바닷물의 밀물과 썰물의 영향으로 강물이 들고나는 현상이 있다. 한국에서는 한강에서 채취할 수 있고, 평택강·만경강에서도 방조제 건설 전에는 채취할 수 있었다.

<표 1>과 <표 2>의 분석 결과를 보면, 미사용 해포연니와 사용 중인 해포연니의 입자 분포는 비슷하여, 입자의 직경이 작아질수록 점차 높은 분포율을 보여 주고 있다. 즉 고운 모래까지는 각각 10% 미만의 낮은 분포임에 비추어 가루 모래는 80% 정도의 현격한 증가를 나타내고 있어 가장 미세하고 고르다. 규사의 경우는 중모래까지는 1% 미만의 극히 낮은 분포를 보이다가 가는 모래(54.08%)부터 급격히 증가하여 고운 모래(15.93%)·가루 모래(18.19%)까지가 차지하는 비율이 88.20%를 보여 해포연니보다는 굵다. 마사는 굵은 모래(18.08%)부터 급격히 증가하여 중모래(20.24%)·가는 모래(24.50%)가 차지하는 비율이 62.82%를 보여 가장 굵은 것으로 나타났다. Karlbeck은 주물사가 갖추어야 할 요건에 대하여, 입자가 아주 고와야 하며 크기가 고르게 분포되어야 한다고 주장하였다.[32] 이에 준하여 주목되고 있는 점으로 활자 주조에 적합하지 않은 규사·마사를 해포연니와 비교해 볼 때, 활자 주조가 가능한 주물사는 입자 직경 0.05mm 이하가 90% 정도 차지하고 있어야 한다는 필요조건을 밝힌 것이다.

또한, 수분의 함유율은 측정 결과 8~10%가 적합하고, 염분[33]은 주물의 합금 성분에 따라서 2~4% 정도로 나타났다. 이에서 보면, 수분은 주물의 크기나 합금 성분과 무관하나 염분은 상당한 관련이 있음을

---

32) Karlbeck, O., *Anyang Moulds, Bulletin of the Museum of Far Eastern Antiquities,* Vol. 7. Stokholm: 1935, 42. 주물사의 조건을 기술하고 있는데 그 내용은 다음과 같다.
 (1) 금속 용액의 고열에 견딜 수 있어야 한다.
 (2) 주물 표면을 손상하지 않도록 입자 간의 凝集力이 커야 한다.
 (3) 금속 주입 시 발생하는 가스를 흡수할 수 있도록 미세한 구멍이 많이 있어야 한다.
 (4) 주물의 표면이 매끄럽게 나올 수 있도록 입자가 아주 고와야 한다.
 (5) 주형이 부서지지 않도록 금속 응고 시의 수축률이 낮아야 한다.
33) 바닷물의 염도는 약 4%이다. 해포연니는 하구에서 상류 방향 30km 지점에서 채취하므로 염분을 거의 포함하지 않고 있다.

알 수 있었다. 요컨대 가루 모래·점토 등 입자 직경 0.05mm 이하가 90% 정도 포함된 해포연니와 8~10% 정도의 수분과 2~4% 내외의 염분이 조화되었을 때 이른바 「慵齋叢話」의 "活字"條에서 언급하고 있는 "海浦軟泥"가 바로 이에 해당하는 것으로 추정되었다.

3.2 木刻字模의 印着

해포연니를 사용하여 목각자모를 인착하는 과정을 살펴보고자 한다. 인판(주형 틀)은 일명 거푸집이라고도 한다. 이 거푸집은 원래 土製나 木製를 사용하였으나 너무 무겁거나 투박하므로 불편을 덜기 위하여 지금은 편의상 무쇠, 즉 鐵製를 사용한다. 그 구조를 보면 음틀과 양틀이 각각 타원형 모양의 대칭으로 나뉘는데, 주조면과 배면은 모두 洞孔으로 뚫려서 측면의 틀만 있다. 측면의 한쪽에 주조면과 연결될 수 있도록 주입구가 조성되어 있다. 양틀에는 음틀의 구멍에 삽입하여 두 틀이 엇갈리지 않게 고정할 수 있도록 네 자루의 철심이 주조면 가장자리에 용접되어 있다. 두 틀 측면의 외부에 두 개의 손잡이가 각각 조성되어 있다("<사진 27> 주형 틀" 참조). 이러한 인판(주형 틀)을 이용하여 목각자모를 해포연니에 인착시킨 실험 과정은 다음과 같다.

3.2.1 陰틀의 製作 過程

(1) 작업 받침대 위에 음틀을 주조면이 아래를 향하도록 엎어 놓고, 고정쇠로 작업 받침대와 음틀을 고정하였다. 이는 작업 중에 음틀이 흔들려서 능률이 떨어지는 것을 방지하기 위함이다.

(2) 음틀 안, 즉 작업 받침대의 작업 면에 미리 준비한 숯가루를 고

루 뿌려서 작업 받침대와 장차 해포연니를 다져 넣을 음틀이 달
라붙지 않도록 하였다(<사진 1>). 즉 숯가루는 두 물질이 붙지
않도록 하는 離連劑 역할을 한다. 뿌리는 양은 경험적 감각에 의
하였다.

(3) 해포연니를 주조면이 될 부분에는 불순물을 여과하기 위하여 체
로 쳐서 목각자모를 심을 수 있는 깊이만큼 평평히 넣은 다음
(<사진 2>), 계속해서 방망이로 다지면서 넘치도록 채워 넣었다
(<사진 3>). 해포연니가 단단해지도록 다지는 정도는 완전히 경
험적 감각에 의하였다.

(4) 다 다졌으면 윗면 즉 배면을 깎음쇠로 깎아서 평평히 한 후(<사
진 4>), 고정쇠를 풀고, 작업 받침대로부터 분리하여 주조면이
위를 향하도록 뒤집어 놓았다.

(5) 음틀의 금속 용액 주입구 부분에 해포연니가 잘 붙도록 물붓으
로 물을 약간 칠한 다음(<사진 5>), 해포연니를 손으로 힘껏 다
져서 채웠다.

(6) 주조면을 평평히 고르기 위하여 평면보다 더 다져진 해포연니는
주조면과 높이가 같게 깎은 후, 양틀과 접촉될 주조면에 다시금
숯가루를 뿌렸다.

(7) "2. 木刻字模의 製作"에서 제작한 목각자모를 주조면에심되 문
자면이 위쪽, 즉 양틀이 접착될 쪽으로 향하도록 가지런히 줄을
맞춰가며 작업 숟가락으로 하나씩 힘껏 눌러서 2/3~3/4쯤 심었
다(<사진 6>). 해포연니를 방망이로 다지면서 채워 넣었지만, 아
직 유연성을 가지고 있어서 목각자모를 큰 힘으로 누르면 심을
수 있다. 이때 심는 목각자모의 수량이 주조해 낼 활자의 수량이

되므로 주조할 활자의 수량만큼 심었다. 이로써 음틀 제작의 기초 작업은 끝나고 목각자모를 적출하기 전에 양틀을 만들었다.

<사진 1> 음틀 안에 숯가루를 고루 뿌린다.

<사진 2> 주조면에 해포연니를 체로 쳐서 넣는다

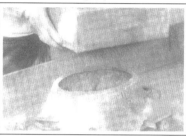

<사진 3> 방망이로 고루 다진다.

<사진 4> 음틀의 배면을 평평히 깎는다.

<사진 5> 금속 용액 주입구에 물을 약간 칠한 후, 해포연니를 힘껏 채운다.

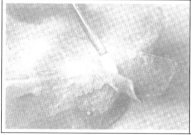

<사진 6> 목각자모를 하나씩 2/3~3/4쯤 심는다.

3.2.2 陽틀의 製作 過程

(1) 목각자모를 다 심어서 기초 작업이 끝난 음틀의 윗면, 즉 음양 두 틀이 접합될 주조면에 장차 해포연니를 채워 넣을 양틀이 달라붙지 않도록 숯가루를 고루 뿌렸다(<사진 7>).

(2) 양틀의 금속 용액 주입구 부분에 해포연니가 잘 접착할 수 있도록 미리 물을 약간 칠한 다음, 음틀 위에 끼워 얹고 작업 중에 흔들리지 않도록 고정쇠로 두 틀의 손잡이를 고정하였다(<사진 8>).

(3) 해포연니를 채워 넣는데 처음의 주조면이 될 부분에는 불순물을 여과하기 위하여 체로 쳐서 목각자모의 1/3~1/4쯤 돋아난 부분을 충분히 묻을 수 있을 만큼 넣고, 계속해서 해포연니를 다지면서 채워 넣었다(<사진 9>).

(4) 다져진 해포연니가 양틀의 윗면, 즉 배면에 넘칠 만큼 되면 이를 깎음쇠로 평평하게 깎아내었다(<사진 10>).

(5) 금속 용액 주입구 부분에도 해포연니를 손으로 힘껏 다져 넣은 다음(<사진 11>),

(6) 고정쇠를 풀고 양틀을 조심스레 수직으로 들어 올려 두 틀을 분리하였다(<사진 12>). 이때 양틀의 주조면에는 목각자모의 字跡이 陰文 正體字로 인착되어 남는다. 이로써 양틀 제작의 기초 작업은 끝나고 다음은 목각자모의 적출과 注入路(湯道) 조성 과정이었다.

<사진 7> 주조면에 숯가루를 고루 뿌린다.

<사진 8> 양틀을 음틀 위에 끼워 얹는다.

<사진 9> 해포연니를 넣고 고루 다진다.

<사진 10> 양틀의 배면을 평평히 깎는다.

<사진 11> 금속 용액 주입구에 해포연니를 다져 넣는다.

<사진 12> 양틀을 들어 올려 두 틀을 분리한다.

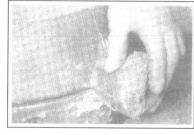 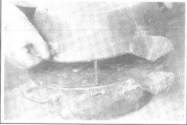

3.2.3 木刻字模의 摘出과 注入路 造成 過程

(1) 양틀의 주조면에 자적을 인착하기 위하여 음틀의 주조면에 심었
던 목각자모를 집게로 하나씩 조심스레 수직으로 적출하였다
(<사진 13>). 적출 요령은 적출하기 전에 목각자모를 집게 손잡

이 부분으로 가볍게 두드려서 미세하지만 해포연니와의 간극을 생성시킨 후 적출하였다. 하나씩 일일이 적출하여야 하므로 상당한 시간이 소요되었다.

(2) 목각자모를 적출할 때 목각자모 주위의 음틀 주조면의 해포연니가 부득불 약간씩 부서지지 않을 수 없었다. 이 부서진 해포연니는 활자가 완성된 후에 너덜이로 나타나게 된다. 따라서 이를 최대한 줄이기 위하여, 목각자모를 모두 적출한 후, 양틀을 다시 음틀에 끼워 힘껏 밀착시킴으로써 부서진 해포연니를 가지런히 바로잡았다. 실제로 이렇게 함으로써 부서진 해포연니가 상당히 많이 바로 잡혀 효과가 뛰어났다.

(3) 두 틀을 다시 분리한 후, 음틀 주조면에서 금속 용액 주입구부터 각 목각자모가 심겨 있던 빈 공간 위치까지 해포연니를 조심스레 깎아서 용액이 흘러 들어갈 주입로를 만들었다(<사진 14>). 금속 용액 주입구는 금속 용액을 용이하게 주입할 수 있도록 깔때기 모양으로 조성하였다. 주입로의 굵기는 주입할 전체 금속 용액의 양을 주입할 수 있는 정도면 충분하였다. 지나치게 굵게 하면 주입은 용이하나, 금속의 활자 주조율이 낮아지고, 열량 낭비를 초래하여 열효율도 낮아지므로 숙련된 감각이 필요하였다. 또한, 활자가 주조된 후, 활자군에서 하나씩 분리하는 노동력이 많이 소요되는 결과를 초래하였다. 주입로를 양틀에 만들지 않는 이유는 가능한 한 목각자모의 자적을 보호하기 위함이었다.

(4) 주입로를 만들기 위하여 음틀 주조면의 해포연니를 조심스레 깎을 때, 목각자모가 심겨 있던 빈 공간에 부서져 들어간 해포연니의 가루를 吹管으로 일일이 불어냈다(<사진 15>). 불순물을 제거

하는 것이다. 이를 제거하지 않으면, 활자 동체가 될 부분에 금속 용액이 채워지지 못해서 완전한 활자를 얻을 수 없게 된다.

(5) 주입로 상에 흩어진 해포연니 가루는 털붓이나 깃털 등 부드러운 공구로 주의 깊게 털어내고(<사진 16>), 마지막으로 혹시 모를 미세한 가루가 남아서 금속 용액을 주입할 때 불순물로 작용하지 않도록 물붓으로 물을 찍어 주입구를 포함한 주입로를 매끈하게 닦아냈다.

(6) 다음에는 양틀을 주조면이 위를 향하도록 하여 주입구를 깔때기 모양으로 손질하고 해포연니 가루 등이 있으면 털붓으로 깨끗이 털어냈다(<사진 17>).

(7) 음양 두 틀을 그을음 대에 엎어놓고 관솔이나 경유를 태워서 주조면에 그을음을 입혔다(<사진 18>). 그을음을 입히는 양은 경험적 감각에 의하였다. 주조면에 그을음을 입히는 이유는 ① 주형의 해감모래가 습기를 머금고 있어서 고열의 금속 용액을 주입할 때 수증기가 발생하여 주물 표면에 기포 자국을 형성하므로 이를 방지하기 위함이요, ② 주물 표면을 매끄럽고 고르게 하기 위함이요, ③ 그래야만 다음 손질이 편리하기 때문이다.

이상이 해포연니에 목각자모를 인착하는 과정이었으며, 이와 같이 주형이 완성된 다음에는 금속 용액을 주입하는 과정이었다.

<사진 13> 목각자모를 하나씩 조심스레
적출한다.

<사진 14> 음틀의 주조면에 금속 용액의
주입로를 만든다.

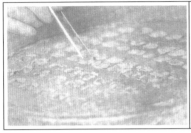 

<사진 15> 해포연니 가루를 일일이 붙어낸다.

<사진 16> 해포연니 가루를 깃털로 털어낸다.

<사진 17> 양틀의 금속 용액 주입구도
깨끗이 털어낸다.

<사진 18> 두 틀의 주조면에 그을음을
입힌다.

4. 金屬 鎔液의 注入 = "合兩印板, 鎔銅, 瀉下"의 해석

「慵齋叢話」에 금속 용액의 주입을 "두 印板(음양 鑄型)을 합쳐놓고 銅을 鎔解하여 한 구멍으로 부어 넣으면 쇳물이 오목한 곳으로 흘러 들어가 하나하나 활자가 이루어진다."라고 설명하고 있다. 이에는 ① 음양 두 주형의 밀착을 어떤 방법으로 했으며, ② 금속 용액의 주입을 어떠한 요령으로 하여 활자를 주조하였는가가 문제이다.

4.1 鑄型의 密着

두 인판(음양 주형)을 밀착시키는 방법은 실험 결과, 다음과 같이 나타났다.

(1) 음틀을 미리 준비한 주형 받침대에 올려놓되 그 기울기는 35~45° 정도여야 했다("<圖 2> 주형 받침대" 참조). 이 기울기는 가능한 한 낮을수록 좋은데, 너무 가파르면 쇳물의 주입 속도가 빨라져서 주형 내부의 가스 압력이 증가하여 주조의 성공률이 낮거나 실패할 가능성이 크기 때문이다.

(2) 양틀을 음틀 위에 조심스레 끼워 맞춰 밀착시켰다. 이로써 주형의 주조면에 인착된 목각자모 자적의 문자면을 위쪽에, 배면을 아래쪽에 위치시켰다.

(3) 압박용 판목과 목봉을 이용하여 주형의 위에서 큰 힘으로 압박하였다(<사진 19>). 이와 아울러 추가로 고정쇠로 두 틀의 양쪽 손잡이를 고정하기도 하였다. 이는 금속 용액 주입 시 발생하는 가스 압력으로 인하여 음양 주형의 틈이 벌어지는 것을 방지하기 위함이다.

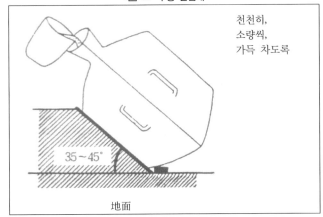

<圖 2> 주형 받침대

천천히,
소량씩,
가득 차도록

35~45°

地面

<사진 19> 두 틀을 밀착시킨 후,
위에서 압박한다.

<사진 20> 金屬 鎔液을 주입한다.

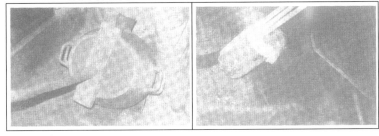

4.2 金屬 鎔液의 注入

금속 용액을 주입하는 실험 결과, 밝혀진 바는 다음과 같다.

(1) 도가니에서 충분히 끓인 금속 용액에서 쇠똥과 불순물을 건져낸 후,

(2) 주형의 주입구를 통해 금속 용액 줄기를 가늘게 하여 천천히, 소
량씩, 가득 차도록 주입하면(<사진 20>), 주형 내부의 공간에 속
속들이 흘러 들어가 陽文 反體字의 금속활자가 되었다. 금속 용

액을 이렇게 주의하면서 주입하는 이유는 이때 발생하는 가스 압력을 가능한 한 낮춰서 주조에 실패하지 않도록 하고 또 성공률을 높이기 위함이다.

(3) 잠시 식기를 기다렸다가 금속 용액이 응고된 다음 음틀과 양틀로 된 주형을 해체하여 나뭇가지 모양으로 주조되어 매달려 있는 活字群을 주물 집게로 집어내었다.

이것이 곧 금속 용액을 주입하는 요령이었다. 다음에는 주형에서 부어져 나온 활자 동체의 너덜이를 修整하는 과정이었다.

5. 너덜이의 修整 = "刻剔重複而整之"의 해석

「慵齋叢話」에 "너덜이진 부분을 깎아서 다듬는다."라고 되어 있다. 이는 ① 활자 동체 너덜이의 처리와 ② 문자면의 처리 과정으로 나누어지는데, 각각의 구체적인 처리 방법을 살펴보고자 한다.

5.1 活字 胴體 너덜이의 處理

주형에서 막 부어낸 금속활자는 동체에 다소 너덜이진 부분이 없을 수 없으므로 손질이 필요하였다.

(1) 쇠솔과 털솔로 활자군에 붙어 있는 해포연니를 털어 내었다(<사진 21>).

(2) 활자 동체의 문자면이 손상되지 않도록 배면에서 활자를 한 개씩 공구로 떼어냈다(<사진 22>). 이 작업이 용이하지 않으면 쇠톱으로 잘라내었다. 이 작업에 소요되는 노동력을 줄이기 위하여도

앞의 "3.2.3 (3)"에서 주입로를 지나치게 굵게 할 필요는 없었다.

(3) 활자 동체마다 너덜이진 부분을 줄로 쓸어내어 활자 모양을 갖추면(<사진 23>) 바로 너덜이의 처리 과정이 끝났다.[34] 너덜이는 주로 활자 동체의 측면에 많이 형성되어 있었다. 이는 음양 두 틀의 접합 면, 즉 주조면의 해포연니가 부서져 나간 공간의 반영이다. 따라서 이 너덜이를 줄이기 위하여 "3.2.3 (1)"에서 주형으로부터 목각자모를 적출할 때, 가능한 한 주형이 부서지지 않도록 하는 세심한 주의가 필요하였다. 너덜이를 쓸어내어 활자로 다듬는 작업은 말로는 지극히 간단하지만, 완전한 육체노동으로서 전체 활자 주조 과정에서 차지하는 노동력의 비율은 50% 정도였다. 따라서 이러한 수고를 줄이기 위하여 주형 제작 과정의 단계마다 세심한 주의를 기울여야 하였다.

주조 기술 발달 과정을 살피면, 기본적으로 너덜이를 쓸어내기 위한 노동력이 많이 소모되므로, 이를 줄이기 위하여 주조 과정의 단계별 기술이 진보하였다. 그 후 너덜이 처리를 위한 공구가 개발되어 이를 쓸어내기 위한 노동력을 줄일 수 있으면서, 주조 과정의 기술은 과거보다 퇴보하는 현상을 보였다.

---

34) 주조해 낸 금속활자 동체의 크기는 일반적으로 목각자모보다 약간 커졌다. 왜냐하면, 너덜이를 쓸어낸다 하여도 목각자모의 원래 크기만큼 다듬어 내기가 어렵기 때문이다.

<사진 21> 활자군에 묻어있는 해포연니를
털어낸다.

<사진 22> 활자를 하나씩 떼어낸다.

<사진 23> 너덜이를 쓸어낸다.

<사진 24> 완성된 활자들

5.2 活字 胴體 文字面의 處理

정상적으로 주조된 대부분 활자는 동체의 문자면을 약간만 갈아주어
도 충분하였다. 일부 비정상적인 활자는 문자면을 砂布나 줄로 필요한
만큼 갈아주어 곱게 다듬으면 인쇄할 때 묵즙이 잘 묻을 수 있었다(<사
진 24>). 즉 문자면을 다듬는 과정이다.

그러나 만약 문자면에 너덜이가 형성되어 있으면, 심하지 않으면 처
리하여 활자로 사용할 수 있지만, 대부분은 사용할 수 있도록 문자의
필획을 살리기가 매우 어려워서 폐기하였다. 따라서 너덜이가 생기지
않도록 주조하는 것이 관건이었다.

이상의 실험을 통하여 「慵齋叢話」 "活字"조에 지극히 소략하고 모

호하게 기록된 금속활자의 주조 과정을 주조할 수 있도록 해석하였다.

이렇게 하여 완성된 활자는 組版할 때 필요한 활자를 선별(文選)하기 쉽도록 韻이나 필획 등을 기준으로 배열하여 활자 보관 용기에 보관하였다.

6. 金屬活字의 鑄造 공구

작업을 수행하는 데 있어서 재료와 함께 없어서는 안 될 것이 공구다. 실험에 동원되는 공구는 작업을 수행하는 필수 도구일 뿐만 아니라 작업 능률을 좌우할 수 있을 만큼 대단히 중요하다. 따라서 작업 중 발생 가능한 여러 상황에 대비하기 위하여 다양한 공구를 미리 준비할 필요가 있다. 활자 주조용 공구는 크게 네 종류로 나눌 수 있다.

6.1 木刻字模 製作用

목각자모를 제작하기 위한 공구를 말한다(<사진 25>).

(1) 톱: 목재를 板子나 角木 또는 木角으로 켜는 공구로 톱날의 크기에 따라 대톱과 세톱으로 구분한다.

(2) 대패: 목재를 평평하게 板面을 고르거나 오목한 홈을 내는 공구로 대팻날의 모양에 따라 평대패·홈대패·각대패 등으로 구분한다.

(3) 偏刀: 목각자모의 필획을 만들기 위한 조각도로 대부분의 刻字 작업을 수행한다.

(4) 直刀: 필획 사이나 미세한 여백 등의 불필요한 부분을 제거한다.

(5) 鑿刀(平刀): 넓은 부분의 여백을 제거하는 공구로 끌과 같은 기능을 한다. 실제 각자 작업에는 거의 쓰이지 않는다.

(6) 圓形刀: 좁은 홈을 파거나 여백을 제거한다. 실제 각자 작업에는 거의 쓰이지 않는다.

(7) 三角刀: 좁은 홈을 파는 데 사용한다. 실제 각자 작업에는 거의 쓰이지 않는다.

(8) 木床: 角木이 너무 작아서 손으로 잡고 각자하기에 불편하므로 각자의 편리를 위하여 角木을 고정하는 공구이다. 오늘날에는 刻印臺·彫刻臺라고 한다.

(9) 이 밖에 자본 재단용 가위, 톱날을 세우기 위한 줄, 대패나 조각도의 날을 갈기 위한 숫돌, 조각도의 날을 사용 직전에 고르기 위한 가죽, 각자할 때 조각도를 받치는 자(尺), 각자할 때의 부스러기를 털기 위한 솔 등이 있다.

<사진 25> 각종 조각도: 윗줄 좌로부터 偏刀 4종·直刀 2종,
아랫줄 좌로부터 鑿刀·圓形刀 3종·三角刀

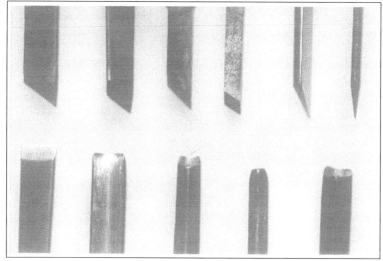

6.2 鑄型 製作用

음양 두 틀을 만들기 위한 공구들로 종류가 가장 많다(<사진 26~29>).

(1) 作業臺: 주형의 제작에서부터 활자를 부어낼 때까지의 대부분 작업이 이루어지는 가장 기본적인 공간이다. 크기는 대체로 가로 2m × 세로 1m × 높이 0.8m 정도이다.

(2) 주형 틀: 일명 거푸집. 기물을 주조하기 위한 주형을 제작하는 기본적인 틀로서 음틀과 양틀로 구성된다.

(3) 모래판: 해포연니를 많이 떠서 주형 틀 안에 편리하게 펴 넣기 위한 나무판.

(4) 고정쇠: 작업 받침대와 음틀 또는 음양 두 틀을 움직이지 않도록 꽉 조여서 고정하기 위한 말굽 모양의 철근.

(5) 작업 받침대: 주형을 제작할 때 주형 틀의 밑에 받치는, 두 개의 긴 다리가 달린 나무판.

(6) 체: 주형 틀 안에 해포연니를 넣어 다져서 주형을 만들 때, 목각자모를 심을 주조면 부분에 불순물이나 해포연니 덩어리가 있으면 주조면이 부서지기 쉬우므로, 이를 제거하기 위한 여과용 철사 망.

(7) 쇠 방망이: 일명 달구대. 주형 틀 안의 해포연니를 다지기 위한 공구로 굵고 가는 것이 있는데 한쪽은 평평하고 한쪽은 뾰족하다. 과거에는 木製를 사용하였으나 오늘날에는 힘을 절약하기 위하여 鐵製를 사용한다.

(8) 깎음쇠: 주형을 만들 때 해포연니를 다 다진 다음 윗면을 평평하게 고르기 위하여 더부룩한 부분을 깎아내는 곧은 쇠.

(9) 울림대: 음틀에서 목각자모를 적출할 때 쉽게 빠져나올 수 있도

록 가볍게 두드리기 위한 木製 방망이.

(10) 숯가루: 작업 받침대와 음틀 또는 완성된 음틀 위에서 양틀을 제작할 때, 해포연니는 같은 성분이므로 아무런 장치 없이 그냥 다지면 한 덩어리로 달라붙게 된다. 따라서 이를 방지하기 위하여 두 틀의 접합 면에 뿌리는 이연제다.[35] 숯은 곱게 빻아서 헝겊 주머니에 담아서 사용하는데 목질이 단단한 나무로 구운 숯은 해포연니의 수명을 단축하므로 연한 나무라야 한다. 대개 미루나무·오동나무·버드나무 숯은 상품에 속하고 소나무도 가능하나 참나무·떡갈나무·밤나무는 안 된다.

(11) 작업 숟가락: 음틀의 주조면에 목각자모를 눌러 심거나, 금속 용액이 흘러 들어갈 주입로를 조성하는 데 쓰이는 숟가락 모양의 공구.

(12) 집게(핀셋): 양틀을 제작한 후, 음틀의 주조면에 심겨 있는 목각자모를 적출하기 위한 공구.

(13) 깃털 및 털붓: 금속 용액의 주입로를 조성한 후, 혹시 남아 있을지 모를 해포연니 가루를 제거하기 위한 공구. 세심한 주의가 필요하므로 부드러운 것을 사용한다.

(14) 물붓과 물: 음양 두 틀의 금속 용액 주입구 부분에 해포연니가 잘 접착하도록 물을 칠하거나, 금속 용액의 주입로 또는 자적 주위의 해포연니 가루를 물을 찍어서 매끄럽게 닦아내는 붓.

(15) 吹管: 주형의 목각자모가 심겨 있던 빈 공간에 혹시 남아있을지 모를 해포연니 가루를 불어서 제거하기 위한 공구.

---

35) 오늘날 개량된 주조 방식에서는 대용으로 편리하게 구입할 수 있는 벤토나이트를 사용하기도 한다. 이 경우는 해포연니의 수명이 단축된다.

(16) 그을음 臺: 목각자모가 인착된 음양 두 틀의 주조면에 그을음을 입히기 위하여 손잡이를 걸칠 수 있도록 만든 구조물.

(17) 그을음용 綿棒: 음양 두 틀의 주조면에 그을음을 입히기 위하여 경유를 묻혀서 태울 수 있도록 만든 솜방망이.

(18) 관솔 또는 경유: 음양 두 틀의 주조면에 그을음을 입히기 위하여 연소시킬 연료.

(19) 원통쇠: 주조가 끝난 주형에서 금속 용액이 닿는 부분의 해포연니는 고열로 가열되어 단단하게 응고되므로, 이를 재사용하기 위하여 물을 적셔가며 가루로 빻는 공구.

<사진 26> 작업대

<사진 27> 주형 틀: 좌측이 음틀, 우측이 양틀

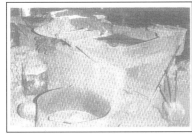

<사진 28> 좌로부터 쇠 방망이 2종 · 깎음쇠 · 취관 · 원통쇠 · 면봉

<사진 29> 좌로부터 숯가루 · 작업 숟가락 2종 · 집게 · 깃털 2개 · 털붓 · 물붓

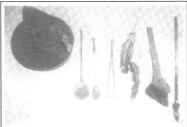

6.3 鎔銅 注入用

금속 용액과 불을 다루기 위한 공구이다(<사진 30〜31>).

(1) 화덕: 금속을 녹이기 위하여 불을 지피는 장치.

(2) 풍로: 금속을 녹일 수 있도록 고열을 내기 위하여 연료 부분에 바람을 불어넣는 장치.

(3) 주형 받침대: 금속 용액을 주입하기 위하여 완성된 주형을 안장할 수 있도록 비스듬하게 만든 구조물.

(4) 압박 판목과 봉: 금속 용액을 주입할 때, 내부 압력의 팽창으로 인하여 주형이 벌어지지 않도록 주형 받침대에 안장한 주형을 위에서 압박하는 공구.

(5) 도가니(坩堝): 금속을 녹이기 위한 그릇.

(6) 도가니 집게: 금속 용액을 주형에 주입하기 위하여 도가니를 집는 공구. 도가니 바깥 부분을 집는 다리는 길고 안쪽을 집는 다리는 약간 짧다.

(7) 쇠똥 거르게: 금속이 녹을 때 자연히 가스와 함께 용액의 표면에 형성되는 불순물을 걸러 내기 위한 공구.

(8) 주물 집게: 막 부어낸 주물을 주형에서 꺼내기 위한 공구.

<사진 30> 주형 받침대·압박용 판목과 봉   <사진 31> 좌로부터 도가니·30cm 자·
　　　　　　　　　　　　　　　　　　　　　　 도가니 집게·주물 집게·쇠똥 거르게 2종

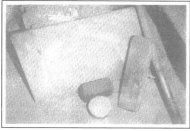 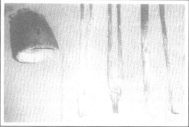

6.4 너덜이 修整用

주형에서 막 부어져 나온 활자는 너덜이진 부분이 있게 마련이므로 이를 제거하여 활자로 완성하기 위한 공구이다(<사진 32>).

(1) 솔: 완성된 활자군에 묻은 해포연니를 털어내기 위한 공구. 털솔과 쇠솔이 있다.

(2) 펜치: 활자군에 달린 활자를 하나씩 떼어내고, 너덜이진 부분을 줄로 쓸어낼 때 활자를 고정하는 집게.

(3) 쇠톱: 활자군에서 활자를 하나씩 절단하는 공구.

(4) 줄: 활자에 붙어 있는 너덜이를 쓸어내는 공구. 모양에 따라 평형·도형·반도형·삼각형 등으로 다양하다.

(5) 砂布: 활자의 문자면을 곱게 가는 데 사용하는, 금강砂·유릿가루 등을 발라 붙인 헝겊이나 종이.

<사진 32> 좌로부터 털솔·쇠솔·펜치·쇠톱 2종·줄 4종·사포

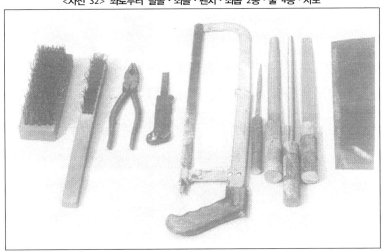

7. 小 結

이번 실험을 통하여 종래의 이론과 다소 차이도 있고 또한 알려지지 않았던 구체적인 사실을 밝혀내었다. 이를 정리하면 다음과 같다.

實驗을 통하여 문헌 기록을 새로이 究明한 내용이다.
(1) 조선시대 초기의 주물사법 주조 과정
① 木刻字模의 제작 = 황양목을 각목으로 재단하여 문자를 양각 반체자로 조각한 후, 밀랍을 입힌다. ② 鑄型의 제작 = 음틀 안에 海浦軟泥를 다져 넣고, 주조면에 목각자모를 심는다. 음틀 위에 離連劑를 뿌린 후, 양틀을 결합하여 해포연니를 다져 넣는다. 음양 두 틀을 분리하여 목각자모를 적출한 후, 음틀의 주조면에 금속 용액 주입로(탕도)를 조성한다. 음양 두 틀의 주조면에 그을음을 입힌다. ③ 金屬 鎔液의 주입 = 음양 두 틀을 결합하여 35~45°로 거치한 후, 힘껏 압박한다. 금속 용액을 천천히, 소량씩, 가득 차도록 주입한다. 금속 용액이 응고된 후, 활자군을 꺼낸다. ④ 너덜이 修整 = 활자군에서 하나씩 떼어낸 후, 동체 상의 너덜이를 쓸어낸다. 끝으로 문자면을 곱게 다듬는다.
이상 주조 과정상에서 선행 연구와의 차이로 새로이 밝힌 점은 다섯 가지가 있다. ① 음틀에 해포연니를 다져 넣은 후 목각자모를 심었다. ② 이연제를 음양 두 틀의 사이에 뿌렸다. ③ 금속 용액 주입로(탕도)를 음틀의 주조면에 조성하였다. ④ 그을음을 음양 두 틀의 주조면에 입혔다. ⑤ 주형을 35~45°로 거치하여 천천히, 소량씩, 가득 차도록 금속 용액을 주입하였다.

文獻 硏究에 의하여 새로이 究明한 내용이다.

(3) 木刻字模용 자재

杪・梨・樺・棗・梓・黃楊・灰・檀・棠・山櫻 등이 있었다. 堅靭度를 보면 梓木이 으뜸이고 황양목은 그다음이다. 그러나 梓木은 刻字하기가 어려우므로, 목질이 균일하여 각자하기가 용이한 황양목을 주로 사용하였다.

實驗 分析을 통하여 새로이 밝혀낸 네 가지이다.

(4) 木刻字模 각자용 각목의 동체 형태

문자면이 배면보다 넓도록 측면을 3~5° 정도 기울기로 깎아서 재단하였다. 이 점이 목활자와 다른 특징이었다.

(5) 木刻字模의 조각 방법

자본에 나타난 자양을 偏刀로 필획을 조각하고, 깊이와 미세한 부분을 直刀로 조각하였다. 필획 측면의 각도는 75~85° 정도, 깊이는 1.0~2.0mm 정도여야 하였다. 조각 능률은 1시간에 6~7개 정도였다. 조각이 끝난 목각자모는 주조에 사용하기 전에 밀랍을 입혀 완성하였다.

(6) 海浦軟泥의 분석

금속활자의 문자 필획이 섬세하고 정교하여 입자 직경 0.05mm 이하가 90% 정도 포함된 미세하고 고른 해포연니로만 주조가 가능하였다. 해포연니는 8~10%의 수분과 2~4%의 염분을 함유하고 있어야 하였다.

(7) 금속 용액의 주입 요령

금속 용액을 주입할 때 음틀(목각자모의 배면)을 아래에, 양틀(목각자모의 문자면)을 위에 위치시켜야 했다. 음양 두 틀(주형)을 거치하는 각도는 35~45° 정도로 가파르지 않아야 하였다. 주입 요령은 천천히,

소량씩, 가득 차도록 주입해야 하였다.

　이러한 과정의 세부 사항을 모두 실험으로 복원함으로써 전통적 주물사법에 의한 금속활자 주조를 재현할 수 있도록 하였다.

III

印版의 製作 過程 = 組版 過程

印版의 製作 過程 = 組版 過程*

〈초 록〉

庚子字의 일체식 인판과 甲寅字의 組立式 인판을 표본으로 하여, 조판의 기술적 과정을 실험으로 밝혀내었다.

(1) 조선시대의 금속활자 인쇄를 위한 조판용 인판은 庚子字 이전의 일체식 인판과 甲寅字 이후의 조립식 인판이 있었다.

(2) 조판 과정은 인판의 종류와 무관하게 기초 단계인 ① 판식의 설계와 ② 자재의 준비를 선행하여야 하였다. 그 후, 일체식 인판의 경우는 ③ 필요한 활자 선별, ④ 광곽재 고정, ⑤ 판심재와 계선재 배열, ⑥ 인납을 부어 넣은 후 활자 배열, ⑦ 인출면 높낮이 조정, ⑧ 교정, ⑨ 인납으로 고정하여 인판을 제작하였다. 조립식 인판의 경우는 ③ 필요한 활자 선별, ④ 上邊과 左邊의 광곽재 고정, ⑤ 활자 · 계선재 · 판심재 배열, ⑥ 下邊과 右邊의 광곽재 고정, ⑦ 인출면 높낮이 조정, ⑧ 교정, ⑨ 나뭇조각 등으로 고정하여 인판을 제작하였다.

(3) 모든 과정은 능률 향상에 초점을 맞추어 진행되며, 모든 과정이 잘되어야 우수한 書品의 인쇄물을 얻을 수 있었다.

(4) 조판 과정의 원론적 선후 관계는 있으나, 구체적 절차에서는 경험적 감각이 크게 작용하였다. 구체적인 수치로 표현할 수 없는 부분일수록 더욱 숙

---

* 曺炯鎭, "金屬活字印刷의 組版技術", 「季刊書誌學報」 제13호(1994. 9), 57-89.

련된 기술이 필요하였다.

(5) 작업 대부분이 均字匠에 의하여 이루어지며, 書品에도 절대적인 영향을 미치므로 均字 과정이 가장 숙련된 기술을 필요로 하였다.

(6) 일체식 인판은 組版 과정은 간단하지만, 인쇄 능률은 낮고, 조립식 인판은 그 반대여서, 庚子字에서 甲寅字로의 전환은 기술적 발전이었다.

요어 : 庚子字, 甲寅字, 一體式 인판, 組立式 인판, 조판 과정

1. 小 緒

組版 과정은 활자 제작이 끝난 다음의 인쇄 과정으로서, 활자의 주
조 과정에서 주조한 활자를 사용하여 인출에 부칠 印版[1]을 제작하는
작업이다. 즉 상자·서랍·韻盤·藏櫃 등 활자 보관 용기에 보관된 활
자 집단에서 원고대로 필요한 활자를 文選하고, 기타 부속품을 동원하
여 인판을 제작하는 기술이다. 書品이 우수한 서적을 생산하기 위하여
는 ① 활자의 제작, ② 인판의 제작, ③ 인출 등 세 단계가 모두 완벽하
여야겠지만, 그중에서도 서품의 우열을 좌우할 만큼 큰 비중을 차지하
는 것이 곧 인판의 제작 기술이다.

조선시대에 사용되었던 조판 방법은 인판 틀의 모양에 따라서 크게
一體式 인판과 組立式 인판의 두 가지가 있었다(<표 1>).

일체식 인판은 상하좌우의 변란 틀이 하나로 고착되어 있어서 인판
받침에 못 등으로 고정하기만 하면 바로 식자할 수 있었다.[2] 이러한 부
분 일체식 인판 방식이 가장 많이 사용되었다. 간혹 인판 받침과 상하좌
우의 변란 틀이 하나로 고착된 부분 일체식 인판 틀을 사용하기도 하였
고, 더 나아가 界線材와 魚尾材를 포함한 版心材까지 고착된 완전 일체
식 인판 틀을 사용하기도 하였다.[3] 이러한 방식은 주로 조선 庚子字

---

1) "Ⅱ. 金屬活字의 鑄造 過程"의 「慵齋叢話」에서 언급한 "印板"과는 개념이 다르다.

2) 국립민속박물관에 보관 전시되고 있는 壬辰字 「國朝寶鑑」의 인판과 고려대학교 박물관에 소장된
   丁酉字 「國朝寶鑑」의 인판 및 국립중앙박물관에 소장된 조선총독부 복원 丁酉字小字의 인판 등이
   그 사례이다. 그러나 1773년壬辰字인본 「御製八旬示後昆錄」과 1915년丁酉字인본 「靑丘詩鈔」의 序
   제12·17·25∼27·29·30葉 등은 조립식 인판이다.

3) 曹炳鎭, 「中韓兩國古活字印刷技術之比較硏究」(台北: 學海出版社, 1986), 108. 癸未字의 여러 인본을
   자세히 살펴보면 四周 匡郭·界線·版心·魚尾 등이 모두 미세한 틈도 없이 연결되어 있음을 알
   수 있다. 즉 癸未字는 예외 없이 모두 고착된 완전 일체식 인판 틀을 사용한 것이다. 이에 비하여
   庚子字의 인본은 계선·판심·어미 등은 떨어져 있으며 四周의 邊欄만이 하나로 고착된 부분 일체
   식 인판 틀이다.

(1420년)까지 활자의 모양이 文字面을 포함하여 側面·背面·높이·두께 등이 방정하거나 균일하지 못할 때, 印蠟을 사용하여 활자를 인판에 부착시키는 방법으로 조판하여 인쇄할 때 사용되었다(<표 2>). 그 대표적인 예로 직지활자(1377년)·癸未字(1403년)·庚子字를 들 수 있다.[4]

조립식 인판은 인판 받침·상하좌우의 변란재 4개·계선재·어미재 등 판심을 구성하는 요소들이 각각 독립되어 있다. 이들을 하나씩 인판 받침 위에 고정해서 활자를 조판할 수 있도록 인판 틀을 만들었다. 이러한 방식은 조선 甲寅字 이후, 활자의 모양을 방정하게 제작해 낼 수 있게 되면서부터 竹片·木片·紙片 등을 사용하여 견고하게 조여서 조판하는 방법으로 인쇄할 때 사용되었다. 그 대표적인 예로 甲寅字(1434년)를 들 수 있으며, 이러한 형식은 조선시대 말기까지 꾸준히 사용되었다.

이와 같은 방법으로 인출해 낸 서적의 서품은 중국·일본 등 주변 국가의 활자본과 비교해 볼 때 대단히 우수하지만, 문헌상에 나타난 현존

<표 1> 인판 틀의 종류

1	부분 일체식 1	상하좌우의 변란재는 고착, 인판 받침·계선재·판심재는 분리
2	부분 일체식 2	인판 받침과 상하좌우의 변란재는 고착, 계선재·판심재는 분리
3	완전 일체식	인판 받침·상하좌우의 변란재·계선재·판심재가 모두 고착
4	조립식	인판 받침·상하좌우의 변란재·계선재·판심재가 모두 분리

4) 일체식 인판 틀이 아님에도 인납을 이용하여 모양이 방정하지 않은 활자를 부착식으로 조판하여 인출한 경우가 있다. 이는 조선시대 후기의 지방 목활자본에서 많이 나타나고 있다. 이의 인판 제작 방법은 조립식이었으며 활자의 식자 방법은 인납을 사용한 부착식이었다.
인판 틀의 종류와 조판 방식에 관한 명칭이 유사하여 혼동하기 쉽다. 인판 틀의 종류는 앞에 설명한 바와 같다. 조판 방식은 활자이므로 예외 없이 조립식이다. 조립 방식의 차이에 따라서 부착식과 조임식으로 구분한다. 따라서 일체식 인판 틀을 사용할 경우, 기본적으로 부착식 조판 방법만이 가능하며, 조임식은 거의 불가능하다. 조립식 인판 틀을 사용할 경우는 부착식과 조임식의 조판이 모두 가능하다.

<표 2> 인판 틀의 형식과 조판 방식의 관계

인판 틀의 형식	일체식	조립식
조판 방식(조립식)	부착식	부착식·조임식

기록이 지나치게 소략하여 그 기술적 과정을 추정하기가 매우 어려웠다.

인판의 제작 방법에 관한 기존 연구로는 목활자를 조립식 인판 틀에 인납을 사용하여 부착식으로 조판한 연구가 있다.[5] 일체식 인판 틀을 사용한 조판이나, 조립식 인판 틀에 인납을 사용하지 않고 죽편·목편·破紙 등을 사용하여 조임식으로 금속활자를 조판하는 방법에 대하여는 원론적으로 정리한 저술과[6] 실험 연구[7]가 있을 뿐 아직 구체적으로 연구된 바가 없다.

이번 실험은 이 점에 착안하여 일체식 인판의 대표적인 예인 庚子字와 조립식 인판의 대표적인 예인 甲寅字를 대상으로 하여, 지극히 소략하나마 조판 기술을 기록한 문헌을 토대로 현존 인본 및 인판 등의 실물을 분석하여, 그 구체적인 조판 과정을 각각 과학 기술적으로 實驗함으로써 조판 기술에 관련된 문제를 밝히고자 한다.

2. 庚子字의 組版

2.1 記錄에 나타난 庚子字의 組版

癸未字 또는 庚子字의 조판 기술을 언급한 문헌으로 「朝鮮王朝實錄」을 들 수 있다. 「朝鮮王朝實錄」「世宗實錄」卷11에

前此印冊, 列字於銅板, 鎔(熔)寫(瀉)黃蠟, 堅凝然後印之, 故費蠟甚多,

---

5) 柳鐸一, "韓國木活字 印刷術에 對하여", 「民族文化論叢」第4輯(1983. 12), 116-120.

6) 千惠鳳, 「韓國典籍印刷史」(서울, 汎友社, 1990), 361.

7) 옥영정, "한글 금속활자 복원을 위한 주조 및 조판 실험 연구", 「書誌學硏究」제38집(2007. 12), 347-376.

而一日所印, 不過數紙. 至是(庚子字), 上親自指畫, 命工曹參判李蕆・
前小尹南汲, 改鑄銅板與字樣相准, 不暇鎔(熔)蠟而字不移, 却甚楷正,
一日可印數十百紙.[8]

즉 "이전의 서적(癸未字本) 인쇄는 활자를 銅版 틀에 배열하고 황랍
을 녹여 부어 굳게 응고시킨 연후에 인쇄하였다. 그러므로 황랍을 대단
히 많이 소비하였음에도 하루 인쇄량은 몇 장에 불과하였다. 이(庚子
字)에 이르러서 상왕이 친히 계획을 지시하여 공조참판 李蕆과 전 소
윤 南汲에게 명하여 동판 틀과 활자의 자양이 꼭 맞도록 개주하게 하
니, 황랍을 녹여 쓰지 않아도 활자가 움직이지 않고 심지어 매우 해정
하여 하루에 수십백 장을 인쇄할 수 있었다."라는 기록이 보인다.

「世宗實錄」 卷65에도

但因初創, 制(製)造未精, 每當印書, 必先以蠟布於板底, 而後植字於其
上, 然蠟性本柔, 植字未固, 纔印數紙, 字有遷動, 多致偏倚, 隨卽(印)均
正, 印者病之.[9]

즉 "초창기에는 제작 기술이 정밀하지 못하기 때문에 매양 서적을
인쇄할 때마다 반드시 먼저 밀랍을 인판 틀의 바닥에 깔고, 그 위에 활
자를 심었다. 그러나 밀랍의 성질이 본래 유연하여 활자를 심은 것이
견고하지 못하여 겨우 몇 장 인쇄하면 활자가 움직이고 흔들려서 대부
분이 치우치고 기울어져서 인출할 때마다 바로잡아야 하니 인출하는
자가 이를 병폐로 여겼다."라고 하였다.
成俔의 「慵齋叢話」 卷7에는 활자의 형태를 추정할 수 있는 기록이 있다.

---

8) 『朝鮮王朝實錄』, 「世宗實錄」, 卷11, 3(1421)年辛丑三月丙戌.
9) 『朝鮮王朝實錄』, 「世宗實錄」, 卷65, 16(1434)年甲寅七月丁丑.

始者不知列字之法, 融蠟於板, 以字着之, 以是庚子字, 尾皆如錐.[10]

즉 "처음에는 활자를 배열하는 방법을 알지 못하여 밀랍을 인판 틀에 녹여 붓고 활자를 거기에 부착하였으니 이것이 庚子字로 꼬리는 모두 송곳 같았다."라고 하였다.

이상 세 기록을 보면, 癸未字·庚子字 등 초창기의 활자인쇄를 위한 조판 방법에 대하여 언급하고 있다. 우선 활자와 인판의 제작이 정교하지 못하기 때문에 미리 인판 틀에 밀랍을 녹여 붓고, 활자를 그 위에 심어서 부착하도록 하였다. 庚子字에 이르러서 활자와 인판 틀을 꼭 맞게 제작하였다. 활자를 편리하게 심기 위하여 활자의 배면을 송곳처럼 뾰족하게 했던 사실 등을 알 수 있다.

그러나 이러한 문헌 기록만으로는 인판 틀에 밀랍을 녹여 붓고 그 위에 배면이 뾰족한 활자를 심었다는 사실 외에 기타 조판 기술에 관한 전반적인 과정과 그에 따른 구체적인 절차는 알 수 없는 실정이다. 그뿐만 아니라 당시 인판에 사용되었던 밀랍은 어떠한 밀랍이었는가? 조판할 때 파생하는 문제점은 어떻게 해결하였는가? 작업 능률을 향상시키기 위하여 주의할 점은 무엇이었는가? 등의 문제도 존재한다. 이에 앞에서 언급한 문제점과 아울러 그 구체적인 절차를 밝히기 위하여 현존 인본을 직관하여 분석하고 실제 실험을 통하여 하나하나 구명하고자 한다.

---

10) 成俔。「慵齋叢話」, 卷7, 活字條.

2.2 板本에 나타난 庚子字의 組版

현존 庚子字本의 실물을 자세히 관찰하면, 四周 邊欄은 모두 끊어짐 없이 연결되어 있으며 界線과 版心의 魚尾 등은 분리되어 있다. 이로써 그의 인판 틀은 邊欄용 匡郭材는 하나로 고착되어 있고, 계선재와 판심재는 조립된 부분 일체식이라는 점을 확실히 설명하고 있다(<書影 1>).

<書影 1> 1425년庚子字인본 「史記」

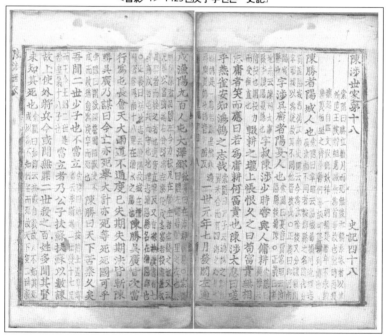

庚子字보다 훨씬 후기인 壬辰字(1772년)와 丁酉字(1777년)의 인판이기는 하나 국립민속박물관·고려대학교 박물관·국립중앙박물관 등에 소장된 실물은 인판 받침 위에 못으로 고정된 상하좌우의 변란재가

하나로 고착된 부분 일체식 인판 틀이다.

이상과 같이 관찰된 여러 요소에 근거하여 庚子字本을 인쇄한 인판의 구체적인 조판 과정은 어떠하였는가를 살펴보고자 한다.

2.3 實驗으로 해석한 庚子字의 組版 過程

일체식 인판 틀을 이용한 조판 과정의 첫 번째 단계는 판식을 설계하고 그에 따라 기본적인 資材를 준비한 양상이 확실하다. 이것이 어떠한 과정으로 이행되었는가에 대한 실험 결과는 다음과 같다.

2.3.1 版式의 設計

판식의 설계에 대하여는 일반적으로 활자의 크기·行格·판심 등이 주목된다. 그중 활자의 크기는 활자 제작용 자본을 쓸 때부터 또는 자본으로 삼을 판본을 선택할 때부터 이미 결정되었으므로 조판을 위하여는 우선

(1) 인출할 서적의 판식을 결정한 연후에 다음 과정으로 행격을 결정하였다. 즉 한 葉에 몇 行을 배열하고, 각 行에는 몇 字를 배열할 것인가의 문제이다. 실은 이것도 원고가 완성되어 자본을 쓸 때부터 이미 결정되었으며, 대체로 원고의 성질·서적과 활자의 크기 등을 참작하여 판식을 결정하였다.[11]

(2) 板口의 표현 방식(黑口·白口·花口 등)·版心題用 활자·어미·

---

11) 현존 古書를 살펴보면 활자가 小字인 경우는 대체로 行字 數가 많지 않아서 印出面과 서적의 크기가 더욱 작아지고, 大字인 경우에는 행자 수가 조금 많아져서 인출면과 서적의 크기가 더욱 커진다. 이로 미루어 行格의 결정은 열람하기에 지루하지 않고 독서능률이 오를 수 있도록 하는 점도 고려되었을 것이다. 그러나 「朝鮮王朝實錄」 등 특수한 경우는 이에 해당하지 않는다.

卷次·張次 표시 등을 참작하여 판심의 모양과 폭을 결정하였다. 이렇게 기본적인 판식의 설계를 끝낸 다음에는 자재를 준비하였다.

2.3.2 資材의 準備

기본 자재로는 활자 외에 인판 받침·邊欄用 匡郭材·界線材用 竹片 또는 金屬片·魚尾材·황납 그리고 필요할 경우 黑口材 등을 사용하였다.

(1) 印版 받침

대개 평평하게 켠 목판을 사용하였으며, 목판을 알맞은 크기로 재단한 다음, 인판 받침의 활자를 심을 면을 대패질하여 매끈하게 다듬었다. 이는 변란용 광곽의 크기가 결정된 후, 그보다 사방 약 40∼50mm 정도 더 여유 있는 크기로 준비하였다. 이때 사방의 여유 공간이 지나치게 크지 않도록 하였다. 그 이유는 여유 공간이 지나치게 넓을 경우, 다음에 묵즙으로 인출하는 과정("Ⅳ. 印版의 印出 過程" 참조)에서 오히려 印出匠의 활동 공간을 제한하게 되어 본의 아니게 작업을 방해한 결과, 능률이 떨어지기 때문이었다. 특히 上邊과 下邊의 여유 공간은 더욱 그러하였다. 인쇄에 사용하기 위하여 재단한 冊紙보다는 작게 하는 것이 더 효율적이었다.

(2) 邊欄用 匡郭材

광곽용재는 그 높이가 활자와 같아야 했으며, 폭과 길이는 판식에 따라서 결정되었다. 그러므로 이미 설계된 판식에 계선이 차지하는 폭까지 고려하여 철저하게 계산한바, 실제 제작은 그보다 10mm 정도 약간의 여유를 참작하여 크게 제작하였다. 이때 고정을 위한 못질용 구멍도 함께 고려하였는데, 대체로 鑄匠이 주형을 사용하여 주물로 제작하였다. 이는 한번 제작한 것이 꼭 맞아서 문제가 없으면 조판을 계속할 수 있었다. 그러나 조판하는 과정 중에 마무리가 잘못된 활자가 있거나 활자마다 그 크기가 다소 차이가 있어 우연히도 어느 한 行 또는 列의 길이가 지나치게 맞지 않아서 조판을 못 할 경우, 크기를 조정하여 다시 제작하였다. 이러한 시행착오를 피하고 작업 능률을 올리기 위하여 처음부터 설계된 판식보다 약간 크게 제작할 필요가 있었다. 목재를 사용할 때는 재단이 비교적 용이하므로 약간 더 길게 준비하였다가 광곽재를 고정하는 과정에서 길이에 맞게 재단하면 되었다.

(3) 界線材용 竹片 또는 金屬片

계선용재는 활자의 높이와 같은 폭으로 하였고, 길이는 변란용 광곽재 안에 꼭 맞게 들어갈 수 있거나 2~3mm 정도 약간 짧은 길이로 여러 개를 만들었다. 약간 짧게 만드는 이유는 광곽재보다 조금이라도 길면 사용할 수 없고, 사용하려면 줄여야 해서 작업 능률을 떨어뜨리기 때문이었다. 조판 중에라도 부족하거나 맞지 않을 때는 즉석에서 깎아서 사용하였다. 대나무를 사용한 것은 나무의 두께를 자유로이 조절할 수 있어서 얇은 조각을 손쉽게 만들 수 있기 때문이었다.

(4) 版心용 魚尾材

활자의 제작 과정과 완전히 일치하였는데("Ⅱ. 金屬活字의 鑄造 過程" 참조), 다만 목각자모를 조각할 때의 문자 대신 어미 문양을 조각하는 점과 측면에 기울기를 주지 않는 점만이 다를 뿐이다.

(5) 黑口材

필요할 경우 판구에 들어갈 수 있는 폭과 길이로 하고, 높이를 활자의 높이와 같게 제작하였다.

(6) 黃蠟

황랍은 꿀벌들이 집을 짓는 재료로 스스로 분비해내는 물질이다. 전통 방식인 한봉으로 벌꿀을 채취하는 과정에서 부산물로 얻어진다. 이를 인쇄에 사용할 수 있도록 정제하여 준비하였다.

이상의 자재는 각각의 소임을 맡은 장인이 평소 여유 있게 다양한 모양의 것을 충분히 준비하여 두고 사용하였다. 그것은 조판 과정 중에 여러 형태의 문제점들이 수시로 발생하므로 작업 능률의 향상을 위하여 사전에 다양한 자재를 여유 있게 준비할 필요가 있기 때문이었다. 이렇게 하여 기본적인 자재를 준비하고 본격적인 조판 작업을 하였다. 그 첫 번째 과정은 활자가 보관된 藏櫃에서 필요한 활자를 고르는 文選 작업이었다.

2.3.3 文選

唱准이 인쇄하고자 하는 서적의 원고인 書草를 따라 한 자씩 부르면, 守藏(擇字匠)은 그대로 따라서 필요한 활자를 藏櫃에서 선별하여 字盤 위에 늘어놓았다. 대체로 자반 안에 서초를 깔아놓고 그 위에 해당하는 활자를 배열하여 놓았다(<사진 1>). 이때 한 엽에 동일한 문자가 많이 중복되어 제작해 둔 활자가 부족하거나 준비되지 않았을 경우, 즉시 刻字匠에게 각자하도록 하여 목활자로 보충하였다.

2.3.4 印版 틀의 製作

均字匠은 木匠으로부터 매끈하게 고른 인판 받침을 받고, 鑄匠으로 부터는 변란용 광곽재를 받고, 守藏으로부터는 문선된 活字群을 받아 서 인판을 제작하였다. 인판 제작은 인판 틀의 제작으로 시작하였다.

(1) 匡郭材의 固定
조판하기 위하여 우선 변란용 광곽재를 인판 받침 위에 사방의 여유 공간을 고려하여 못 등으로 고정하였다(<사진 2>[12]).

<사진 1> 지반에 서초를 놓고, 그 위에 문선된 활자를 배열한다. <사진 2> 인판 받침 위에 변란용 광곽재를 고정한다.

(2) 版心材의 배열
상변과 하변의 광곽재에 표시된 위치에 따라 판심재를 우선 배열하였

---

12) <사진 2>는 인판 받침과 변란용 광곽재가 고착된 부분 일체식 인판(木製)이다.

다(<사진 3>). 판심材는 미리 정한 판식대로 판구재(흑구·백구·화구 등)·어미재(白魚尾·黑魚尾·花紋魚尾 등)·판심題·권차·장차 등을 배열하였다.

(3) 界線材의 배열

모든 계선재를 광곽재의 높이와 같도록 깎아서 배열하였다(<사진 4>). 癸未字의 인판처럼 완전 일체식은 계선재가 이미 고착되어 있었으므로 이 과정은 생략된다. 판심재와 계선재를 먼저 배열하는 이유는 한 行씩 식자할 때 설계했던 것보다 점점 뒤로 밀려서 마지막 行에서는 식자가 곤란한 경우가 발생하는 것을 미리 방지하기 위함이었다. 실험 결과, 판심과 16行(계선재는 14~16개) 17字를 배열하는 인판의 설계된 치수는 17.2cm × 20.4cm인데 조판 후 나타난 크기는 평균 20.4cm × 21.5cm(일체식) 또는 22.3cm(조립식)였다. 즉 5.4~18.6% 정도의 밀림 현상을 노정하고 있었다. 이러한 현상을 방지하기 위하여 판심재를 먼저 배열하였다.

<사진 3> 판심재를 배열한다.　　　　<사진 4> 계선재를 배열한다.

(4) 印蠟 부어 넣기

인납을 사용하는 부착식이므로 이때 인납을 녹여서 匡郭 안의 계선재 사이사이에 평평히 고르면서 부어 넣었다(<사진 5>). 이때 인납이 인판 바닥에 고루 퍼지고 또 인판과 한 살이 될 수 있도록 인판 받침을 따뜻하게 가열하면서 작업하였다. 인납의 양은 경험에 따른 감각에 의하되 대체로 약간 여유 있게 더 부어 넣었다. 이는 인납이 고르게 퍼지지 않았을 때는 깎아서 평평하게 하고, 활자를 심을 때 인납을 조절하면서 쉽게 덜어낼 수 있기 때문이다. 인납의 양이 적으면 보충해 부어 넣어야 하거나 보충하지 않으면 인출할 때 활자가 쉽게 흔들려서 작업 능률이 떨어졌다.

2.3.5 活字의 배열

守藏으로부터 받은 활자군을 서초대로 한 개씩 변란용 광곽 안에 인납을 조절해 가면서 左葉(서적의 右葉) 제1行부터 右葉(서적의 左葉) 末行까지 차례로 배열하였다. 이때 문선된 자반 위의 활자는 서초의 내용과 같이 배열되어 있다. 따라서 右側 상단에서부터 집어서 심되 인판에 배열할 때는 좌우를 바꾸어서 左側 상단에서부터 식자하였다. 즉 자반 상의 우측 제1行이 인판 상의 좌측 제1行이 되었다(<사진 6>). 이 과정에서는 다음의 均字 過程을 미리 염두에 두고 가능한 한 활자 문자면의 높낮이가 큰 차이 없이 고르도록 배열하였다. 활자는 문자면이 광곽재의 높이와 일치하거나 1mm 정도 약간 높은 듯하게 심었다. 이는 문자면이 광곽재보다 낮을 때 균자 과정에서 활자를 뽑아서 인납을 보충해 넣는 불편에 비하여 문자면이 높으면 위에서 가볍게 압박하여 높이를 간단히 맞출 수 있으므로 작업 능률의 향상을 위한 사전 배려이다. 문자가 없는 부분, 즉 빈 공간은 나뭇조각을, 높이는 활자보다 낮고 크기는 맞게 잘라서 끼워 넣으면서 활자를 배열해 내려갔다(<사진 7>). 이는 인출할 때 다른 활자들이 흔들리지 않도록 인판을 견고히 조이기 위함이었다. 활자의 너덜이가 간혹 잘못 다듬어져 있거나 다른 활자들보다 커서 조판에 영향을 줄 때는 너덜이를 줄로 쓸어서 다듬거나 守藏을 통하여 활자를 다른 것으로 바꾸기도 하였다. 만약 변란용 광곽의 폭이 좁아서 미리 설계된 行列이 다 배열되지 못할 경우, 그 오차가 작으면 계선재용 죽편을 얇게 깎아서 조정하기도 하였지만, 그 오차가 크면 광곽재를 다시 제작하여 교환하였다.

<사진 5> 인납을 계선재 사이에 부어 넣는다.　　<사진 6> 활자를 배열한다. 자반 상의 제1행이 옮겨진 모습도 보인다.

<사진 7> 문자가 없는 부분에 나뭇조각을 끼워 넣는다.　　<사진 8> 인출면의 높낮이를 고른다.

2.3.6 印出面 고르기

한 葉의 배열이 끝나면 전체 활자의 문자면, 즉 印出面의 높낮이를 고르게 조정하였다. 인판에 배열된 활자들은 정성을 다하여 배열하였을지라도 인출면의 높낮이에 다소의 차이가 없을 수 없다. 그러므로 1mm 이상 지나치게 낮은 것은 뽑아서 밀랍을 더 부어 넣은 후 다시 식자하고 지나치게 높은 것은 그 반대로 밀랍을 긁어낸 후 다시 식자하였다. 이렇게 크게 차이 나는 것을 조정한 다음에 인판 전체를 따뜻하게 가열하면서 평평한 판목을 이용하여 조심스레 위에서 아래로 누르거나 두드려서 계선재를 포함한 전체 문자면의 높낮이를 고르게 맞추었다(<사진 8>). 만약 이를 조정하지 않고 인출에 부치면 활자의 높고 낮음에 따라서 字跡의 墨色이 고르지 못하고 濃淡에 차이가 나기 때문에 서품이 떨어지게 된다("<印出 書葉 1>" 참조). 따라서 인출면의 높낮이를 고르는 과정은 절대적으로 필요하다. 조판의 전체 과정 중에서 이 작업이 가장 까다롭고 많은 시간이 필요하며, 후속 작업과 완성된 서적의 서품에도 가장 큰 영향을 미치므로 가장 숙련된 기술을 필요로 하는 부분이었다.

2.3.7 校正

인출면의 높낮이가 골라지면 초벌 조판이 끝나는 셈이다. 다음에는 이를 정식으로 서적 인출에 부치기 전에, 초벌로 교정지를 인출하여 監印官에게 보내어 誤字・脫字・傾字・倒字 등이 없도록 함은 물론이요, 묵색의 농담까지 고려하여 인출면의 높낮이도 조절하도록 교정을 보았다. 교정지는 정식 인쇄와 구별하기 위하여 朱色을 주로 사용하고 藍

色으로 인출하기도 하였으며 교정은 黑色으로 보았다.13) 때에 따라서는 흑색으로 인출하기도 하였는데 이때는 교정을 붉은색으로 표시하는 것이 통례였다.14)

2.3.8 印出面의 修正

교정이 끝나면 교정지를 다시 균자장에게 보내어 교정된 내용에 따라 인판을 수정하도록 하였다. 이것이 재벌 조판이다. 이러한 교정 작업은 한 번에 그치는 것이 아니고 삼사 차례 반복하여 실수가 없도록 하였다. 이렇게 하여 인출면의 수정을 완전히 끝내면,

2.3.9 印出面의 固定

배열된 활자를 견고히 하기 위하여 나뭇조각 등으로 채워 넣은 빈 공간이나 활자의 틈새 사이사이에 인납을 녹여 조심스레 세심히 부어 넣었다(<사진 9>). 이때 자칫 많은 양을 부어 넣어서 활자의 문자면이 덮이지 않도록 주의해야 하였다. 이는 밀랍의 성질이 원래 무른 편에다 인출하는 과정에서 흔들리지 않을 수 없으므로 작업 능률을 위하여 미리 좀 더 견고하게 고정했던 것이다. 이렇게 인납을 부어 넣기까지가 조판 과정이었다(<사진 10>).

---

13) (中華民國)盧前, "書林別話", 「圖書印刷發展史論文集續編」(臺北: 文史哲出版社, 1979), 141, 276(書影).
14) 孫寶基, 「한국의 고활자」(서울: 寶晉齋, 1982), 5-6(교정지 書影).

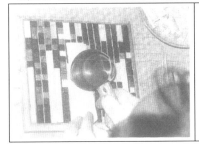
<사진 9> 활자 틈새에 인납을 부어 넣는다.

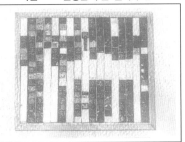
<사진 10> 완성된 부분 일체식 인판

완성된 인판은 印出匠에게 보내어 정식으로 서적 인출에 부치도록 하였다. 이상의 과정으로 제작한 인판의 인출이 끝나면 인판 받침과 변란용 광곽재를 제외한 활자·계선재 및 판심재(권차·장차)는 헐어서 다른 葉을 인쇄하기 위한 인판 제작에 재사용하였다. 이때의 조판 과정은 인판 바닥에 남아 있는 밀랍을 가열하여 평평히 고른 후에 활자를 배열하는 점만 다를 뿐, 기타는 이미 서술한 바와 같다. 이번 실험에서 완성한 인판을 인출하여 보면 역시 일체식 인판의 특징이 그대로 나타났으며("<印出 書葉 2>" 참조), 조립식 인판("3. 甲寅字의 組版" 참조)보다 조판 과정이 간편하고 인판이 견고하지 못하여 능률이 낮은 초보적 기술이었음을 알 수 있다.

이것이 이른바 癸未字本과 庚子字本을 인출한 一體式 인판 組版 技術의 전 과정이었다.

이상의 실험에서 얻은 결과는 모든 재료와 작업이 능률 향상에 초점을 맞추어 진행되어야 하며 전 과정이 다 잘 조화되어야 우수한 서품을 얻을 수 있다는 점이다. 특히 균자 과정이 가장 중요한 부분으로, 수치로 표현할 수 없는 부분일수록 숙련된 기술이 필요하였다.

3. 甲寅字의 組版

3.1 記錄에 나타난 甲寅字의 組版

조선시대 세종대왕(1418-1450) 당시 甲寅字의 서적 인쇄 기술은 한국 활자 인쇄사의 700여 년을 통하여 가장 발달한 최고의 수준임은 주지의 사실이다. 그 결과 조선시대 전체를 통하여 甲寅字의 인쇄 기술을 계속 답습하여 사용하였을 뿐 새로운 발전은 거의 이룩하지 못하였다. 서적 인쇄를 위한 조판 기술 역시 甲寅字 당시의 조립식 인판 틀을 꾸준히 사용했을 따름이다.

甲寅字의 조판 기술을 언급한 문헌으로 우선 「朝鮮王朝實錄」을 들수 있다. 「朝鮮王朝實錄」 「世宗實錄」 卷65에

造板鑄字, 竝皆平正牢固, 不待用蠟, 印出雖多, 字不偏倚.[15]

즉 "인판 틀을 만들고 활자를 주조함이 아울러 모두 평정하고 견고하여 밀랍을 사용하지 않으니 印出量이 비록 많을지라도 활자가 치우치거나 비뚤어지지 않았다."라고 하였다.

「世宗實錄」 卷69에도

本國鑄字用蠟, 功頗多, 後改鑄字, 四隅平正, 其鑄字體制二樣矣.[16]

즉 "우리나라의 주자 인쇄는 밀랍을 사용하여 공력이 제법 많이 들었다. 후에 활자를 개주하여 네 모서리가 평정하니 그 주조한 활자의

---

15) 『朝鮮王朝實錄』, 「世宗實錄」. 卷65, 16年甲寅七月丁丑.

16) 『朝鮮王朝實錄』, 「世宗實錄」, 卷69, 17(1435)年乙卯八月癸亥.

체제가 두 가지였다."라고 하였다.

金鑌의 "鑄字跋"에는

> 宣德九年秋七月, ……字體之明正, 功課之易就, 比舊有倍矣. ……凡再
> 變而鑄字之, 文尤爲盡美.[17]

즉 "宣德 9(1434)년 가을 7월에 ……자체가 명정하고 공과를 쉽게 이
룰 수 있음이 예전보다 배는 되었다. ……대체로 거듭 변하여서 활자를
주조하니 문자가 더욱 아름답게 되었다."라고 하였다.

이상의 기록을 통하여 알 수 있는 조판 기술에 관한 내용은 기술의
향상을 위하여 인판 틀과 활자가 꼭 맞도록 활자의 모양을 사면이 방
정하게 주조하였다는 점과 글자도 더욱 아름다워졌으며 밀랍을 사용하
지 않은 결과 능률이 예전보다 배로 향상되었다는 점 등이다.

이 밖에 甲寅字의 조판 기술에 관하여 언급하고 있는 문헌 기록은
成俔의 「慵齋叢話」다.

> 刻木者曰刻字(匠), 鑄成者曰鑄匠, 遂分諸字, 貯於藏櫃, 其守字者曰守藏.
> 年少公奴爲之, 其書草唱准者曰唱准, 皆解文者爲之, 守藏列字於書草上,
> 移之於板曰上板, 用竹木破紙塡空而堅緻之, 使不搖動者曰均字匠, 受而印
> 之者曰印出匠, 其監印官則校書館員爲之, 監校官則別命文臣爲之. ……其
> 後始用竹木塡空之術, 而無融蠟之費, 始知人之用巧無窮也.[18]

즉 "나무를 조각하는 자를 刻字匠이라고 한다. 주조해내는 자를 鑄匠
이라고 한다. 여러 활자를 분류하여 藏櫃에 저장하고 그 활자를 지키는

---

17) 金鑌, "鑄字跋", 1434년甲寅字本 「大學衍義」 등 卷末 收錄.
18) 成俔, 「慵齋叢話」 卷7, 活字條.

자를 守藏이라고 하는데 나이 어린 공노가 이를 한다. 서초를 불러서 맞추는 자를 唱准이라고 하는데 모두 문자를 해독할 수 있는 자가 이를 한다. 守藏이 활자를 서초 위에 나열하면 이를 인판 틀에 심는 것을 上板이라고 한다. 대나무·나무·파지로 여백을 채워서 견고하게 하여 움직이지 않도록 하는 자를 均字匠이라고 한다. 이를 받아서 인출하는 자를 印出匠이라고 한다. 그 監印官은 校書館員이 이를 하고, 監校官은 따로 文臣을 명하여 이를 하게 한다. ……그 후에 비로소 대나무와 나뭇조각으로 여백을 채우는 기술을 사용하여 밀랍을 녹여 붓는 수고를 하지 않게 되었으니 비로소 사람의 지혜가 무궁함을 알게 되었다."라고 하였다.

이 기록을 통하여 조판 기술에 관하여 알 수 있는 것은 다음과 같다. 唱准이 書草를 따라서 한 자씩 부르면, 守藏은 해당 활자를 藏櫃에서 선별하여 서초 위에 나열한 다음, 이것을 인판 틀에 올린다. 均字匠은 대나무나 나뭇조각 또는 파지로 여백을 채워서 움직이지 않도록 인판을 견고히 한 다음, 印出匠에게 보내어 인출한다. 甲寅字 이후로는 인판을 견고히 하기 위하여 밀랍을 사용하지 않았다는 점 등이다. 그리고 조판할 때 밀랍을 사용하지 않고, 대나무나 나뭇조각을 사용하여 조판한 기술은 인간의 지혜를 운용하여 개량해낸 방법이라는 사실도 알 수 있다.

그러나 이 기록도 필요한 활자를 문선하여 서초 위에 나열한 다음, 나뭇조각과 파지로 여백을 채워서 식자한 인판을 가지고 인출한다는 기본 원리를 언급한 정도이다. 따라서 사주의 광곽은 어떻게 제작하였는가? 광곽재를 인판 받침에 고정하는 순서는 어떠하였는가? 인판을 견고하게 하는 구체적인 방법은 어떠하였는가? 등뿐만 아니라 전 과정의 구체적인 절차에서는 그 필요성 또는 이유와 주의사항은 어떠하였는가? 등의 문제는 전혀 알 수 없다.

이에 이상의 문제점과 구체적인 절차를 밝히기 위하여 현존 인본을 직관하면서 아울러 실제 실험을 통하여 하나씩 구명하고자 한다.

3.2 板本에 나타난 甲寅字의 組版

현존 甲寅字 이후의 활자본 실물을 자세히 관찰하면 네 개의 邊欄·각각의 界線·版心의 魚尾 등 모든 부분이 하나도 고착된 것 없이 분리되어 있었음을 알 수 있다.[19) 이는 甲寅字 이후, 서적을 인출할 때 사용한 인판이 각각 독립된 부분을 고정해서 짠 조립식 인판 틀이었다는 사실을 설명하고 있다(<書影 2>).

<書影 2> 1434-1450年間甲寅字인본 「增刊校正王狀元集註分類東坡先生詩」

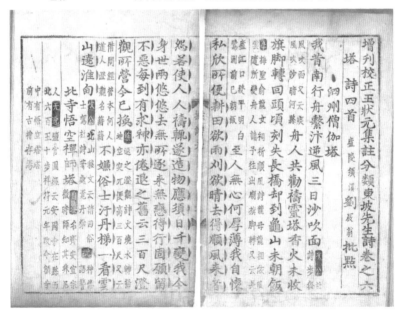

----

19) 초기의 甲寅字 인본을 자세히 보면 사주의 광곽이 일체식인 것처럼 연접해 있다. 이는 묵색의 흔적을 관찰하면, 독립된 광곽이 틈새 없이 연접해있는 것이지 일체식 광곽이 아님을 알 수 있다. 조선 후기로 갈수록 광곽의 연접 부분에 틈새가 벌어져 있음을 쉽게 발견할 수 있는데, 이는 甲寅字 당시의 인쇄 기술이 고명했음을 증명하는 반증이다.

이에 앞에서 인용한 문헌의 기록에 근거하면서 실물 관찰에서 얻은 사실을 종합하여 조립식 인판의 구체적인 조판 과정을 살펴보고자 한다.

3.3 實驗으로 해석한 甲寅字의 組版 過程

조립식 인판 틀을 이용한 조판 과정의 첫 번째 단계는 일체식 인판 ("2. 庚子字의 組版" 참조)에서와 마찬가지로 판식을 설계하고 그에 따라 기본적인 자재를 준비하는 일이었다.

3.3.1 版式의 設計

판식의 설계는 활자의 크기·行格·판심 등에 따라 결정되었다. 활자의 크기는 활자를 제작할 때 이미 결정되었으므로 이 과정에서 중요한 점은

(1) 판식을 결정하는 것이었다. 즉 한 葉에 몇 行 몇 字를 배열할 것인가 하는 행격을 결정하였다.

(2) 또 판심의 모양과 폭을 결정하였다. 이렇게 기본적인 판식의 설계가 끝나면 다음에는 기본적인 자재를 준비하였다.

3.3.2 資材의 準備

기본적인 자재로는 이미 준비된 활자 외에 인판 받침·변란용 광곽재·광곽 버팀목·계선재용 죽편 또는 금속편·판심용 어미재·흑구재 그리고 죽편·목편·파지 등이 있었다.

(1) 印版 받침

평평하게 켠 목판을 알맞은 크기로 재단한 다음, 활자를 심을 면을 대패질하여 매끈하게 골랐다. 인판 받침의 크기는 판식 크기보다 사방 약 40~50mm 정도 더 여유 있는 크기로 하되 서적을 인쇄하기 위하여 재단해 둔 책지보다는 약간 작은 크기로 준비하였다. 그 이유는 앞의 일체식 인판에서 서술한 바와 같다("2.3.2 (1) 印版 받침" 참조).

(2) 邊欄用 匡郭材

광곽재는 그 높이를 활자의 높이와 같게 하고, 두께는 인출할 서적의 광곽이 되는 부분인데 대체로 2~3mm로 하였다. 길이는 이미 설계된 판식대로 하되, 길이 조절이 비교적 용이한 목재를 사용할 때는 10~20mm 정도 약간 길게 하여 여러 개를 넉넉히 준비하였다. 약 10~20mm 정도 더 길게 준비하는 이유는 조판 과정에서 활자를 배열할 때 간혹 설계된 길이보다 더 긴 行이 나오기 때문에 이에 대비하기 위함이었다. 만약 설계된 길이보다 긴 行이 없을 때는 광곽재를 고정하는 과정에서 길이에 맞게 재단하면 되었다.

(3) 匡郭 버팀목

광곽 버팀목은 변란용 광곽재를 지탱하여 주는 역할을 하는데, 높이는 광곽재보다 약 2~3mm 정도 낮게 하고, 폭은 못질하여 고정할 수 있을 만큼 10mm 정도로 하였다. 만약 폭이 좁은 것을 쓸 때는 광곽재의 바깥쪽에 안으로 조이듯이 인판 바닥에 못질을 하였다. 즉 인판 바닥에 못·竹못·나무못 등을 너덧 군데 박아서 지탱하게 하였다. 이때 못 머리는 물론 완전히 박지 않고 광곽재 높이보다 2~3mm 정도 낮게 인판 받침에서 나오도록 해야 하였다("<圖 1> 소폭의 광곽재 사용 예"
참조). 길이는 광곽재의 길이와 비슷하게 하였다. 높이를 2~3mm 정
도 낮게 하는 이유는 인출할 때 광곽재만 찍히고 버팀목은 먹물이 묻
어도 찍혀 나오지 않도록 하기 위함이었다.

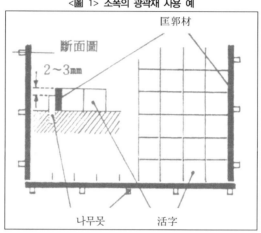

<圖 1> 소폭의 광곽재 사용 예

(4) 界線材용 竹片 또는 金屬片

활자의 높이와 같은 폭으로 하였고 길이는 설계된 판식의 크기에 맞
게 광곽재 안에 들어갈 수 있도록 하여 여러 개를 넉넉히 만들어 두었다.

(5) 版心用 魚尾材·黑口材·기타

판심용 어미재와 흑구재는 앞에서 서술한 일체식 인판의 경우와 같
다("2.3.2 (4) 版心用 魚尾材·(5) 黑口材" 참조). 기타 죽편·목편·파
지 등은 작업장 주위에서 쉽게 구할 수 있으므로 특별히 준비할 필요

는 없었다. 모든 나무 부속은 톱으로 자른 후 대패나 칼로 다듬어 사용하였는데, 이러한 자재는 역시 각각의 소임을 맡은 자가 평소 여유 있게 준비하여 두고 사용하였다. 이렇게 하여 기본적인 자재가 준비되면 이제부터는 본격적인 조판 작업을 시작하였다. 그 첫 번째 과정은 활자가 보관된 藏櫃에서 필요한 활자를 문선하는 작업이었다.

3.3.3 文選

唱准이 서초를 따라서 한 자씩 부르면 守藏은 그대로 필요한 활자를 藏櫃에서 선별하여 자반 안의 서초 위에 늘어놓았다(<사진 1>). 만약 활자가 부족하거나 준비되지 않은 문자가 나타나면 즉시 刻字匠에게 각자하도록 하여 목활자로 보충하였다.

3.3.4 印版의 製作

均字匠은 木匠으로부터 인판 받침과 광곽 버팀목을, 鑄匠(또는 木匠)으로부터 변란용 광곽재를, 守藏으로부터 문선된 활자군을 받아서 인판 제작에 착수하였다.

3.3.5 匡郭材의 위치 표시

우선 인판 받침에 자와 먹필(墨筆, 일명 먹칼·墨刀·墨侵)로 이미 설계된 판식에 따라서 광곽 버팀목을 고정할 위치를 그려 넣었다(<사진 11>). 이때 기준은 상변과 좌변(서적의 우변)으로 하고 하변과 우변(서적의 좌변)은 가감의 가능성에 대비하기 위하여 미리 여유를 두었

다. 왜냐하면, 이는 조판하는 과정에서 行의 길이와 좌우변의 폭이 10∼
20mm 정도 다소 달라질 수 있기 때문이었다.

3.3.6 上邊과 左邊의 匡郭材 固定

그려놓은 먹선에 따라 상변과 좌변의 광곽 버팀목을 고정한 다음에
상변과 좌변의 변란용 광곽재를 광곽 버팀목의 안쪽에 배열하였다(<사
진 12>). 만약 판식이 左右雙邊 또는 四周雙邊일 경우에는 해당하는
변란에 미리 준비한 쌍행용 변란재를 배열하였다("<圖 2> 쌍행용 변란
재 사용 예" 참조).

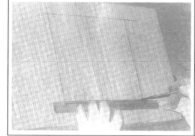

<사진 11> 인판 받침에 광곽 버팀목을
고정할 위치를 표시한다.

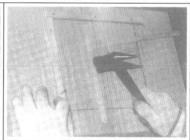

<사진 12> 상변과 좌변의 광곽 버팀목과
변란용 광곽재를 고정한다.

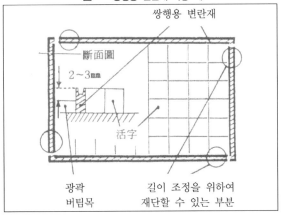

<圖 2> 쌍행용 변란재 사용 예

쌍행용 변란재

斷面圖
2~3mm

活字

광곽
버팀목

길이 조정을 위하여
재단할 수 있는 부분

3.3.7 活字의 排列

守藏으로부터 받은 활자군을 서초대로 한 개씩 광곽 안에 배열하였
다. 배열 방법은 일체식 인판과 같이 서초 상의 우측 상단의 활자를 인
판의 좌측 상단에 배열하여야 했다(<사진 13>).

3.3.8 界線材의 排列

한 行의 활자 배열이 끝나면 계선재용 죽편 또는 금속편을 배열하였
다. 이렇게 활자와 계선재를 한 行씩 번갈아 가며 배열하였다(<사진
14>). 활자와 계선재를 배열하는 방법에는 ① 활자를 먼저 배열하고 계
선재를 대는 경우와, ② 계선재를 먼저 심고 활자를 배열하는 경우가
있다. 이에 대한 실험 결과, 인납을 쓰지 않는 조임식 조판의 경우에는
판심재와 계선재를 먼저 배열할 수 없으므로 배면이 평평한 활자를 사
용하여 차례대로 배열해가는 ①의 방법이, 인납을 사용하는 부착식 조

판의 경우에는 밀림 현상을 방지할 수 있는 ②의 방법이 더 효과적임이 입증되었다.

문자가 없는 부분은 전체 인판을 견고히 하기 위하여 나뭇조각을, 높이는 활자보다 낮고 크기는 맞게 잘라서 끼워 넣으면서 활자와 같이 배열해갔다. 나뭇조각은 문자가 없는 공간보다 길이와 폭을 1mm 정도 약간 작게 하는 것이 능률 향상에 도움이 되었다. 왜냐하면, 작으면 다른 조각으로 보충할 수 있으나 크면 빼내어 다시 깎아 넣어야 하기 때문이었다.

<사진 13> 활자를 배열한다.
이는 제1행의 배열 모습이다.

<사진 14> 계선재를 배열한다.

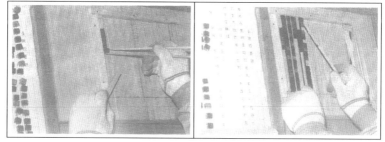

3.3.9 版心과 右葉의 排列

좌측 반 葉의 배열이 끝나면 판심은 미리 정한 판식대로 배열하고, 계속하여 나머지 우측 반 葉을 좌측과 같은 방법으로 배열하였다(<사진 15>).

3.3.10 排列 狀態 다듬기

한 엽의 배열이 끝나면 인판 상의 활자군을 힘껏 조여서 광곽재를 고정하기 전에 여러 조각의 배열 상태를 다듬었다. 즉 계선재용 죽편의 길이와 높이를 세심히 살펴서 활자의 높이와 字行의 길이에 맞게 다듬 질하였다. 이는 한 번에 끝나기보다는 여러 차례의 손질이 필요하였다. 죽편의 높이는 활자의 높이에 맞추는 것이지만, 원래 죽편이 거의 다 약간씩 굽어 있으므로 인판에 조립한 후에도 높낮이를 손질할 필요가 있었다. 죽편의 길이는 字行보다 길면 다시 깎아서 수정해야 하므로 대체로 字行보다 2~3mm 정도 짧게 하는 것이 작업 능률 향상에 도움 이 되었다. 계선재용 금속편의 경우는 사전에 철저하게 활자의 높이와 인판의 길이에 맞게 제작하였으므로, 수정할 필요가 거의 없었다.

3.3.11 下邊의 匡郭材 固定

인출면이 대체로 정비되면 하변에 변란용 광곽재를 배열하고 그 밖에서 광곽 버팀목으로 활자를 힘껏 조이면서 고정하였다(<사진 16>).

<사진 15> 판심과 우엽의 활자를 배열한다.　　<사진 16> 하변을 힘껏 조이면서 고정한다.

3.3.12 右邊의 匡郭材 固定

다음에 우변의 광곽재와 버팀목을 길이에 맞도록 재단한 다음, 역시 같은 방법으로 힘껏 조이도록 고정하였다(<사진 17>). 이때 광곽 버팀목은 길이가 좀 짧아도 배열된 활자를 견고하게 지탱하여 줄 수만 있으면 무방하다. 그러나 변란용 광곽재는 그 모습이 인출되므로 네 변의 길이를 정확히 맞춰서 고정해야 네 모서리의 꼭짓점에 틈이 없는 인쇄물을 얻을 수 있었다.

3.3.13 匡郭材의 裁斷

상변·하변·좌변의 광곽재와 버팀목이 길게 남아있는 부분은 조심스레 톱이나 칼로 깎아내었다.

3.3.14 印出面 고르기

사주의 광곽재가 고정되면 전체 활자와 계선재의 높낮이를 고르게 손질하였다(<사진 18>). 대체로 1mm 정도의 높이 편차는 묵색의 濃淡에 영향을 주므로 우선 한 行씩 세심히 가름해 보면서 낮은 것은 뽑아낸 후 나무나 종잇조각 등으로 받쳐서 돋우고 기울어진 것도 뽑아서 바로잡을 수 있도록 받쳤다. 지나치게 높은 것은 배면을 줄로 쓸거나 교환하여 높낮이를 고르게 조정하였다. 계선재도 낮은 부분은 활자의 문자면과 같은 높이로 돋우었다. 이 과정은 묵색의 농담에 직접 영향을 주어서 서품을 좌우하므로 절대 생략할 수 없는 작업이었다("<印出 書葉 3>" 참조).

<사진 17> 우엽을 힘껏 조이면서 고정한다.　　<사진 18> 한 행씩 인출면의 높낮이를
고른다. 낮은 활자는 종이나 나뭇조각을 고인다.

 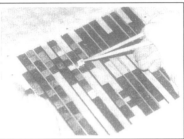

3.3.15 校正

인출면의 높낮이 조정이 끝나면 정식으로 서적을 인출하기 전에 교
정을 보았다. 印出匠이 초벌로 교정지를 인출하여 監印官에게 보내어
교정을 보도록 하였다. 그 방법은 "2.3.7 校正"에서 서술한 바와 같다.

3.3.16 印出面의 修正

교정이 끝나면 교정 내용을 기록한 교정지를 다시 均字匠에게 보내
어 교정된 내용대로 인판을 수정하도록 하였다. 이러한 교정 작업은 삼
사 차례를 반복하여 실수가 없도록 하였다.

3.3.17 印出面의 固定

이렇게 하여 교정이 완전히 끝나면 활자 틈틈의 헐거운 부분에 行列
을 맞추면서 활자의 측면에 대나무나 나뭇조각을 끼워 넣어서 견고하
게 조임으로써 고정하였다(<사진 19>). 조판을 하다 보면 광곽의 사변
이 꼭 직각이 되지 못하고 좌우로 약간 비뚤어지기도 한다. 또 활자마

다 규격을 일정하게 맞추기 어려운 점과 고대의 조판 기술이 오늘날과 비교하면 그다지 고명하지 못한 점으로 인하여, 광곽재를 아무리 견고히 조인다 할지라도 부분적으로 다소 흔들리는 것은 면할 수 없다. 따라서 인출할 때 활자가 흔들려서 인판이 헐거워지거나 파손되어 능률이 떨어지는 것을 미리 방지하기 위하여 대나무 조각 등으로 활자를 고정하는 과정이 필요하였다.

인판을 견고하게 고정하는 작업을 수행하면서 특히 주의할 점이 있다. 금속활자를 제작할 때 목각자모를 각목의 정중앙에 정확히 각자하여 활자를 주조하였다 하여도 주조해 낸 활자의 너덜이가 불규칙하게 생기는 까닭에 이를 쓸어내어도 문자가 육면체의 정중앙에 오지 못하는 경우가 많았다. 더구나 목각자모를 만들 때부터 육면체의 정중앙에 오지 못하는 경우도 있었다. 그 결과 인판에 활자를 바르게 줄을 맞춰서 조판하였다 하여도 인출 결과 字行이 자연히 반듯하지 못하고 삐뚤삐뚤하게 되었다. 이 점은 활자본을 감별하는 중요한 특징 중의 하나이지만, 우수한 서품의 서적을 생산하기 위하여 균자 과정에서 가능한 한 字行이 정연해지도록 주의하며 활자를 고정하는 지혜가 필요하였다. 전체 조판 과정 중에서 문자면의 높낮이를 조정하고 인판을 견고히 고정하는 균자 작업이 우수한 서품의 서적을 생산하기 위하여 가장 숙련된 기술을 필요로 하는 부분이었다. 이 과정에서 활자가 맞지 않을 때는 뽑아내어 줄로 쓸어서 맞추기도 하고, 아예 활자를 다른 것으로 교환하기도 하였다. 이렇게 하여 인판을 고정하는 작업이 완전히 끝나면 조판을 위한 전체의 과정이 완성되었다(<사진 20>).

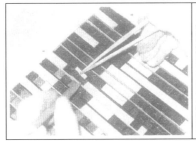
<사진 19> 인판을 견고하게 고정한다.

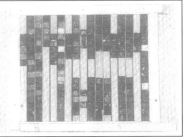
<사진 20> 완성된 조립식 인판

완성된 인판은 印出匠에게 보내어 정식으로 인출하도록 하였다. 이상의 과정으로 제작한 인판의 인출이 끝나면 인판 받침과 변란용 광곽재를 제외한 활자·계선재·판심재(권차·장차)는 헐어서 다른 葉을 인출하기 위한 인판 제작에 재사용하였다. 이때의 조판 과정은 이미 고정된 변란용 광곽재 안에 활자를 배열하는 점만 다를 뿐, 기타는 이미 서술한 바와 같다. 이러한 실험을 통하여 완성한 인판을 인출하여 보면 역시 조립식 인판의 특징이 그대로 나타났으며("<印出 書葉 4>" 참조), 일체식 인판보다 조판 과정이 복잡하고 더 많은 시간과 더 숙련된 기술을 필요로 하였다. 그 반면에 인쇄 능률은 훨씬 높음을 알 수 있었다.[20]

이것이 이른바 甲寅字 이후의 전체 조선시대를 통하여 사용되어 온 조립식 인판의 조판 과정이었다.

---

20) 曹炯鎭(1986), 107-110. 이러한 인쇄 능률의 차이는 癸未字가 하루에 수 장, 庚子字가 20여 장, 甲寅字가 40여 장 인쇄할 수 있다는 문헌 기록을 증명하고 있다.

4. 小 結

組版의 기술적 과정을 庚子字의 一體式 인판과 甲寅字의 組立式 인판을 표본으로 하여, 조판 과정을 문헌 기록 및 현존 인본과 인판 실물에 근거하여 실험으로 해석하였다. 이를 통하여 객관적인 조판의 기술적 과정과 각 단계의 필요성·이유 그리고 기술상의 주의사항 등 많은 사실을 밝혀낼 수 있었다. 이러한 사실들은 부분적으로는 문헌 기록의 내용이나 오늘날의 통설을 확실하게 증명하기도 하고, 또한 그동안 알려지지 않았던 구체적인 내용을 새로이 밝혀낸 부분도 있다. 이를 정리하면 다음과 같다.

해당 판본을 직관법으로 분석한 결과, 기존의 통설을 거듭 확인한 내용이다.

(1) 조선시대의 금속활자 인쇄를 위한 조판용 인판은 庚子字 이전 또는 壬辰字·丁酉字 등에 쓰인 일체식 인판과 甲寅字 이후에 쓰이기 시작한 조립식 인판이 있었다.

실험 또는 실험에서 터득한 경험에 따라 처음으로 밝혀낸 내용이다.

(2) 전통적인 조판 과정의 기술적인 세부 사항은 다음과 같았다. 인판의 종류와 무관하게 양자 모두 기초 단계인 ① 판식의 설계와 ② 자재의 준비는 본격 작업 전에 선행하여야 하였다. 그 후, 一體式 인판의 경우는 ③ 필요한 활자를 선별하고, ④ 광곽재를 고정하고, ⑤ 판심재와 계선재를 배열하고, ⑥ 인납을 부어 넣은 후 활자를 배열하고, ⑦ 인출면의 높낮이를 고르게 조정하고, ⑧ 교정을 한 다음, ⑨ 인납으로

인판을 견고하게 하여 정식으로 인출에 부쳤다. 組立式 인판의 경우는 ③ 필요한 활자를 선별하고, ④ 상변과 좌변의 광곽재를 고정하고, ⑤ 활자와 계선재 및 판심재를 배열하고, ⑥ 하변과 우변의 광곽재를 고정하고, ⑦ 인출면의 높낮이를 고르게 조정하고, ⑧ 교정을 한 다음, ⑨ 나뭇조각 등으로 인판을 견고하게 조여서 정식으로 인출에 부쳤다.

(3) 일체식 인판이나 조립식 인판을 막론하고, 조판을 위한 모든 기술적 과정, 즉 자재의 준비와 사용 및 작업 요령 등은 능률 향상에 초점을 맞추어 진행되며, 모든 과정이 다 잘되어야 우수한 서품의 인쇄물을 얻을 수 있었다.

(4) 조판 과정의 원론적인 선후 관계는 있으나, 구체적인 절차에서는 이론적 원칙보다는 경험에 의한 감각이 크게 작용하였다. 특히 자재의 규격·분량·기술적 과정 등에서 구체적인 수치로 표현할 수 없는 부분일수록 더욱더 숙련된 기술이 필요하였다.

(5) 조립식 인판에서 문자가 활자 동체의 문자면 중앙에 있지 않아서 문자의 行列이 삐뚤어지는 것을 均字 과정에서 조금이나마 바로잡을 수 있었다.

실험을 통하여 학계의 통설과 문헌 기록을 증명한 내용이다.

(6) 작업 대부분이 均字匠에 의하여 이루어지며, 문자면의 높낮이를 고르고 인판을 견고히 하는 균자 과정이 가장 많은 시간을 소요하고 서품에도 절대적인 영향을 미치므로 가장 숙련된 기술이 필요하였다.

(7) 일체식 인판은 조판 과정은 간단하지만, 인쇄 능률은 낮고, 조립식 인판은 그 반대이다. 따라서 庚子字에서 甲寅字로의 전환은 기술적 발전이었다.

<印出 書葉 1> 일체식 인판에서 교정을 위하여 인출한 교정지

활자가 기울어지게 배열되어 필획이 부분적으로 인출되지 않은 문자 등을 볼 수 있다. 또 자적의 묵색이 문자에 따라서 농담의 차이가 심함을 볼 수 있다. 이 서엽은 저자가 소장하고 있는 乙酉字本「金剛經」을 자본으로 하여 일실된 제1엽을 복원하기 위하여 표본으로 삼아서 실험한 것이다.

<印出 書葉 2> 일체식 인판에서 인출한 완성된 서엽

사주의 광곽이 모두 붙어 있어서 일체식 인판임을 알 수 있다.

<印出 書葉 3> 조립식 인판에서 교정을 위하여 인출한 교정지

역시 자적의 묵색에 농담의 차이가 심함을 볼 수 있다.

<印出 書葉 4> 조립식 인판에서 인출한 완성된 서엽

모든 부분이 분리된 조립식 인판의 특징을 볼 수 있다.

IV

印版의 印出 過程

印版의 印出 過程*

〈초 록〉

묵즙, 책지, 인출 기술에 관하여 문헌 연구, 과학 분석, 경험자의 증언, 실험 등의
방법으로 구명하였다.

(1) 동양에서는 묵즙의 재료로 周代부터 松煙墨을, 唐代 말기부터 油煙墨도 사용하였다.

(2) 송연묵은 목질 인판 인출용으로, 유연묵은 금속질 인판 인출용으로 사용되었다.

(3) 墨汁은 그을음·아교·첨가제로 조제하였다. 입자가 고운 그을음은 서화용
墨을, 입자가 굵은 저급품은 인출용 墨을 만드는 데 사용되었다. 즉 금속활자
인출용으로는 입자가 굵은 유연을 사용하였다. 아교의 기능은 그을음 고착,
묵색 광채, 묵즙 농도 조절, 그을음의 침전 방지 등이었다. 인출을 위한 첨가
제는 농도를 짙게 하기 위한 丹砂類, 향기를 위한 麝香·樟腦, 방부와 방충
을 위한 椑木皮·石榴皮·膽礬 등을 사용하였다.

(4) 묵즙의 성분 분석은 無機化學的 방법과 有機化學的 방법 모두 불가능하였다.
부득이 문헌적 고증과 경험적 직관을 활용하여야 하였다.
墨에 관한 과학적 분석은 본 연구에서 최초로 시도한 것이다.

(5) 종이 재료로는 靭皮 植物·樹皮 植物·禾本科 植物·種子 植物·蠶絲(누에고치)
등이 사용되었다. 단위 섬유의 평균치가 길고 가늘수록 이상적인 종이 재료였다.

(6) 종이 재료를 알칼리 성분인 석회수와 잿물에 끓임으로써 유해한 성분을 분해
하여, 순수한 纖維素를 얻었다.

─────────────────────

* 1. 曺炯鎭, "古書印出用 墨汁의 實驗的 研究", 「書誌學研究」 제19집(2000. 6), 345-370.
  2. 曺炯鎭, "古書印出用 冊紙의 實驗的 研究", 「書誌學研究」 제27집(2004. 6), 63-89.
  3. 曺炯鎭, "金屬活字 印刷의 印出過程 研究", 「書誌學研究」 제29집(2004. 12), 189-205.

(7) 종이 섬유의 叩解 처리를 통하여 유연성과 可塑性을 높여서 강도가 높은 종이를 얻을 수 있었다.

(8) 종이의 표면 처리와 내부 처리를 통하여 흡수성을 낮추고 平滑度・白度・均一度・不透明度를 높여서 서사 효과와 인쇄 적성을 개선하였다.

(9) 冊紙로는 楮紙・藁精紙・桑紙가 많이 사용되었다. 그 이유는 품질도 우수하고, 가공하기 쉬우며, 재료를 쉽게 구할 수 있기 때문이었다.

(10) 책지로서의 저지는 堅靭하고 윤택하며 질겼다. 고정지는 平滑하고 섬유질이 잘 결속되었고, 흡수성이 좋았다. 상지는 결속력이 강하고 견인하며, 두꺼운 종이를 제조하기에 적합하였다. 麻紙는 섬유가 부드러우면서 견인하고 세밀하면서도 不透水性이 강하여 이상적인 제지 재료였다. 저지・상지는 인쇄 적성에 적합하여 오랫동안 가장 많이 사용되었다. 마지도 우수한 종이지만 저지에 밀려서 많이 쓰이지 않았다. 竹紙는 섬유의 조건이 좋은 종이는 아니지만, 재료를 쉽게 구할 수 있는 장점으로 많이 사용되었다.

(11) 책지의 두께가 두꺼우면 견인하여 인쇄 능률도 높고 서품도 우수한 인쇄물을 얻을 수 있었다. 종이의 두께를 좌우하는 요소로는 紙漿의 농도・뜸발의 굵기・물질의 속도와 회수 등이 관계가 있었다.

종이의 두께에 따른 견인도와 인쇄 적성과의 관계는 본 연구에서 최초로 분석하였다.

(12) 인출 과정은 자재 준비 - 인판 고정 - 묵즙 도포 - 책지 얹기 - 밀대로 인출하기 - 책지 걷어내기 순이었다. 인판을 해체하여 재사용하는 등의 기술적 과정을 밝혔다.

(13) 인출 공구로 먹솔은 벼 이삭의 穗로 만들었고, 밀대는 말총이나 印髢가 사용되었다.

(14) 인출용 묵즙은 액상으로 조제하였으며, 고체 먹을 사용할 때에는 물에 2~3일 담그거나 끓여서 사용하였다. 탁주로 농도를 조절하였다.

(15) 책지의 크기는 인판・서적・本紙(全紙) 등의 크기와 여백을 참작하여 재단하였다.

(16) 인출 방법은 수평으로 미는 방법과 수직으로 압박하는 방법이 있는데, 책지의 두께와 견인도, 묵즙의 농도와 도포량 등이 좌우하였다.

(17) 우수한 서품의 인쇄물은 인출면의 균일한 높낮이・묵즙의 농도와 도포량・책지의 吸水性과 吸水量・인출 기술 등이 조화를 이루어야 가능하였다. 이는 이론적 연구보다 숙련된 경험적 기술이 더 중요하였다.

책지의 재단・묵즙과 冊紙, 인쇄 적성・인출 기술과의 관계는 본 연구에서 최초로 실험 분석하였다.

요어 : 墨汁, 松煙墨, 油煙墨, 그을음, 아교, 첨가제, 종이 재료, 제지 과정, 冊紙, 인쇄 적성, 인출 과정, 인출 공구

1. 小 緒

인판의 제작이 끝나면 다음에는 서적을 간행하기 위한 마지막 작업으로 印出 過程이 이어진다. 인출 과정은 완성된 인판을 사용하여 墨汁과 冊紙로 서적의 매 葉을 인출하는 기술이다. 따라서 인출 과정에서 준비하여야 하는 재료로는 묵즙과 책지가 있다. 그리고 이 세 가지, 즉 인판·묵즙·책지가 모두 준비되면 이를 사용하여 인출 공구로 실제 작업이 이루어진다.

묵즙은 용도에 따라 인류의 사상을 문자나 회화로 기록하기 위한 수단으로 사용된 書畫用과 목판인쇄술 발명[1] 이후 서적을 인쇄하기 위하여 사용된 印出用으로 구분된다. 인출용은 다시 인판의 재질에 따라 그와 조화를 이루기 위하여 재료를 달리하는데, 松烟墨(물먹 = 숫먹 = 숯먹)과 油烟墨(기름먹 = 참먹)으로 구분된다. 송연묵은 소나무를 태워서 얻은 그을음으로 만든 墨으로서 목판 인쇄나 목활자 인쇄 등의 목질 인판에 사용되었다. 유연묵은 기름을 태워서 얻은 그을음으로 만든 墨으로서 금속활자·석판·유리판 등의 인판에 주로 사용되었다. 송연묵과 유연묵의 묵색은 판본 상에 남아있는 묵적을 육안으로 살피더라도 목판이나 목활자본과 금속활자본의 느낌이 확연히 다르다.

묵즙에 관하여는 언제부터 어떤 종류의 墨이 사용되었으며, 그의 처방과 조제 방법은 어떠하였는가? 서화용과 인출용에는 어떤 차이가 있으며, 송연묵과 유연묵은 왜 다른 용도로 사용되었는가? 조제할 때 기타 첨가제를 첨가하지는 않았는가? 첨가하였다면 무엇을 무슨 목적과

---

[1] 발명의 주체·시기·장소·방법 등을 알지 못한다. 오직 발명 시기는 발명의 전제가 되는 7가지 요건들과 현존 초기 인쇄물을 종합하여 서기 700년경으로 추정할 뿐이다. 曺炯鎭, 「「白雲和尙抄錄佛祖直指心體要節」 復原 硏究」(파주: 한국학술정보(주), 2019), 32-33.

기능을 위하여 첨가하였는가? 특히 유연묵은 어떻게 금속활자판 인출용으로 조제되었으며, 그 기능성 성분과 비율은 무엇인가? 하는 등의 문제가 제기된다.

墨汁에 대한 연구로는 목활자본 인출을 위한 묵즙의 조제 방법과 첨가제로 사용한 濁酒의 작용을 분석한 연구와[2] 금속활자용 묵즙의 성분을 분석한 논문[3]이 있을 뿐이다.

종이는 발명된 후, 인류 생활에 보급되면서 서사 재료로서 독보적인 가치를 발휘하게 되었다. 오늘날 전자 매체가 사용되고 있기는 하지만, 아직도 종이의 가치와 기능을 대신하거나 능가할 만한 다른 서사 재료가 아직 없는 사실로도 족히 증명된다. 이처럼 종이는 서사 재료로서 독보적인 기능을 발휘하면서 아울러 서적의 대량 생산 방법인 인쇄도 가능하게 하였다. 서적 인쇄에 사용된 종이인 책지에는 楮紙・竹紙・雁皮紙(倭紙)를 비롯하여 藁精紙・桑皮紙・麻紙 등이 있었고 드물게는 繭紙・棉紙 등도 있었다. 저지는 주로 한국에서 많이 사용되었으며, 죽지는 중국에서, 안피지는 일본에서 많이 사용되었다.

책지에 관하여는 언제부터 어떤 종류의 종이가 사용되었으며, 그의 처방과 제조 방법은 어떠하였는가? 製紙 절차에 있어서 어떠한 화학적 작용이 내재하고 있었는가? 종이 재료에 따라 달리 나타나는 두께・密度・堅韌度 등과 물리적 특성(吸水率・阿膠 吸着力)은 인쇄 적성 상 어떠한 작용을 하며, 서엽을 인출할 때에는 어떠한 기술상의 차이가 있었는가? 하는 등의 문제가 있다.

---

2) 柳鐸一, "韓國木活字 印刷術에 對하여", 「民族文化論叢」 第4輯(1983. 12), 120-122.

3) 1. 김동원・홍영관・류해일, "금속활자 직지에 사용된 먹물의 성분", 「과학교육연구」 제33집(2002), 215-220.
   2. 김동원・홍영관・류해일, "전자현미경으로 관찰한 직지 금속활자본과 목판본", 「과학교육연구」 제33집(2002), 221-228.

한국의 책지에 대하여는 5세기 韓中 양국의 造紙 技術을 비교한 연구,[4] 종이의 뜸발과 두께·책지 원료의 처리 과정·책지의 종류와 규격에 관한 연구,[5] 한지 재료 및 한지의 물성·SEM을 이용한 종이 섬유의 형태 분석·발묵 특성을 분석한 연구,[6] 종이의 종류·문서지의 종류와 특성을 분석한 연구[7] 등이 있다.

또 하나, 인판·묵즙·책지를 사용하여 서엽을 인출하는 기술적 문제가 있다. 인출 과정은 인판 제작이 끝난 후의 작업이므로 크게 보면 목판인쇄와도, 작게 보면 목활자·도활자 또는 기타 활자의 인쇄와도 대동소이하다. 또한, 활자를 조립하는 방법이 印蠟을 사용한 부착식이든 나무나 종잇조각을 사용한 조임식이든 관계없이 인출 과정은 동일하다. 즉 인판을 제작하기까지의 과정이 다르다고 할지라도, 인판이 완성된 후의 인출 과정만큼은 대동소이하다.

하지만 인출 기술과 관련하여 묵즙과 책지를 사용하여 인판으로부터 서엽을 인출해 내는 구체적인 절차는 어떠하였는가? 묵즙의 농도·인판에 도포하는 묵즙의 양·책지의 재단·묵즙과 책지와의 관계·인출 방법 등 각 과정에서 주의하여야 하는 기술적 요령은 어떠한 점이 있는가? 하는 등의 문제가 있다.

이러한 기술 문제에 대하여는 목활자 인쇄에서 묵즙과 인출에 관한 연구가 있을 뿐이다.[8]

---

4) 柳鐸一, "15世紀 韓中造紙技術에 對하여", 「季刊書誌學報」 第2號(1990. 9), 23-41.

5) 1. 鄭善英, "朝鮮初期 冊紙에 관한 研究", 「書誌學研究」 創刊號(1986. 9), 177-212.
   2. 진인성, "조선후기 冊紙의 종류와 규격에 관한 연구 - 正祖代를 중심으로 -", 「書誌學研究」 제72집(2017. 12), 377-403.

6) 程仙花, "代用纖維資源으로써 어저귀의 韓紙製造 特性", 박사학위논문, 충북대학교 대학원, 2001. 2.

7) 孫溪鍈, "朝鮮時代 文書紙 研究", 박사학위논문, 한국학중앙연구원 한국학대학원, 2004. 9.

8) 1. 柳鐸一, "嶺南地方 現存 木活字와 그 印刷用具", 「奎章閣」 제3집(1979. 12), 31-56.

이상의 수많은 문제에 대하여 문헌상의 현존 기록이 거의 없을 뿐만 아니라 오늘날 이에 관한 연구도 미미한 실정이어서 그의 구체적인 방법이나 절차 등의 차이점이 무엇인지에 대해서는 아직 거의 규명되지 않고 있다. 특히 금속활자본을 생산하기 위하여 가장 어려운 자재가 곧 묵즙이다. 이는 元代에 주석활자의 인출에 실패한 사례9)를 보더라도 묵즙이 차지하는 비중이나 기능이 얼마나 중요한가를 알 수 있다. 더욱이 최근에 중국의 일부 학자는 「金泥石屑」의 기록10)이나, 화폐 인쇄의 예11)를 들어 金代(1115-1234)에 이미 금속활자판이 있어서 한국의 고려보다 앞섰다고 주장하고 있다. 그뿐만 아니라 유연묵과 송연묵은 중국도 역시 모두 가지고 있었는데, 왜 宋·元代에는 금속활자 인쇄에 성공하지 못하였나 하는 문제 해결의 열쇠는 바로 묵즙에 있을 것으로 판단된다. 또한, 오늘날 시중에 유통되는 묵즙은 그 구성 성분이나 비율을 공개하지 않고 있다. 이의 사용자는 까맣기만 하면 되고, 진하면 물 타서 쓰면 된다는 기존 관념에 머무르고 있다. 이러한 현실을 고려하면 금속활자용 묵즙 문제의 연구는 대단히 중요하다.

이번 실험은 이 점에 착안하여 조선시대 말기까지 전통적으로 사용되어 온 묵즙과 관련된 문제에 대하여는 문헌 기록과 고고학적 출토 실물을 통하여 墨의 起源과 種類別 特徵·墨汁의 調劑 方法과 添加劑의 成分別 機能을 고찰하고자 한다. 더 나아가 목판 인쇄나 목활자 인쇄에는 송연묵이 사용됨에 비하여, 금속활자 인쇄에는 왜 유연묵이어

---

2. 柳鐸一(1983), 121-122.

9) (元)王禎, 「農書」, 造活字印書法.

10) 魏志剛, "關于我國金屬活字版(公元1148年)記述與物證", 中國印刷博物館 編, 「中國印刷史學術研討會文集」(北京: 印刷工業出版社, 1997), 130-133.

11) 潘吉星, "論金屬活字技術的起源", 「科學通報」第43卷 第15期(1998. 8), 1583-1594.

야 하는지? 지금까지 알려지지 않은 금속활자판 인출용 묵즙에 포함된 기능성 첨가제의 구성 성분과 비율 등의 필요조건을 추적하기 위하여,12) 현존 고서의 각종 판본에서 채취한 墨跡 표본과 실물 묵괴 등을 과학적 방법으로 분석하고자 한다. 이 밖에 부가적인 기대효과로 지금까지 전무하다시피 한 묵즙 연구를 촉구하고, 최소한의 기초 자료와 방법론도 제시하고자 한다.

종이와 관련된 문제는 문헌적으로 그 종류와 재료를 고찰하고, 製紙 과정에 내재하고 있는 화학 작용을 과학적으로 분석하고자 한다. 책지의 두께·견인도·기타 물리적 특성에 대하여는 문헌적으로 고찰함과 아울러 오늘날 각기 다른 재료로 생산된 여러 종이를 구하여, 그 물리적 특성을 분석하는 등 서적 인쇄와 관련된 인쇄 적성 문제를 究明하고자 한다.

인출 과정에서의 기술적 문제에 대하여는 실존 인물의 증언과 직접 실험에 근거하여 구체적인 절차에서 아직 알려지지 않은 과학 기술에 관한 요소를 밝혀서, 금속활자를 사용한 전통 방식으로 서적을 생산할 수 있도록 하고자 한다.

2. 書畫用과 印出用 墨汁

2.1 墨의 起源 및 種類別 特徵

2.1.1 墨의 起源

서화나 인출을 위하여는 묵즙을 필수적으로 갖추어야 한다. 그뿐만

---

12) 금속활자판 인출용 묵즙에 관한 자세한 연구는 **曺炯鎭**(2019), 446-463, 477-481. 참조.

아니라 인출의 경우, 인판을 구성하고 있는 재질에 따라서 묵즙의 성분도 그에 적합하게 맞추어야 한다. 이에 製墨 유래와 함께 성분을 달리하는 墨의 종류별 기원과 제조 방법을 살펴본다.

2.1.1.1 石墨

(1) 인공적으로 조제한 墨 이전에 사용했던 안료에 관한 기록으로 (元)陶宗儀의 「輟耕錄」에

> 上古無墨, 竹挺(梃)點漆而書, 中古方以石磨汁, 或云是延安石液, 至魏・晉時, 始有墨丸, 乃漆烟松煤夾和爲之, 所以晉人多用凹心硯者, 欲磨墨貯瀋耳, 自後有螺子墨, 亦墨丸之遺製.[13]

즉 "上古時代에는 墨이 없어서 대나무 막대기로 옻칠을 찍어서 글을 썼고, 中古 時代에는 石磨汁을 썼다. 혹자는 石磨汁을 '延安의 石液'이라고 하였다. 魏・晉時代에 이르러 비로소 墨丸이 생겼으니, 곧 漆烟과 松煤를 섞어서 이를 만들었다. 晉代 사람이 가운데가 오목한 벼루를 많이 사용한 까닭은 墨을 갈아서 묵즙을 담아두고자 한 때문이다. 그 후에 螺子墨이 있었으니 이는 墨丸에서 유전한 제조 방법이다."라고 하였다.

(2) (宋)何蓮의 「春渚紀聞」에도

> 取古松煤, 雜用脂漆滓, 燒之得烟, 極精黑, 名爲漆烟.[14]

---

13) (元)陶宗儀, 「輟耕錄」, 卷29, 墨.

14) (宋)何蓮, 「春渚紀聞」, 卷8, 雜書琴事, 漆烟對膠.

즉 "옛적에 松烟을 취할 때 송진이나 漆의 앙금을 섞어서 썼는데, 이
것을 태워서 그을음을 얻으니 지극히 좋고 검어서 漆烟이라 이름하였
다."라고 하였다.

(3) (宋)晁貫之의 「墨經」에도

古用松煙石墨二種, 石墨自晋·魏以後無聞, 松煙之製尙矣.[15]

즉 "옛적에는 松烟墨과 石墨 두 가지를 사용하였는데, 石墨은 魏·晋時
代 이후부터 듣지 못하였고, 松烟墨은 아직 사용하고 있다."라고 하였다.
이상의 문헌 기록을 통하여 中國의 魏·晋時代 이전까지는 인공 墨
대신 옻칠이나 검은 돌을 갈아서 만든 石磨汁을 사용하였음을 알 수
있다.

2.1.1.2 松烟墨

(1) 인공적으로 조제한 墨의 始原과 종류에 관한 기록으로는 우선
「述古書法纂」을 들 수 있다.

刑夷始製墨, 字從黑·土, 煤烟所成, 土之類也.[16]

즉 "刑夷가 비로소 墨을 만들었는데 문자는 黑·土로 이루어졌고 煤
烟으로 만든 것이니 土類다."라고 하였다. 刑夷는 西周의 周宣王 때의

---

15) (宋)晁貫之, 「墨經」, 松.
16) 孫敦秀, 「文房四寶手冊」(北京: 北京燕山出版社, 1991), 73-74.

製墨人이므로, 周代에 刑夷가 처음 인공적으로 煤烟을 사용하여 墨을 만들었다는 사실을 알 수 있다.

(2) (明)羅頎의 「物原」에는 송연묵과 유연묵을 만든 사람이 언급되어 있다.

刑夷作松烟墨, 奚廷珪作油烟墨.[17]

즉 "刑夷는 松烟墨을 만들었고 奚廷珪는 油烟墨을 만들었다."라고 하였다. 이에서 송연묵과 유연묵을 만든 사람이 누구인가를 알 수 있다.

(3) (元)陶宗儀의 「輟耕錄」에는

唐, 高麗歲貢松烟墨, 用多年老松烟和麋鹿膠造成, 至唐末, 墨工奚超與
其子廷珪, 自易水渡江, 遷居歙州, 南唐賜姓李氏, 廷珪父子之墨, 始集
大成, 然亦尙用松烟.[18]

즉 "唐代에 고구려가 해마다 松烟墨을 조공하였는데, 늙은 소나무의 그을음과 고라니와 사슴으로 만든 아교로 墨을 만들었다. 唐代 말기에 이르러 墨工인 奚超와 그의 아들 廷珪가 易水로부터 건너와서 歙州에 거주하였다. 南唐에서는 李氏 姓을 내려주었으니 廷珪 父子의 墨이 비로소 집대성되었는데, 그 墨의 재료는 역시 松烟을 사용하였다."라고 하였다.

---

17) (明)羅頎, 「物原」.
18) (元)陶宗儀, 「輟耕錄」, 卷29, 墨.

(4) 고고학적 출토 실물에 의하여서도 墨의 시원을 짐작할 수 있다. 지금까지 발굴된 실물 중, 그을음을 사용하여 인공적으로 만든 가장 오래된 墨은 秦代로 소급된다. 1975년 12월 湖北省 雲夢縣 睡虎地 4號 秦墓에서 직경 2.1mm × 길이 1.2mm의 원주형 墨이 발굴되었다.[19] 이는 그을음으로 만든 墨으로 종래에는 인공적으로 제조한 그을음 墨이 漢代에 시작되었다고 알고 있었으나, 이에 의하여 秦代로까지 소급되었다. 또한, 기원전 14세기부터 4세기까지의 사이에 甲·骨·石·陶·竹·木·帛·紙 등에 墨과 朱砂로 문자를 기록하였다는 연구[20]도 있다.

이상의 문헌 기록과 고고학적 출토 실물에 의하여 周·秦時代에는 이미 인공적으로 松烟을 사용하여 먹을 제조하였음을 알 수 있다.

2.1.1.3 油烟墨

(1) 유연묵에 대해서는 이미 앞에서 인용한 (明)羅頎의 「物原」에 "奚廷珪가 油烟墨을 만들었다."라고 되어있다.

(2) (元)陶宗儀의 「輟耕錄」에는

　　宋熙豊間, 張遇供御墨用油烟.[21]

즉 "宋代의 熙寧(1068-1077)·元豊(1078-1085) 年間에 墨工 張遇가 油烟으로 墨을 만들어서 황제에게 바쳤다."라는 기록이 있다.

---

19) 謝德萍·孫敎秀 共著, 「文房四寶縱橫談」 (北京: 文津出版社, 1990), 88-89.

20) Tsien, Tsuen-Hsuin, *Paper and Printing*, *Science and Civilisation in China*, Vol. 5, No. 1. Taipei: Caves Books, 1986, 234.

21) (元)陶宗儀, 「輟耕錄」, 卷29, 墨.

(3) (宋)葉夢得의 「避署錄話」에는

油烟墨法者, 用麻油燃密室中, 以一瓦覆其上, 卽得煤極簡易, ……大抵
麻油則黑, 桐油則不黑.[22)]

즉 "油烟墨의 제조 방법은 麻油를 密室에서 태우되 기와 한 장을 그
위에 덮어두면 그을음 얻기가 지극히 간편하다. ……대체로 麻油 그을
음은 까맣고 桐油 그을음은 까맣지 않았다."라고 하였다.

(4) (明)沈繼孫의 「墨法集要」에는

古法惟用松燒烟, 近代始用桐油·麻子油燒煙, 衢人用皂青油燒煙, 蘇人
用菜子油·豆油燒煙, 以上諸油俱可燒煙製墨, 但桐油得煙最多爲墨.[23)]

즉 "옛적의 방법은 오직 소나무를 태운 그을음을 사용하였는데, 近
代에는 비로소 桐油와 麻子油를 태운 그을음을 사용한다. 또 지역에
따라 皂青油·菜子油·豆油 등을 태운 그을음도 墨을 만들 수 있는데,
桐油 그을음으로 가장 많이 만들었다."라고 하였다. 이에서 고대와 근
대 墨의 조제에 사용한 그을음의 종류를 알 수 있다.

(5) 더욱 구체적인 기록으로는 (宋)沈括의 「夢溪筆談」을 들 수 있다.

頗似淳漆, 然(燃)之(石油)如麻, 但煙甚濃, 所霑幄幕皆黑. 予疑其煙可
用, 試掃其煤以爲墨, 黑光如漆, 松墨不及也. 遂大爲之, 其識文爲 '延川

---

22) (宋)葉夢得, 「避署錄話」, 卷上, 世不留意墨者.
23) (明)沈繼孫, 「墨法集要」, 浸油.

石液'者是也. 此物後必大行於世, 自予始爲之, ...造煤人蓋未知石煙
之利也.[24]

즉 "이 墨은 淳漆과 같고 이것(石油)을 태우니 廐와 같으나 다만 그
을음이 대단히 진하여 이것이 묻은 장막은 모두 검었다. 내(沈括)가 그
그을음을 사용할 수 있을까를 의심하여 시험 삼아 그 그을음을 모아서
墨을 만드니 검은빛이 漆과 같아서 松烟墨이 미치지 못하였다. 드디어
대대적으로 墨을 만드니, 식자들이 '延川의 石液'이라고 한 것이 곧 이
것이다. 이것은 훗날 반드시 세상에 크게 유행할 것이니, 내(沈括)가 처
음 만들었다. ……그을음 만드는 사람은 대개 石煙의 장점을 몰랐다."
라고 하였다. 이에서 石煙은 沈括이 처음 만들었으며, 송연묵보다 먹빛
이 더 검었음을 알 수 있다.

이상의 문헌 기록을 통하여 유연묵의 제조 시기(唐 말·宋 초)·제
조 방법·그을음 생산용 기름의 종류와 특징 등을 알 수 있다.

2.1.1.4 油松墨

유송묵에 대해서는 오직 (宋)何薳의 「墨記」에 약간의 기록이 보인다.

問油烟墨何得如是之堅久也. 大韶云亦半以松烟和之, 不爾則不得經久也.[25]

즉 "(혹자가) 묻기를 유연묵이 어찌하여 이처럼 堅久할 수 있는가?
大韶가 말하기를 절반은 송연을 섞었으니, 그렇지 않으면 經久하지 못
하다."라고 되어있다.

---

24) (宋)沈括, 「夢溪筆談」, 卷24, 雜誌1, 鄜延境內有石油.
25) (宋)何薳, 「墨記」, 油松烟相半則經久.

2.1.1.5 彩色墨

이외에도 彩色墨이 있었다. 가장 많은 채색은 朱色으로 甲骨에 사용되었는데, 이를 분석한 결과 붉은색은 모두 丹砂(朱砂)이고 검은색은 모두 炭素였다고 하였으니,[26] 朱墨의 재료는 천연광물에서 채취하여 제조되었음을 알 수 있다. 1965년 山西省 侯馬의 晋代 유적지에서 5,000여 점의 玉・石片 등이 출토되었는데, 그 위에 붓으로 쓰인 대부분 문자가 붉은색과 검은색을 띠고 있었다.[27] 이는 商・周時代에 이어 魏・晋時代에도 여전히 朱墨으로 필사하였음이 분명하다.

이를 보면 상고시대에는 옻칠과 石磨汁으로 문자를 기록하였고, 周・秦時代부터는 松烟墨이, 唐 말・宋代부터는 油烟墨도 광범위하게 사용되었음을 알 수 있다. 또한, 油松墨이 한때 사용되기도 하였고, 彩色墨 중에는 朱墨이 商・周時代부터 가장 먼저 사용되었음도 알 수 있다.[28]

2.1.2 墨의 種類別 特徵

이러한 송연묵과 유연묵의 특징은 (明)楊愼이 말한 것처럼 송연묵은 묵색이 진하고 까맣지만 광택은 나지 않고, 유연묵은 광택은 나지만 진하거나 까맣지 않았다.[29] 따라서 송연묵은 서사용에 적합하였고 유연

---

26) 1. 謝德萍・孫敦秀 共著(1990), 85.
   2. 陳丁,「殷墟卜辭綜述」(臺北: 大通書局, 1971), 16.

27) 謝德萍・孫敦秀 共著(1990), 88.

28) 현재 사용되고 있는 墨으로 송연묵과 유연묵 외에 蠟墨이 있다. 이는 서화용이나 인쇄용으로 사용하기 위한 것이 아니고 乾式 拓本用으로 사용하기 위한 것이다. 그의 사용 始原과 제조 방법에 대하여 문헌에 기록된 바는 아직 알려지지 않았으나, 아마도 밀랍(paraffin)과 그을음을 섞어서 조제하였을 것이다. 현재 한국은 전통 墨 제조 장인은 수를 셀 수 있을 정도이고, 대부분 석유 화학의 부산물인 수입한 그을음(carbon)으로 묵즙을 만들어서 사용하는 실정이다.

29) 洪丕謨,「中國文房四寶」(香港: 南粤出版社, 1989), 57. "松烟墨深重(濃黑)而不姿媚(光澤), 油烟墨姿媚而不深重."

묵은 회화용에 적합하였다.

서적 인쇄에 사용할 때에는 송연묵은 목판이나 목활자 등 목질의 인판에 사용하였고, 유연묵은 동활자·鉛活字 등 금속질이나 石質·유리질의 인판에 사용하였다.

그리고 朱墨은 서사용이나 문자를 장식하기 위한 용도로 사용되었다.

서사·회화·인쇄 용도 외에도 墨은 알칼리성이므로 산성 체액을 중화하거나 혈독을 제거하는 의약용이나 미용으로 쓰이기도 하였고,[30] 고대 건축에서 목재를 곧게 재단할 때에도 사용되었다.[31]

2.2 墨汁의 調劑 方法 및 그 成分別 機能

그렇다면 송연묵과 유연묵은 각각 어떠한 방법으로 인쇄용 묵즙으로 조제되었는가? 실제 인출에 사용할 때 添加劑를 넣지는 않았는가? 넣었다면 어떤 목적을 위하여 넣었는가? 즉 묵즙의 성분은 어떠한 요소로 구성되어 있으며 그 기능은 무엇인가? 하는 등의 문제가 생긴다.

2.2.1 墨汁의 調劑 方法

2.2.1.1 中國

(1) 묵즙의 조제에 관한 기록으로 우선 (北魏)賈思勰의 「齊民要術」을 들 수 있다. (宋)蘇易簡의 「文房四譜」에도 같은 내용이 수록되어 있다.

好醇煙擣訖, 以細絹篩於缸內, 篩去草莽, 若細沙塵埃. ……墨一斤以好

---

30) Tsien, Tsuen-Hsuin(1986), 236, 247.

31) 謝德萍·孫敦秀 共著(1990), 87.

膠五兩, ……以眞硃砂一兩, ·麝香一兩別治細篩, 都合調. ……擣三萬
杵, 杵多益善.32)

즉 "좋은 그을음을 곱게 찧어서 고운 체로 단지 안에 쳐서 지푸라기
를 걸러내면 고운 가루가 된다. ……墨 한 근에 좋은 阿膠 다섯 냥으
로, ……硃砂 한 냥·麝香 한 냥을 따로 고운 체로 쳐서 모두 섞어 넣
고, ……삼만 번을 찧는데 많이 찧을수록 좋다."라고 되어있다.

(2) (明)宋應星의 「天工開物」에는

凡墨, 燒烟凝質而爲之. 取桐油·淸油·猪油烟爲者, 居十之一, 取松烟
爲者, 居十之九. ……凡蓺油取烟, 每油一斤, 得上烟一兩餘. 手力捷疾
者, 一人供事燈盞二百副. 若刮取怠緩則烟老, 火燃質料并喪也. 其餘尋
常用墨, 則先將松樹流去膠香, 然後伐木. 凡松香有一毛未淨盡, 其烟造
墨, 終有滓結不解之病. 凡松樹流去香, 木根鑿一小孔, 炷燈緩炙, 則通
身膏液, 就暖傾流而出也. 凡燒松烟, 伐松斬成尺寸, 鞠篾爲圓屋如舟中
雨篷式, 接連十餘丈. 內外餘接口, 皆以紙及席糊固完成. 隔位數節, 小
孔出烟, 其下掩土砌磚先爲通烟道路. 燃薪數日, 歇冷入中掃刮. 凡燒松
烟, 放火通烟, 自頭徹尾. 靠尾一·二節者爲淸烟, 取入佳墨爲料. 中節
者爲混烟, 取爲時墨料. 若近頭一·二節, 只刮取烟子, 貨賣刷印書文
家, 仍取硏細用之. 其餘則供漆工堊工之塗玄者. 凡松烟造墨, 入水久浸,
以浮沈分精愨. 其和膠之後, 以搥敲多寡分脆堅. 其增入珍料與嫩金·麝
香, 則松烟·油烟, 增減聽人.33)

즉 "墨은 그을음에 아교를 섞은 것으로서 桐油·淸油(菜子油)·猪油
등의 그을음을 취하여 만든 것은 10분의 1 정도를 차지하였고, 송연을

---

32) 1. (北魏)賈思勰, 「齊民要術」, 卷9, 筆墨第91, 合墨法.
    2. (宋)蘇易簡, 「文房四譜」, 卷5, 墨譜, 二之造.
33) (明)宋應星, 「天工開物」, 第16卷, 墨.

취하여 만든 것은 10분의 9를 차지하였다. 기름을 태워서 그을음을 얻는 데는 기름 한 근마다 고급 그을음을 1냥 남짓 얻을 수 있었는데, 손재주가 민첩한 자는 한 사람이 그을음을 모으는 등잔 200개를 관리할 수 있다. 만약 제때에 긁어모으지 못하면 그을음이 쇠하여져서 質量이 떨어진다. 墨을 만드는 방법은 우선 소나무에서 송진을 흘려버린 다음에 벌목하였고, 송진을 깨끗하게 흘려버리지 못하면 찌꺼기가 생기고 잘 갈리지 않는 병폐가 있다. 소나무에서 송진을 흘러나오게 하는 방법은 나무뿌리에 조그만 구멍 하나를 뚫고 등불을 붙여 서서히 태우면 나무속의 모든 송진이 곧 따뜻한 곳으로 흘러서 나온다. 소나무를 태운 그을음은 벌목한 소나무를 한 자(尺) 정도가 되도록 자르고, 대나무 껍질을 엮어서 동그란 집을 만들되 배 위의 비를 막는 배뜸처럼 하여 10여 丈 정도 길게 연결하였다. 안팎과 연결한 부분은 모두 종이 및 자리를 풀로 견고하게 붙였다. 몇 마디씩 걸러서 연기가 나갈 조그만 구멍을 내고, 그 아래는 흙으로 막고 벽돌을 놓아서 미리 그을음이 지나갈 통로를 만들었다. 소나무 장작을 여러 날 태우고 식기를 기다렸다가 안으로 들어가 긁어모았다. 뒤쪽의 한·두 마디에서 채취한 것(입자가 고운 것)은 淸烟으로 좋은 墨을 만드는 재료이고, 중간 마디의 것은 混烟으로 보통 墨의 재료다. 앞의 한·두 마디에 가까운 데서 긁어모은 것(입자가 굵은 것)은 단지 그 그을음으로 서적을 인쇄하는 자에게 팔리는데 여전히 곱게 갈아서 사용하였다. 그 나머지는 漆工과 堊工에게 검게 칠하는 재료로 공급되었다. 무릇 송연으로 墨을 만듦에, 물속에 오래도록 담가 두면 뜨고 가라앉는 것으로 淸純한 것과 濃厚한 것이 구분되었다. 그것을 아교와 잘 섞은 연후에 방망이로 짓찧는데 그 수의 다과로 단단하고 취약한 것이 구분되었다. 金字를 입히거나 麝香 등

진귀한 재료를 넣는 것은 송연이든 유연이든 증감을 자유로이 할 수 있었다."라고 되어있다.

이상의 문헌 기록을 통하여 중국의 製墨 실태를 대체로 파악할 수 있다.

2.2.1.2 韓國

한국은 墨을 어떻게 제조하였는가? 이에 대하여 徐命膺의 「攷事新書」에는

> 今俗造墨法, 純煙十斤・阿膠四斤・水十斤, 以水九斤浸膠, 盛銅盆置火上, 待融以煙和訖. 以餘一斤水洗盆, 盛別器, 搗時用水揮洒, 搗期萬杵. ……造松煤墨法, 多取松煙, 入帒煮熟, 待乾製造. 阿膠及水斤兩如上造法.[34]

즉 "요즘 墨의 제조법은 純烟 10근・아교 4근・물 10근을 준비하여, 준비한 물 9근과 아교를 구리 대야에 담아 불 위에 얹어두고, 녹아서 그을음과 완전히 섞여지기를 기다린다. 남은 물 1근으로 대야를 씻어서 다른 그릇에 담아두고, 도림질할 때 그 물을 뿌리되 거의 만 번 정도 하여야 한다. 송연묵을 만드는 방법은 송연을 많이 취하여 자루에 담아서 충분히 끓였다가 마르기를 기다려서 만들되 아교와 물의 양은 위의 제조 방법과 같았다."라는 것이다.

이 밖에도 한・중 양국에는 「墨經」・「墨譜法式」・「墨記」・「墨法集要」・「墨志」 등 여러 문헌에 墨의 제조 과정이 서술되어 있다. 製墨法의 내용은 대체로 그을음 태우기(燒烟) - 그을음 거두기(收烟) - 아교섞기(加膠) - 첨가제 넣기(加藥) - 반죽하기(和烟) - 끓이기(蒸劑) - 절

---

34) 徐命膺, 「攷事新書」, 卷14, 日用門, 造墨法.

구질(杵搗) - 달구기(槌煉) - 모양내기(製樣) - 재에 넣기(入灰) - 재에서 빼기(出灰) - 건조(去濕) 등이다. 이 과정은 일곱 단계로 요약된다. 즉, 그을음 얻기(取烟) - 아교 섞기(合膠) - 첨가제 넣기(加藥) - 끓이기(蒸劑) - 절구질(杵搗) - 모양내기(製樣) - 건조(去濕) 등이다.

이상은 서화용 墨의 제조 과정으로 장기간 사용을 전제로 편리하게 보관하기 위하여 고체로 성형하는 단계까지이다. 인쇄용의 경우는 고체로 성형할 필요가 없으므로 끓이기(蒸劑) 이하의 과정을 생략하면 된다.

2.2.2 成分別 機能

묵즙의 성분은 앞의 제묵법에 의하면 크게 연매 재료인 그을음, 용매 재료인 아교, 첨가제 및 수분으로 구분된다.[35]

2.2.2.1 煙媒 材料(그을음)

그을음은 검은 색상을 내기 위한 것으로, 송연과 유연으로 대별된다. 송연은 소나무를 불완전 연소시켜서 얻은 것으로, 태우기 전에 송진과 관솔을 제거하기만 하면 된다. 소나무 이외에 다른 나무를 사용하였다는 기록은 아직 없다. 유연은 기름을 불완전 연소시켜서 얻은 것으로 동물성 기름과 식물성 기름을 모두 사용하였다. 동물성 기름은 猪油를 주로 사용하였고, 식물성 기름은 桐油・清油(菜子油)・胡麻油・椿油・大豆油・椑油・棉實油・樟腦油・松脂油・瀝靑(pitch・

---

35) 혹자는 먹의 구성 성분에 밀랍이 포함된다고 한다. 이는 먹을 고체로 성형한 후, 사용할 때 그을음이 손에 묻어나는 것을 방지하기 위하여 밀랍을 가볍게 도포한 점을 오해한 결과이다. 먹의 구성 성분에 밀랍은 포함되지 않는다.

bitumen · asphalt) 등을 사용하였다.[36)

그을음 중에 입자가 고운 고급품은 서화용 墨을 만드는 데 사용되었고, 인출용 墨은 입자가 굵은 저급품 그을음을 사용하였다.

2.2.2.2 溶媒 材料(阿膠)

아교는 중국의 삼국시대부터 전통적으로 皮膠·筋膠·骨膠·甲殼膠·角膠·魚皮膠·魚鱗膠·鰾膠 등을 사용하였는데,[37)] 주로 소·돼지·사슴·양·쥐 등 동물의 가죽이나 물고기의 부레를 끓여서 만든 것으로, 그중 소가죽으로 만든 아교가 가장 좋았다.[38)] 간혹 아교 대신 生漆을 사용한 때도 있었다.[39)]

아교의 기능은

(1) 그을음을 수용하여 응고시키거나 서사 재료에 고착시키는 점과

(2) 묵색이 광채와 투명감이 나도록 하는 점 외에

(3) 墨을 벼루에 갈 때 농도를 조절할 수 있도록 하는 점과

(4) 묵즙에서 그을음 입자의 침전을 막아주는 점 등을 들 수 있다.

인출용 墨에서는

(1) 인판에 칠한 묵즙이 서사 재료, 즉 책지에 골고루 잘 반영되도록 하는 점과

(2) 반영된 자적이 광채를 발하여 서품을 우수하게 하려고 아교의

---

36) 1. 孫敎秀(1991), 103.
   2. 馮正曦, 「墨的世界」 (臺北: 常春樹書房, 1984), 34.

37) Kecskes, Lily Chia-Jen, *A Study of Chinese Inkmaking; Historical, Technical and Aesthetic*. Thesis(M.A.): University of Chicago, 1981, 55.

38) 孫敎秀(1991), 102-103. 制墨用膠.

39) 索予明, 「文房四寶」 (臺北: 行政院文化建設審員會, 1986), 18.

기능이 발휘되었다.

아교의 그을음에 대한 양은 원료의 성질과 필요한 墨의 粘着度에 따라 달라졌다. 점착도는 서사면의 성질에 따라 결정되었다. 즉 吸水性이 약한 堅硬한 표면은 附着性이 강한 착색 재료가 필요하다. 따라서 종이의 성질을 참작하여 아교와 그을음의 양을 조절할 수 있었다.[40) 오늘날에는 대체로 아교와 그을음을 무게로 1:1의 비율로 혼합하여 조제한다.

2.2.2.3 機能性 添加劑

墨을 조제하는 과정에서 각종 첨가제를 넣었다. 첨가제는 製墨人에 따라 약간씩의 차이가 있으나 대체로 朱砂·麝香·樟腦·金箔(金屑)·珍珠·玉屑·龍腦·蛋白·犀角·蘇木 등을 넣었다.[41) 오늘날에도 첨가제를 넣어서 조제하는데 24종의 귀중한 약재를 포함하여 모두 31종의 첨가물을 넣기도 하고,[42) 심지어는 1,100종에 이르기도 한다.[43) 이러한 첨가물은 고급품의 서사용 墨에 주로 넣어서 조제하는데 그 주된 기능은

(1) 묵색의 농도를 짙게 하거나 색도를 조절하고(丹砂類),

(2) 광택과 강도(硬度)를 더해주며,

(3) 아교의 구린내를 없애고 향기를 더해주며(麝香·樟腦),

(4) 墨이 썩지 않도록 하여 묵색을 보존하는 방부제와 방충제 역할

---

40) Tsien, Tsuen-Hsuin(1986), 239, 242.

41) 1. 索予明(1986), 18-23.
   2. 孫敦秀(1991), 88.

42) 孫敦秀(1991), 102. 制墨用葯.

43) Franke, H., *Kulturgeschichtliches über die Chinesische Tusche*. München: Bayerische Akad. d. Wiss., 1962, 59.

을 하며(椑木皮·石榴皮·膽礬),

(5) 기타 질병을 치료하는 효능도 가지고 있다.[44] 다시 말하면 인쇄 기술적 관점에서 첨가한 것이 아니고, 서화용에서 고상한 풍류를 즐기는 문인들의 취향에 맞추기 위한 것이었다. 다만 서화용 墨의 고급화를 위하여 첨가한 것이 겸하여 인출용에서도 부대 효과를 얻을 수 있었을 따름이다.

그렇다면 인쇄 기술상의 필요에 따라 묵즙에 넣은 첨가제는 무엇이 있었으며, 있었다면 그 기능은 무엇인가? 그러나 애석하게도 이에 관한 문헌 기록은 찾아볼 수 없고 다만 실제 인쇄업에 종사하였던 실존 인물의 증언을 통하여 그 한 단면을 엿볼 수 있을 따름이다.

인출용 墨은 서화용과 달리 조제할 때부터 액체로 만들었다. 고체로 만든다 해도 서화용처럼 모양을 장식하여 고상하게 만들지 않고, 보관하기 편리하도록 적당한 크기로 동그랗게 뭉쳐서 만들었다. (中華民國) 盧前은 "書林別話"에서

> 製墨之法, 取炭窯之窯煙, 化牛皮膠爲水, 和之. 成厚粥狀, 調之以酒, 儲 之半月, 成稀麵糊, 將墨粥揉勻, 盛入缸藏之. 至時霉天, 則臭氣四溢, 然 必經三四時霉天, 始能用也. 倘急用之, 則墨色必浮, 觸之則糊. 是墨愈 久而愈佳. 印書時, 必先用馬尾篩破水瀝之. 渣滓可以傾去, 取其餘印書.[45]

즉 "墨을 만드는 방법은 그을음 가마의 그을음을 취하여 소가죽으로 만든 아교를 아교 물로 만들어 잘 섞고, 진한 죽 모양이 되면 술로 조

---

44) 1. (明)李時珍, 「本草綱目」.
　　2. 索予明(1986), 23.
　　3. 洪丕謨(1989), 72.
　　4. 孫敦秀(1991), 102. 制墨用葯.

45) (中華民國)盧前, "書林別話", 「圖書印刷發展史論文集續編」 (臺北: 文史哲出版社, 1979), 142.

절하여 보름 정도 두면 묽은 풀처럼 되었다. 그 후 죽 상태의 墨을 고르게 저어서 항아리에 담아서 저장하였다. 장마철이 되면 구린내가 사방에 넘치는데, 그러나 반드시 3・4년의 여름을 지내야만 비로소 사용할 수 있었다. 만약 급히 사용하면 묵색이 일어나서 닿기만 하면 모호해지니 墨은 오래될수록 좋아진다. 서적을 인출할 때는 반드시 우선 말총으로 만든 체로 물을 부어서 거르고, 찌꺼기는 기울여 버리고 그 나머지를 취하여 서적을 인출하였다."라고 하였다.

이처럼 대량으로 액체로 만들어 저장하여 두고 쓰는 이유는 인출할 때는 어차피 액체로 만들어야 하므로 굳이 고체로 만들 필요가 없고, 또 인출할 때에 임박하여 먹을 갈아야 하는 수고를 덜기 위함이었다. 동그랗게 고체로 만든 인출용 墨을 '동먹'(通墨?)이라고 하는데, 만약 이것을 묵즙으로 만들려면 이를 분쇄하여 물에 오랫동안 담가서 풀어지게 하거나[46] 급히 사용할 때에는 끓이기도 하였다. 이 묵즙을 인출에 사용할 때에는 적당량의 묵즙에 첨가제로 탁주를 타서 농도를 조절하여 썼다. 탁주를 첨가하는 이유는

(1) 농도 조절 이외에도

(2) 인출된 문자에 묵즙이 골고루 안착되어 묵색의 농담을 깨끗하고 고르게 하며,

(3) 문자면에 광택(華)이 나게 하기 위함이었다.[47]

그러나 이 첨가제의 작용은 목활자판에 사용한 경험에 따라 얻어진 추정이므로 금속활자판과는 차이가 있을 것이며, 그의 구체적인 작용은 과학적 실험 분석을 통한 증명이 필요하다.

---

46) 柳鐸一(1983), 120. 동먹 이외에 松烟이나 油烟으로 대신하기도 하고 黑鉛을 사용하여도 무방하다.
47) 柳鐸一(1983), 120-122.

2.3 電子顯微鏡을 통해 본 墨跡

과거의 금속활자본에는 어떤 묵즙을 사용하였는가? 그 구성 성분을 고판본으로부터 시료를 추출하여 분석할 수 있으면, 그 기능성 성분을 오늘날 그대로 모방하여 조제하면 해결할 수 있을 것이다. 묵즙의 구성 성분별 절댓값을 분석하려면 有機化學的 방법으로 정량분석이 필요하다. 有機化學的 방법은 적어도 1~2g 정도의 시료를 酸에 녹여서 액체 상태로 가공하여 이를 분석기기인 Inductively Couples Plasma(ICP) 또는 Atomic Absorption(AA)을 통하여 성분을 검출하는 과정을 거친다. 따라서 액체 상태로 만들 수 있을 만큼의 다량의 시료가 필요한데, 과거의 인출용 먹이 오늘날까지 남아있는 것도 아니므로 고서에서 표본을 채취할 수밖에 없다. 그러나 애석하게도 고판본은 모두 귀중본이어서 훼손할 수도 없지만, 고판본에서 묵즙의 분석 시료를 채취한다 하더라도 미량에 불과하여 정량분석 방법의 응용은 불가능하다. 기타 탄소 입자와 탄소 입자 그리고 탄소 입자와 종이 섬유를 아교질이 어떻게 어떠한 방식(構造)으로 결합해 주고 있는가 하는 문제도 유기화학적 방법으로 분석해야 가능하므로 이 점도 불가능하다.

다량의 시료 확보의 어려움으로 정량분석이 불가능한 현실에서, 묵즙의 구성 성분을 분석하기 위한 차선책은 무기화학적 방법으로 정성분석만이 가능할 뿐이다. 이는 시료의 표면을 통하여 고체 그대로의 상태에서 분석하는 것이므로 미량의 시료로도 가능하다. 따라서 안타깝지만 아쉬운 대로 정성분석을 통하여 인출용 묵즙에 넣었을 것으로 추정되는 기능성 첨가제에 관한 문헌 기록의 부족을 보완하고, 경험적 처방을 증명하기 위하여 현존 인본을 소급 분석하고자 한다. 이로써 과거의 인출용 묵즙에 넣었던 기능성 첨가제가 있었는지와 그 기능은 어떠하였는지를 과학적 방법으로 추적하고자 한다.

2.3.1 標本과 分析 方法

2.3.1.1 標本

분석을 위한 시료는 고서 중에서 각기 다른 특징을 가지고 있는 판본을 선택하되, 출판연대가 확실히 고증된 것으로서 가능한 한 서로 근접한 판본에서 표본을 채취하였다. 또한, 실물 墨塊도 표본으로 삼았다.

(1) 「御定奎章全韻」, 1885년布洞重刊木板本, 속표지의 묵색 "匡郭".

(2) 「萬國略史」, 1895년學府印書體木活字本, 卷之1, 第49葉, 판심제의 묵색 "略".

(3) 「三憂堂文先生實記」, 1879년筆書體鐵活字本, 卷之3, 第7葉, 판심제의 묵색 "卷".

(4) 「字典釋要」, 1906년石印本, 卷上, 第33葉上葉, 第4行, 大字 第16字의 묵색 "六".

(5) 「東國文獻」, 1804년金性激筆寫本, 卷之4, 第9葉上葉, 第11行, 第25字의 묵색 "尙".

(6) 「周易」, 1872년中國靑雲樓重訂木板本, 卷之2, 第63葉上葉, 우하귀의 묵색 "雜墨".

(7) 「諏吉便覽」, 1882년中國掃葉山房朱墨套印本(채색목판본), 第120葉下葉, 좌하귀의 묵색 "匡郭" 및 八門九星圖, 第58葉下葉, 상단의 朱色 "匡郭".

(8) 「十竹齋書畫譜」, 1878년日本前川善兵衛飴板刻本(채색농담목판

본), 묵색(果譜下, 第3畵, 畵題, 第5行, 第2字, "駬")·朱色(石譜
上, 石譜題辭, 第2行, 第7字, 右側 界線의 "雜墨")·녹색(書畵譜
上, "第6畵") 등 삼색 회화 표본.[48]

(9) 오늘날 조제한 송연묵으로 中華民國 臺灣 勝大莊의 "中華墨寶"
와 유연묵으로 中國 上海墨廠의 "油煙101"의 실물 묵괴.

이상은 한국의 목판본·목활자본·금속활자본·석인본·필사본은
물론이요, 중국의 목판본·채색(朱色)목판본과 일본의 채색(墨色·朱
色·綠色)농담목판본 등에서 광곽·문자·잡묵·회화 등을 다양하게
채취하고, 더 나아가 오늘날 조제한 실물까지 포함함으로써 각종 특징
을 비교 분석할 수 있도록 하였다.

2.3.1.2 分析 方法

성분 분석은 중앙대학교 화학과 高慶信 교수팀에 의뢰하여 전자현미
경을 이용한 무기화학적 분석 방법을 이용하였다. 走査 電子顯微鏡
(Scanning Electronic Microscofe, SEM) 'Hitachi S-2700'에 부착된 성
분 분석기(Electron Dispersive Spectrophotomater, EDS 또는 Electron
Dispersive X-Ray Analisis, EDX)에 墨跡의 표본을 걸어 보았다. 이 주
사 전자현미경에 부착된 성분 분석기는 미국 Kevex사의 'Deltaplus'이
다. 이의 분석 능력은 성분 분석기의 검출기(Detector)가 규소(Si, 원소
기호 14)와 리튬(Li, 원소기호 3)으로 구성된 Plate로 되어있어서 나트
륨(Na, 원소기호 11) 미만의 원소는 그의 성분 검출이 불가능하다(

---

48) 대체로 19세기의 판본들을 표본으로 하되, 원본 훼손의 최소화 범위 내에서 채취하였다. 이는 1차
분석 결과가 긍정적으로 나올 경우, 2차로 16세기의 판본을 분석하기 위한 예비 단계로 선택한 표
본들이다.

"<표 1> 주사 전자현미경의 성능" 참조). 이러한 성능을 가지고 있는 전
자현미경에 각종 표본을 차례로 분석하여 보았다.

<표 1> 주사 전자현미경의 성능

분석 방법	무기화학적 방법
사용 기기	주사 전자현미경 : 'Hitachi S-2700' 및 성분 분석기 : 미국 Kevex사의 'Deltaplus'.
성분 분석기의 소재	규소(Si, 원소기호 14)와 리튬(Li, 원소기호 3).
성분 분석기의 성능	나트륨(Na, 원소기호 11) 미만의 원소는 검출 불가능.

2.3.2 分析 結果

2.3.2.1 墨跡 標本

분석 결과는 목판본·목활자본(<圖 1>)·금속활자본(<圖 3>)·석인
본·필사본 등 판본의 종류와 관계없이 모두가 대동소이하게 아무런
원소도 검출되지 않았다. 목활자본과 금속활자본의 성분 분석도를 보
면 산화물(O, 원소기호 8)[49]과 칼슘(Ca, 원소기호 20)이 검출되고 있
는데 이는 해당 표본의 종이 섬유에서도 동일하게 검출되고 있다(<圖
2>·<圖 4>). 즉 산화물과 칼슘은 종이 섬유에 함유되어있는 성분으로
볼 수 있다. 그뿐만 아니라 중국의 목판본과 채색목판본의 묵적 표본
및 일본 채색농담목판본의 묵적 표본도 역시 아무런 원소가 검출되지
않았다.

---

49) 묵적 안에 **酸素** 자체는 존재할 수 없고, 산소가 다른 물질과 결합한 산화물 형태로 존재한다.

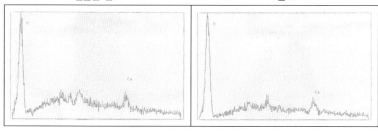

<圖 1> 「萬國略史」의 묵색 "略"에서   <圖 2> 「萬國略史」의 종이 섬유에서 검출된
        검출된 원소   원소

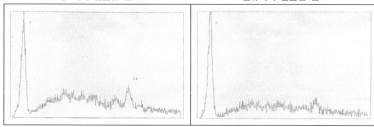

<圖 3> 「三憂堂文先生實記」의 묵색   <圖 4> 「三憂堂文先生實記」의 종이
       "卷"에서 검출된 원소   섬유에서 검출된 원소

2.3.2.2 實物 墨塊

이처럼 판본에서 채취한 표본에서 아무것도 검출되지 않아서, 이번
에는 묵적이 아닌 실물 먹의 조각을 직접 분석하였다. 비록 오늘날 제
조한 먹이긴 하지만 확실히 송연(<圖 5>)과 유연(<圖 6>)으로 제조한
먹의 조각에서 각각 성분의 검출을 시도하였다.

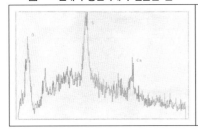

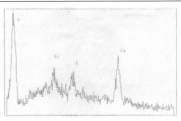

<圖 5> 현대의 송연묵에서 검출된 원소   <圖 6> 현대의 유연묵에서 검출된 원소

그 결과 송연묵에서는 산화물과 황(S, 원소기호 16)을, 유연묵에서는 산화물과 칼슘을 각각 검출할 수가 있었다. 기타 그래프 상의 칼슘·규소·황 등은 그래프 상에 나타난 상승점(peak)이 현저하지 않고 대칭도 아니어서 함유된 성분으로 간주할 수 없다.

2.3.2.3 彩色 標本

그을음으로 만든 먹 이외의 것으로 「諏吉便覽」에서 채취한 朱色 표본에서는 산화물·규소·황·수은(Hg, 원소기호 80) 등이 검출되었다 (<圖 7>). 기타의 염소(Cl, 원소기호 17)·칼륨(K, 원소기호 19)·칼슘 등은 함유된 성분으로 간주할 수 없다. 또한 「十竹齋書畵譜」에서 채취한 朱色 표본에서는 황과 수은 이외에 미량의 산화물·철(Fe, 원소기호 26)·비소(As, 원소기호 33) 등이 검출되었고(<圖 8>), 녹색 표본에서는 황과 비소가 검출되었다(<圖 9>)("<표 2> 彩色 표본에서 검출된 원소" 참조).

<圖 7> 「諏吉便覽」의 朱色 "匡郭"에서
검출된 원소

<圖 8> 「十竹齋書畫譜」의 朱色
"雜墨"에서 검출된 원소

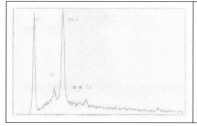
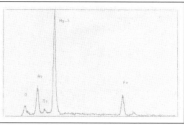

<圖 9> 「十竹齋書畫譜」의 녹색 표본에서 검출된 원소

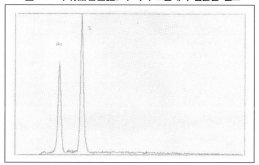

<표 2> 彩色 표본에서 검출된 원소

표본	검출된 원소
「諏吉便覽」의 朱色 "匡郭"	산화물·규소·황·수은
「十竹齋書畫譜」의 朱色 "雜墨"	산화물·황·수은·철·비소
「十竹齋書畫譜」의 녹색 표본	황·비소

화학원소 기호표에 보면 잘 나타나 있지만, 탄소는 검은색을 내기
위한 것이고, 산화물은 붉은색의 안료를 얻기 위한 것이며, 비소는 초
록색의 안료를 얻기 위하여 첨가한 기본적인 광물질이다. 이 밖에 수은
은 먹색의 농도를 짙게 하기 위한 것이고, 황은 색도를 조절하기 위하

여 첨가한 것이다. 이렇게 채색묵에 관한 분석 내용은 앞의 문헌 연구("2.2 墨汁의 調劑 方法 및 그 成分別 機能" 참조)에서 나타난 사실을 뒷받침해 주고 있음을 알 수 있다. 그러나 이는 어디까지나 순수하게 색깔을 내기 위하여 첨가한 것이지 인쇄 기술상의 문제와 관련하여 첨가한 것이 아님도 알 수 있다.

이상에서 볼 때 주사 전자현미경을 이용한 무기화학적 분석 방법은 묵적으로부터 아무런 원소도 검출하지 못하고 있다. 그뿐 아니라 탄소의 성분, 즉 탄소가 소나무를 태워서 얻은 송연인가? 기름을 태워서 얻은 유연인가? 유연이면 어떤 종류의 기름을 태워서 얻은 유연인가? 하는 점도 분석할 수가 없었다. 즉 묵즙 조제에 사용된 아교는 유기물이므로 탄소·水素·酸素·窒素 등의 원소가 포함되어 있을 것이 분명하며, 또 수많은 첨가제를 사용하였으므로 기타의 원소도 포함되어 있을 것으로 추정되지만 분석 기기의 성능상의 한계로 인하여 단지 탄소가 있다는 사실 밖에는 아무것도 분석해 낼 수가 없었다. 최근에는 성분 분석기가 베릴륨(Be, 원소기호 4)으로 구성된 Plate가 개발되어 붕소(B, 원소기호 5) 이상의 원소는 분석할 수 있다고는 하나, 현재 국내에서 이를 사용하고 있는 기관을 찾을 수 없는 관계로 탄소보다 낮은 원소의 어떤 성분이 존재하는가의 분석을 시도할 수 없는 형편이다. 또한, 탄소의 성분 분석은 미세 X-선 회절분석기(Micro X-Ray Diffraction)로 분석할 경우 가능할지 모른다.

이상의 무기화학적 분석 방법으로는 묵적에서 탄소 외에도 여러 원소가 포함되어 있을 것으로 충분히 예견됨에도 불구하고 아무 원소도 검출할 수가 없었다. 탄소의 성분도 역시 분석할 수가 없었다.[50]

결론적으로 묵즙에 관련된 문제는 아직은 고성능의 SAM이 개발되기를 기다려야 하고, 현실적으로 과학적 방법으로 분석하여 구명하기에는 어려움이 따른다. 따라서 오늘날 조제된 墨을 사용한 실험 분석은 가능하나, 고서 상의 묵적의 분석을 통한 묵즙 성분의 감별 등은 부득이 문헌적 고증과 축적된 경험에 의한 감각과 직관에 따라 문제를 해결할 수밖에 없는 지금의 실정이다.

3. 종이와 册紙

3.1 종이의 種類

3.1.1 다양한 基準에 의한 種類

종이의 종류는 어느 관점을 기준으로 하느냐에 따라 다양하게 구분할 수 있다.[51]

(1) 두께와 크기 및 섬유의 길이와 폭

종이의 두께와 크기 또는 섬유의 길이와 폭을 기준으로 하면 白紙·厚

---

50) 2019년 10월 17-18일, 청주고인쇄박물관이 주최한 "2019 청주 먹, 墨 국제학술대회"에서 김만호 님(한국과학기술원 연구원)이 발표한 "중성자산란을 이용한 먹에 사용된 그을음의 종류 구별 및 그 필요성에 대해"에 의하면, 먹의 성분을 분석하는 방법으로 중성자소각산란법을 이용하였다. 그 결과 그을음의 종류인 송연, 유연, 광물성 먹 등은 구별할 수 있었다고 하였다. 그러나 시료의 양과 묵즙에 첨가하는 기능성 성분 분석에 대하여 질문한 결과, 시료는 문자 1개 정도의 대량이 필요하며, 그을음 이외의 기타 성분 분석은 불가능하다. 이는 미세 X-선 회절분석법과 분석 방법은 같은 원리인데, 마이크로 또는 나노의 입자 크기에 따른 유불리의 차이는 있지만, 단백질 등 첨가물은 이미 오랜 세월이 지나면서 분해되어 원소 형태로 남아있을 것이므로 물질 분석은 불가능하고 원소 형태별 점유율까지는 분석이 가능하다고 하였다.

51) 李秉岐, "韓國書誌의 研究(下)", 「東方學志」, 第5輯(1961), 36-37. 저자가 판단하여 잘못 분류되었다고 생각되는 것은 재배열하였다. 또한 徐命膺의 「保晚齋叢書」·「大典會通」·「高麗史」 卷33 및 卷35 등에 나타나는 종이는 분류 기준에 따라 보충하였다.

白紙・壯紙・大好紙・小好紙・三疊紙52)・龍扇紙・竹淸紙・蟬翼紙53)・粉唐紙・白綿紙・雪花紙・原白紙・古綿紙・毛邊紙・竹皮紙 등으로 구분할 수 있다.

(2) 채색

채색을 기준으로 구분하면 黃染草注紙・鴉靑草注紙・玉色楮注紙・紅楮注紙・草綠楮注紙・靑楮注紙・黃楮注紙・翠紙・蠟紙・銀面紙・靑色紙・金粉紙 등이 있다.

(3) 도림질의 여부

도림질의 여부에 따라서는 搗練草紙・搗練楮注紙로 구분한다.

(4) 용도

용도에 따라서는 簡紙・周紙・半折紙・封套紙・塗褙紙・張板紙・塗擴紙・詩箋紙・封物紙・試紙・明紙・落幅紙・草紙・咨文紙・婚書紙・表紙・印紙・冊紙・樂幅紙・窓戶紙・畫本紙・扇子紙・褙接紙・佛經紙(藏經紙)・簡壯紙・注油紙・油芚紙・楮常紙・啓目紙・公事紙・官敎紙・表箋紙・宮箋紙 등으로 구분할 수 있다.

(5) 기타

이 밖에도 제지 기술이나 재료의 출처에 따라서 華紙54)・倭紙55)라

---

52) 오늘날에는 두세 장을 겹친 종이를 '二合紙, 三合紙'라고 칭한다.

53) 이는 반투명할 정도로 얇은 종이를 말하는데, '鶴雲紙'라는 별칭을 쓰는 장인(류은영 님)이 있다.

54) 『朝鮮王朝實錄』,「太宗實錄」, 卷24, 12(1412)年 壬辰 7月 壬辰. "賜申得財米及帛系(綿)布, 得財遼人也, 造華紙以進, 下鑄字所, 印十七史, 賜得財米五石・綿布三匹, 令紙工傳習."

는 것도 있다. 楮에 이끼(苔)를 섞어서 가공한 苔紙(일명 側理紙 또는 陟釐紙)도 있으며,[56] 한번 사용했던 휴지나 파지 조각 등으로 재생한 楮貨紙[57]·還紙[58]도 있다.[59] 별명으로 붙여진 이름으로는 중국에서 조선의 종이를 白硾紙·白面紙·鷄林紙·繭紙·蠻紙 등으로 일컬었으며, 또 金銀으로써 이른바 金生의 글씨란 것을 靑紙 또는 鴉靑紙라고 하였다.[60] 또 高麗紙 중에 繭紙·綿繭紙라고 불린 것이 있는데 이는 희고 견고한 데서 붙여진 이름이요,[61] 그 재료는 楮이지, 목화나 蠶絲(누에고치)인 것은 아니다.[62]

3.1.2 材料에 따른 種類

이 밖에도 종이에 관한 여러 명칭이 다양하게 나타나고 있다. 그러나 인쇄 적성과 관련하여서는 재료에 따라서 그 특성이 달리 나타나므

---

55) 『朝鮮王朝實錄』, 「世宗實錄」, 卷41, 10(1428)年戊申7月辛亥. "上謂代言等曰, 聞日本國有百篇尙書, 可令通信使購來, 且倭紙堅靭, 造作之法, 亦宜傳習."

56) 李圭景, 「五洲衍文長箋散稿」, 卷19, 紙品辨證說. "金思齋(安國)進苔紙於朝, 此思齋幷刃製, 以呈者也." 이어지는 주석은 다음과 같다. "成廟三十七年(실은 中宗 36年, 1541)辛丑, 兵曹判書金安國進苔紙五束曰, 臣見古書有水苔爲紙之語, 臣試造之, 其法以苔和楮, 苔少則加楮, 苔老則減楮." 혹자는 이 苔紙를 苔라는 재료로 만든 종이로 보고 있으나, 실은 楮紙에 苔를 섞어서 무늬를 낸 것으로 최초의 장식지로 볼 수 있다.

57) 1. 『朝鮮王朝實錄』, 「太宗實錄」, 卷30, 15(1415)年乙未7月庚申. "置造紙所, 戶曹請以前日議政府上納各道休紙, 造楮貨紙, 以減外方造紙之弊."
    2. 『朝鮮王朝實錄』, 「世宗實錄」, 卷29, 7(1425)年乙巳8月戊子.

58) 『朝鮮王朝實錄』, 「世宗實錄」, 卷29, 7年乙巳7月丙寅. 9月戊戌.; 卷50, 12(1430)年庚戌11月己酉.

59) 고문헌에 가혹 "破古紙"라는 명칭이 보인다. 이를 자칫 "헤진 옛 종이"로 풀이하기도 하는데, 이는 완전한 오해다. 破古紙는 종이의 한 종류가 아니고, 약재의 일종이다. 『朝鮮王朝實錄』, 「世宗實錄」, 卷149, 地理志, 忠淸道.; 『朝鮮王朝實錄』, 「世宗實錄」, 卷150, 地理志, 慶尙道.; 『朝鮮王朝實錄』, 「世宗實錄」, 卷151, 地理志, 全羅道.

60) 李秉岐(1961), 35-38.

61) (明)高濂, 「遵生八牋」, 卷15, 燕閒淸賞牋, 中, 論紙 "高麗有綿繭紙, 色白如綾, 堅靭如帛, 用以書寫, 發墨可愛."

62) 李圭景, 「五洲衍文長箋散稿」, 卷19, 紙品辨證說 "我東紙品, 古有繭紙, 名重天下矣. 自昔不用他料, 且取楮殼, 而以繭名紙者, 楮紙之堅厚潤滑如繭, 故稱之繭紙者也."

로 중요한 것은 재료에 따른 종류이다. 재료를 기준으로 한 종이는 「朝鮮王朝實錄」을 비롯한 여러 문헌에 나타나고 있다.

3.1.2.1 종이 材料의 種類

(1) (宋)蘇易簡의 「文房四譜」에는 중국의 경우에 대하여

> 蜀中多以麻爲紙, 油玉屑・屑骨之號, 江浙間多以嫩竹爲紙, 北土以桑皮爲紙, 剡溪以藤爲紙, 海人以苔爲紙, 浙人以麥麴・稻稈爲之者脆薄焉, 以麥膏(藁)・油藤紙爲之者尤佳.[63]

즉 "四川省에서는 대부분이 麻로 종이를 만들었으며, 江蘇省과 浙江省에서는 연한 대나무로 종이를 만들었고, 북방 지역에서는 뽕나무 껍질로 종이를 만들었고, 剡溪(現 浙江省 嵊縣)에서는 藤으로 종이를 만들었으며, 바닷가의 사람들은 이끼로 종이를 만들었다. 浙江人이 보릿짚과 볏짚으로 만든 것은 연하고 얇은데 밀짚과 油藤紙로 만든 것은 더욱 좋다."라고 설명하고 있다.

(2) 한국의 경우, 「朝鮮王朝實錄」 「世宗實錄」 卷25에 다음과 같은 기록이 있다.

> 紙造所進以竹葉・松葉・藁節・蒲節四色冊紙, 共四百六貼, 下鑄字所.[64]

즉 "造紙所에서 竹葉・松葉・藁節・蒲節 등 네 가지 冊紙 총 406첩

---

63) (宋)蘇易簡, 「文房四譜」, 卷4, 紙譜, 二之造, 蜀中多以麻爲紙.
64) 『朝鮮王朝實錄』, 「世宗實錄」, 卷25, 6(1426)年甲辰8月甲辰.

을 만들어 올리니 이를 鑄字所에 내렸다."라는 것이다.

(3) 「世宗實錄」 卷65에도 다음과 같은 기록이 있다.

命造印資治通鑑紙五萬卷于造紙所, ……藁節·麰麥節·竹皮·麻骨等
物, 因其易備, 每五分交楮一分造之. 非惟紙力稍强, 合於印冊, 用楮亦
不多矣.[65]

즉 "「資治通鑑」을 인쇄할 때 종이 5만 권을 만들도록 造紙所에 명하
였는데, ……이때의 배분은 藁節·麰麥節·竹皮·麻骨 등은 준비하기
쉬우므로 매 5분에 楮 1분을 섞어서 종이를 만들었다. 오직 종이의 힘
이 조금 강하지 못할 뿐, 서적 인쇄에는 적합하여 楮의 사용을 줄였
다."라고 하였다.

(4) 「端宗實錄」 卷11에도

議政府據戶曹呈啓, 我國産楮處小, 而京外所用紙, 皆收楮於民間, 弊甚
不貲. 今用草節木皮一斤, 和楮皮三兩爲紙, 亦可用. 請自今, 不得已用
楮紙外, 常時所用, 竝用雜草紙.[66]

즉 楮의 부족으로 인하여 草節·木皮 한 근을 楮皮 석 냥과 함께 사
용하여 만든 雜草紙로 보충한 奏書가 보인다.

(5) 成俔의 「慵齋叢話」에는 보다 포괄적인 기록이 보이는데, 다음과

---

65) 『朝鮮王朝實錄』, 「世宗實錄」, 卷65, 16(1436)年甲寅7月壬辰.

66) 『朝鮮王朝實錄』, 「端宗實錄」, 卷11, 2(1454)年甲戌6月壬寅. 雜草紙에 관한 기록은 『朝鮮王朝實錄』,
「世宗實錄」, 卷13, 4(1458)年戊寅7月戊申에도 언급되어 있다.

같이 설명하고 있다.

世宗設造紙署, 監造表箋・咨文紙, 又造印書諸色紙, 其品不一. 有藁精
紙・柳葉紙・柳木紙・薏苡紙・麻骨紙・純倭紙, 皆極其精, 所印書籍亦
好. 今則只有藁精・柳木兩紙而已. 咨文・表箋之紙, 亦不類昔之精也.[67]

즉 "世宗께서 造紙署를 설치하여[68] 表箋紙와 咨文紙 만드는 것을
감독하게 하고, 또 서적을 인쇄할 여러 색지를 만들게 하니 그 품질이
한결같지 않았다. 藁精紙・柳葉紙・柳木紙・薏苡紙・麻骨紙・純倭紙
등이 있는데 모두 그 정교함이 극에 달했고 인쇄한 서적도 역시 좋았
다. 지금(成宗 年間)은 다만 藁精紙・柳木紙 두 가지는 품질이 우수하
고 咨文紙・表箋紙는 정교하지 않았다."라고 되어있다.

이상의 문헌에 나타난 것 이외에도 桑紙・松皮紙・馬糞紙 등이 있
으며,[69] 藤・蘆葦・稻麥・檀皮・木槿・木棉・蠶絲(누에고치) 등을 사
용한 종이도 있었다.[70]

이상의 종이 재료를 종합하면 다음과 같다.

(1) 靭皮 植物: 大麻・黃麻・亞麻・苧麻 등 일년생 草本 植物.

(2) 樹皮 植物: 楮皮(=穀・構)・桑皮・柳皮・柳葉・松皮・松葉・檀
　　皮・純倭・藤 등 다년생 木本 植物.

(3) 禾本科 植物: 竹・蒲節・藺草(다년생)와 藁節・麩麥節・稻節・薏
　　苡・蘆葦(일년생) 등 單葉 莖稈 植物.

---

67) 成俔, 「慵齋叢話」, 卷10, 造紙署.
68) 실은 太宗 15년에 造紙所를 설치하였고, 世祖 때에 造紙署로 개칭하였다. 신라와 고려시대에는 국
　　영 造紙 기관으로 "紙所"를 두었었다.
69) 李秉岐(1961), 37.
70) 錢存訓, "中國古代的造紙原料", 「中國書籍・紙墨及印刷史論文集」 (香港: 中文大學出版社, 1992),
　　57, 64-65.

(4) 種子 植物: 木棉花·木槿 등.

(5) 기타: 蠶絲(누에고치) 등이 있다.

3.1.2.2 종이 材料別 名稱

종이의 재료에 의한 명칭으로 구분하면 다음과 같다.

(1) 麻紙

각종 麻類의 껍질을 벗긴 삼대(麻骨) 또는 麻皮를 사용하여 만든 종이.

(2) 皮紙

楮紙·桑紙·柳皮紙·柳葉紙·松皮紙·松葉紙·檀皮紙·純倭紙·藤紙 등 각각 해당하는 식물의 껍질을 사용하여 만든 종이. 껍질은 주로 속껍질을 사용하고, 간혹 잎을 사용하기도 한다.

(3) 竹紙

대나무의 부드러운 속살(竹肉)을 사용하여 만든 종이.

(4) 藁精紙

부들·귀리·보리·밀·벼·율무·갈대 등의 莖稈을 사용하여 만든 종이. 일명 北紙·黃紙·北黃紙. 이는 섬유와 導管이 결합하여 이루어진 束狀 조직인 維管束을 분리하기가 어려워서 일반적으로 그 경간 전부를 사용한다.[71]

---

71) 潘吉星,「中國造紙技術史稿」(北京: 文物出版社, 1979), 8.

(5) 棉紙

목화의 나무줄기를 사용하여 만든 종이.

(6) 雜草紙

대체로 저지에 대하여 붙은 이름으로, 草節·木皮 등을 섞어서 만든 종이의 총칭 등이 있다.

3.2 製紙 節次와 化學 作用

3.2.1 製紙 節次

앞에서 서술한 이러한 재료는 어떠한 과정을 거쳐서 종이로 제조되었을까? 그 구체적인 製紙 節次와 그 기술은 어떠하였는가? 하는 의문이 생긴다. 이에 대해서는 15세기 한국과 중국의 종이 제조 기술을 비교 연구한 성과도 있지만,[72] 그 제지 과정에 축적된 선조의 기술을 다시금 종합해서 살펴보고자 한다.

종이의 제조 방법에 관하여는 (明)宋應星의 「天工開物」,[73] (宋)蘇易簡의 「文房四譜」,[74] 李圭景의 「五洲衍文長箋散稿」,[75] 朴世堂의 「穡經」,[76] 「朝鮮王朝實錄」[77] 등 여러 문헌에 수록되어 있다.

---

72) 柳鐸一(1990), 23-41.

73) (明)宋應星, 「天工開物」, 卷13, 殺靑.

74) (宋)蘇易簡, 「文房四譜」, 卷4, 紙譜.

75) 李圭景, 「五洲衍文長箋散稿」, 卷19, 紙品辨證說.

76) 朴世堂, 「穡經」, 北紙製造法.

77) 『朝鮮王朝實錄』, 「成宗實錄」, 卷51, 6(1477)年乙未正月己巳.

3.2.1.1 楮紙의 製造 過程

종이의 제조 과정은 재료에 따라서 약간의 차이는 있으나, 기본 원리는 대동소이하다. 현재 전래되고 있는 대표적인 재료인 닥나무(楮)를 사용한 手漉紙의 제조 기술을 위주로 하고, 문헌상의 여러 기록에 나타난 전통적인 수록지의 제조 방법에 근거하여 저지의 제조 절차를 정리하면 다음과 같다.

(1) 立地의 選定
종이를 제조할 장소는 계곡의 맑은 물이 흐르고, 제지 재료를 주변에서 손쉽게 재배할 수 있는 곳이 좋다.

(2) 材料의 採取
닥나무를 늦가을에 뿌리 윗부분을 조금 남겨두고 잘라서 채취한다.

(3) 黑皮의 抽出
채취한 닥나무를 가마솥에 넣고 찐 후, 껍질을 벗겨 건조시킨다. 이렇게 하여 얻은 껍질(겉껍질과 속껍질)을 흑피라고 한다.

(4) 黑皮의 處理
흑피를 흐르는 물이나 통속의 물에 1주야를 담가 불려서 연하게 한다.

(5) 白皮의 抽出
불린 흑피에서 겉껍질을 손으로 떼어 내거나 칼로 긁어내어 제거한다. 겉껍질을 벗겨낸 속껍질을 백피라고 한다. 이것이 협의의 종이 재료이다.

(6) 白皮의 處理
필요한 양만큼의 백피를 물에 담가서 완전히 부풀게 한다.

(7) 煮熟 處理
백피 10관에 물 7斗・석회와 나무를 태운 잿물 약 1斗의 비율로 잘 섞어서 가마솥에 약 3~4시간 동안 삶는다.

(8) 洗滌 處理
다 삶은 백피를 광주리나 자루에 담아서 흐르는 물에 1주야를 담가 씻어서 회분과 불순물을 제거한 후 수분을 여과하여, 식물의 세포막 부분을 구성하는 셀룰로스(다당류=반섬유소)를 분리해낸 식물성 섬유세포의 집합체인 펄프가 되도록 한다.

(9) 漂白 處理
이렇게 가공된 백피(펄프)를 햇볕에 바래지게 하여서 표백시키는데, 겨울에는 2일, 여름에는 하루 정도 가공한다. 이때 먼지나 섬유소의 마디 등이 섞이지 않도록 보이는 대로 제거한다. 표백 처리는 백피 추출 후, 煮熟 처리 전에 하기도 한다.

(10) 叩解 處理
표백된 백피(펄프)를 물에 불려서 石磬이나 木磬 위에 올려놓고 섬

유질이 충분히 풀어지도록 방망이로 두드려 곱게 빻는다.[78]

(11) 紙漿의 調劑

漉槽에 물을 부어 넣고 叩解된 백피(펄프)와 점착제를 섞어서 잘 휘저어 액상의 紙漿을 만든다. 粘着劑는 黃蜀葵(일명 秋葵, 닥풀)의 뿌리[79]·楡皮·黃香樹皮·楊桃藤·木槿 등을 사용하여 제조한다.[80]

(12) 濕紙膜 뜨기

액상의 紙漿에서 대나무를 섬세한 살로 깎아서 촘촘히 짠 뜸틀 발(종이 발)을 사용하여 섬유소를 한 겹씩 떠서 수분을 여과시키고 紙床에 차례로 포개었다. 이 한 장 한 장이 곧 습지막이다. 이때 차후의 건조 처리 단계에서 한 장씩 떼어내기 편하도록 습지막 사이에 미리 실 등을 끼워둔다.

(13) 水分의 除去

紙床에 두툼하게 포개져 있는 습지막 뭉치 위에 무거운 돌을 얹거나 기계로 압착하여 수분을 제거한다. 이 작업은 대체로 1일 단위로 이루어진다.

---

78) 이는 완전한 물리적인 공정이다. 따라서 오늘날에는 이 노동의 수고를 덜기 위하여 고추 방아(한국)·물레방아(중국)·맷돌(중국·일본)을 응용한 기계의 힘을 빌리기도 한다.

79) 뿌리를 깨끗이 씻어서 조각으로 자른 다음 반드시 찬물에 담가서 하룻밤을 지낸다. 뿌리를 찬물 속에서 손으로 으깨듯이 粘液質을 짜내면 소의 침과 같이 끈끈한 액체가 나온다. 이를 고운 헝겊으로 불순물을 걸러내고 紙漿에 풀어 넣어 희석한다.

80) 1. 李圭景, 「五洲衍文長箋散稿」, 卷19, 紙品辨證說.
    2. Tsien, Tsuen-Hsuin(1986), 74.

(14) 乾燥 處理

수분이 어느 정도 제거된 濕紙膜이라 할지라도 물리적 강도는 대단히 약하므로 한 장씩 떼어내어 건조판[81])에 붙여서 수분을 완전히 건조하면 곧 종이가 완성된다.

<사진 1> 철판 녹의 반점

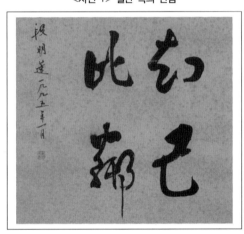

(15) 表面의 加工

완성된 종이는 붓으로 글을 쓸 때 묵즙이 번지는 현상을 방지하기 위하여 매끈한 돌로 표면을 문질러 주거나(搗紙法), 澱粉 등의 점착 성분을 뿌린다.

이는 한국에서 가장 많이 사용해온 저지의 제조 과정이다.

---

81) 전통적으로는 석회 벽을 사용하였다. 오늘날에는 거의가 금속판을 사용한다. 그런데 철판을 사용한 경우는 눈에 보이지 않던 녹 성분이 시간이 지나면서 붉은 반점으로 나타난다(<사진 1> 참조). 따라서 금속판을 사용할 경우는 녹슬지 않는 스텐강판을 사용하여야 한다.

3.2.1.2 藁精紙의 製造 過程

저지 다음으로 많이 사용된 고정지의 제조 과정은 약간의 차이가 있었다. 앞에서 서술한 저지의 제조 방법과의 차이점은 다음과 같다.

저지 제조 과정 (2)에서 서술한 것과 같이 재료의 채취 후, 곧바로 煮熟 처리로 이어진 점이 다르다.

저지 제조 과정 (7) 煮熟 처리에서는 귀리나 보릿대를 가마솥에 넣고 체로 걸러낸 재를 함께 넣은 뒤, 잿물을 가득히 붓고 두 밤과 한 낮을 끓였다.

저지 제조 과정 (8) 洗滌 처리에서 재료가 완전히 물러지면 이를 광주리에 담아서 흐르는 물에서 잿물을 씻어냈다. 이 과정이 끝나면 역시 펄프가 되었다.

저지 제조 과정 (10) 叩解 처리에서도 수분이 거의 빠지면 3~4일 동안 절구질을 하여 가루처럼 만들었다.

저지 제조 과정 (11) 紙漿의 조제에서도 漉槽에 叩解된 재료 가루와 함께 고해된 백피(楮) 또는 占紙 푼 것을 섞어서 지장을 만들었다.

기타의 과정은 저지를 제조할 때와 같았다.

3.2.1.3 麻紙의 製造 過程

麻를 사용하여 제조할 경우 또한 저지와 약간의 차이가 있다.

저지 제조 과정 (2) 材料 採取의 경우, 베를 짜기 위하여 생마의 껍질을 사용하고 남은 속대(骨)를 가늘게 자른 다음 곧바로 煮熟 과정으로 이어졌다.

저지 제조 과정 (7) 煮熟 처리에서는 채취한 麻의 속대를 가마솥의 물에 담그고 석회를 넣어서 충분히 삶았다.

저지 제조 과정 (8) 洗滌 처리에서는 충분히 삶은 재료를 광주리나 자루에 담아서 흐르는 물에서 석회를 맑게 씻어냈다. 이 과정이 끝나면 麻 펄프가 되었다.

저지 제조 과정 (10) 叩解 처리에서 수분이 다 빠지면 이것을 맷돌을 이용하여 가루로 갈았다.

기타의 과정은 저지나 고정지를 제조하는 과정과 같았다. 기타의 재료를 사용하여 제조할 때에도 이 과정에서 약간의 차이가 있을 뿐 대체로의 과정은 대동소이하였다.

3.2.2 化學 作用

3.2.2.1 纖維의 길이와 幅

이상의 종이 제조 과정에서 행했던 전통적인 여러 기술의 화학 작용을 일별하면[82] 다음과 같다.

상술한 저지·고정지·마지의 제지 절차 중, 제조 과정 (2) 材料의 採取에서 선조들이 종이를 만들기 위하여 활용한 여러 재료 중 麻는 西漢시대(BC. 206~AD. 8)부터 쓰였고, 楮皮는 東漢시대(25~220)부터였고, 藤은 晋代(265~420)부터였고, 竹은 唐代(618~906)부터였고, 藁精은 대체로 宋代(960~1280)부터 차례로 사용되었다. 그중 가장 이상적인 종이의 재료는 麻와 棉花이고, 가장 많이 사용한 것은 楮와 竹이다.[83] 기타의 재료는 楮의 부족을 보충하기 위하여 응용된 보조 재

---

82) 潘吉星(1979), 8-16.

83) 錢存訓, "中國古代的造紙原料"(1992), 57.

료라 할 수 있다.

종이를 제조하기 위한 재료는 李圭景이 "艸木 중에 껍질이 두껍고 연한 것은 모두 종이를 만들 수 있다."[84]라고 하였듯이, 섬유세포 조직의 길이가 긴 섬유소로 구성되어 있고 또 섬유소 사이에 점액 성분을 적게 함유한 식물이면 모두 종이를 만들 수 있었다. 그러나 경제성과 과학 기술적 효과를 고려하여 재료의 선별이 필요하였으며, 그에 따라 발전의 지속도 연관되었다.

제지를 위한 섬유는 식물학에서 말하는 섬유와는 달리 식물 중에 가늘고 긴 세포에 속하였으며, 섬유 재료의 질량 상으로 보면 제지를 위하여는 긴 섬유가 짧은 것보다 좋고, 가는 섬유가 굵은 섬유보다 효과적이었다. 즉 단위 섬유의 평균치가 길고 가늘수록 좋은 종이 재료가 되었다. 고해 과정에서 섬유가 짧게 잘리고 가늘게 갈라지지만, 원래 긴 섬유는 잘린 후에도 여전히 일정한 길이를 가지고 있고 가는 섬유는 섬유의 양 끝이 빗자루처럼 풀어 헤쳐진다. 따라서 종이가 될 때 결합 표면이 커서 엉기는 효과가 좋으므로 조직을 긴밀하게 하고 종이 섬유 간의 응집력을 강하게 해 주었다. 짧은 섬유도 역시 풀어 헤쳐지기는 하나 섬유가 짧아서 종이의 응집력이 약하였다. 그 양상은 다음의 <표 3>과 같이 중국의 것에서도 볼 수 있다.

---

84) 李圭景, 「五洲衍文長箋散稿」, 卷19, 紙品辨證說. "凡艸木之皮, 厚且軟者, 皆造紙."

길이·폭\\재료	길이(長) (㎝)			폭(寬) (㎝)			평균長寬\\비율(倍)
	최대	최소	대부분	최대	최소	대부분	
大 麻	29.00	12.40	15.00-25.50	0.032	0.007	0.015-0.025	1000
苧 麻	231.00	36.50	120.00-180.30	0.076	0.009	0.024-0.047	3000
楮 皮	14.00	0.57	6.00-9.00	0.032	0.018	0.024-0.028	290
桑 皮	45.20	6.50	14.00-20.00	0.038	0.005	0.019-0.025	463
靑檀皮	18.00	0.72	9.00-14.00	0.034	0.007	0.019-0.023	276
稻 節	2.66	0.28	1.14-1.52	0.028	0.003	0.006-0.009	114
麥 稈	3.27	0.47	1.30-1.71	0.044	0.004	0.017-0.019	102

위의 <표 3>에서 섬유의 길이와 폭의 비율을 보아도 역시 麻類가 가장 우수한 제지 재료였고, 다음이 樹皮類·竹類·草類 순이었음을 알 수 있다.

3.2.2.2 材料의 化學 成分

제조 과정 (7) 煮熟 처리에서는 채취한 재료를 煮熟하는 과정에서 석회와 재 또는 석회수와 잿물을 넣고 끓였다. 좋은 종이를 생산하기 위하여는 순수한 섬유소를 얻어야 했지만, 그러나 실제로 제지 재료가 되는 식물 섬유에는 섬유소 외에도 기타 화학 성분이 들어있다. 종이 재료를 화학적으로 분석해 보면 주요 성분은 다음의 <표 4>에서 볼 수 있듯이 섬유소 외에 灰分·多糖類(반섬유소·色素)·蛋白質·果膠質·木素 등이 들어있다.

---

85) 張永惠·李鳴皐 共著, "中國造紙原料纖維的觀察",「造紙技術」 1957年 第12期(1957. 12), 9.

<표 4> 中國 고대 상용 제지 재료의 화학 성분표[86]

재료 \ 성분	水分	灰分	抽出物				多糖類	蛋白質	果膠質	木素	纖維素
			찬물	더운물	에테르	1% NaOH					
大麻	9.25	2.85	6.45	10.50	-	30.76	-	-	2.06	4.03	69.51
苧麻	6.60	2.93	4.08	6.29	-	16.81	-	-	3.46	1.81	82.81
楮皮	11.25	2.70	5.85	18.92	2.31	44.61	9.46	6.04	9.46	14.32	39.08
桑皮	-	4.40	-	2.39	3.37	35.47	10.42	6.13	8.84	8.74	54.81
靑檀皮	11.86	4.79	6.45	20.18	4.75	32.45	8.14	4.23	5.60	10.31	40.02
稻節	9.87	15.50	6.85	28.50	0.65	47.70	18.06	6.04	0.21	14.05	36.20
麥稈	10.65	6.04	5.36	23.15	0.51	44.56	25.56	2.30	0.30	22.34	40.40

<표 4>에서 보면 섬유소는 많을수록 좋은 재료이고 기타 성분은 적을수록 좋다. 화학 성분으로 봐도 마·수피·죽·고정 순으로 좋음을 알 수 있다. 또한, 섬유의 화학 성분상의 우열 순서가 섬유의 물리적 길이와 폭의 통계 수치와도 완전히 일치함을 알 수 있다. 이 중 果膠는 대부분이 乳糖尾酸으로서, 이는 섬유를 굵고 딱딱하게 변하게 하는 성질이 있어서 섬유세포를 묶어서 풀어 헤어지지 못하게 한다. 그 반면에 알칼리 용액을 많이 소모하긴 하나 알칼리에 잘 분해되는 성질을 가지고 있다. 목소는 종이에 가장 해로운 이물질이다. 수피나 경간섬유류, 특히 죽류에 다량 함유된 목소는 종이의 강도를 크게 떨어뜨리고, 쉽게 산화하여 색소를 만들며, 종이를 변색시켜 희고 깨끗하지 못하게 한다. 목소를 다 제거하지 못하면 종이가 쉽게 노화하고 변색하며 쉽게 부서진다. 이것은 알칼리 용액으로 煮熟 처리함으로써 可溶性 알칼리 목소로 생성시켜 제거할 수 있다. 다당류(반섬유소)는 서로 다른 單糖 원소로 구성된 다당의 복합물이다. 이는 종이의 물리적 강도를 저하시키는

---

86) 孫寶明·李鍾凱 共著, 「中國造紙植物原料志」 (北京: 輕工業出版社, 1959).

역할을 한다.

고대에 煮熟 처리를 위하여 볏짚이나 나무의 재 또는 石灰水를 사용한 일이 있었다. 볏짚의 재는 알칼리를 함유하고 있어서 더운물에 풀어서 알칼리 용액을 얻을 수 있다. 볏짚의 잿물을 분석하여 보면 총 알칼리, 즉 산화칼륨(K_2O)의 양이 59.7 g／ℓ, 수산화칼륨(KOH)이 36.6g／ℓ, 탄산칼륨(K_2CO_3)이 42.5g／ℓ 정도 들어있다.[87] 석회수는 석회석(靑石)을 불에 구운 후 적당량의 맑은 물을 부어서 소화하여 얻는데, 수산화칼슘($Ca(OH)_2$)을 함유하고 있다.[88] 만약 볏짚의 잿물과 석회수를 미리 섞으면 더 많은 알칼리 용액을 얻을 수 있다. 즉, K_2CO_3 + $Ca(OH)_2$ = 2KOH + $CaCO_3$ 로 되기 때문이다. 즉 전통적으로 잿물과 석회수를 섞어서 사용한 지혜의 우수성이 다시금 입증되는 셈이다. 이처럼 전통 제지술에서 줄곧 알칼리 용액을 화학 제재로 하여 식물 재료를 화학 처리하였다. 이는 재료 중의 다당류(반섬유소·색소)·과교질·목소를 분해할 뿐만 아니라, 천연 색소를 파괴하며 단백질·油脂·타닌(tannin)·전분 등을 용해하여 순수한 섬유소를 얻고자 한 것이었다. 더 나아가 잿물과 석회수에서 얻은 알칼리 용액은 오늘날의 양잿물 즉 수산화나트륨(NaOH)처럼 독하지 않기 때문에 자숙할 때 섬유소가 많이 파괴되지 않는다. 알칼리 처리 후의 이물질은 흑갈색의 삶은 물에 남으므로 자숙 후에 재료를 반복하여 세척하면 하얗고 순수한 섬유소를 얻을 수 있다. 이것이 종이 생산 과정 중에서 가장 중요한 관건이었다.

제조 과정 (8) 洗滌 처리에서는 전통적인 방법에서 자숙 처리된 재료를 맑은 물에서 세척하였다. 이는 자숙 과정에서 섬유소를 부드럽게

---

87) 河北輕工業學院化工系製漿造紙敎硏室編,「製漿造紙工藝學(上冊)」(北京: 輕工業出版社, 1961), 255.
88) 潘吉星(1979), 14.

가공하고, 이물질을 제거하긴 하였으나, 섬유소 사이에 남아있는 잿물·
석회 등을 포함한 잔여 이물질을 완전히 제거하는 과정이었다. 제지나
방직을 막론하고 반드시 섬유 재료에서 脫膠 처리를 해야 하는데, 탈
교의 가장 손쉬운 방법이 세척이다. 세척 과정에서 과교질 뿐만 아니라
반섬유소·색소·단백질·타닌 등 이물질도 함께 제거된다. 그래야만
알칼리 용액으로 자숙한 효과도 높일 수 있고 종이의 질량을 개선할
수 있다.

3.2.2.3 叩解 處理

제조 과정 (10) 叩解 처리는 자숙 처리한 후의 섬유 재료에는 아직
분산되지 않은 섬유 다발이 많이 있으며 분산된 섬유라도 아직 딱딱한
겉껍질이 남아있어서, 섬유소 중의 水酸基(OH)가 그 안에 묶여있어서
충분히 노출되지 못한다. 그 상태에서 종이를 떠내면 섬유의 엉킴이 성
기고 틈이 많아지며 표면이 거칠어져서 종이의 강도를 저하시킨다. 따
라서 종이의 강도를 높이고 섬유의 유연성과 可塑性(plasticity)을 높이
기 위하여, 긴 섬유소는 적당한 길이로 짧게 자르고 뭉쳐진 섬유는 단섬
유로 가늘게 解離하여 섬유의 결합 표면에 많은 極性의 수산기가 노출
되도록 할 필요가 있다. 이를 위하여 고해 처리하는 것이며, 그렇게 해
야만 완성된 종이의 표면에 많은 융모가 생기고 섬유 간에 水和 작용을
일으켜서 유연한 섬유로 고르고 섬세하며 견밀한 종이를 얻을 수 있었다.[89]

---

89) 古紙에 간혹 식물 섬유가 풀어지지 않은 채로 굵직한 섬유질이 그대로 있음을 볼 수 있다. 이는
고해 과정이 완전하지 못한 결과로 나타나는 현상이다. 中國에서는 고해 처리를 전통적 방법인 방
망이로 하다가, 근래부터는 맷돌이나 물레방아를 이용하고 있다. 오늘날 전동식 기계로 재료를 갈
아서 고해하면 섬유가 섬세하고 고르게 퍼져있는 얇고 가벼운 종이가 된다. 그 반면에 섬유의 길
이가 짧아져서 강도는 낮아진다.

3.2.2.4 表面의 加工

제조 과정 (15) 표면의 가공이란 완성된 종이를 그냥 사용하지 않고 표면을 가공하여 사용한 것이다.

전통적으로 사용한 표면의 가공 방법은 ① 반들반들한 돌로 종이 표면을 문질러서 매끈하게 윤을 내다가, ② 그 후에 점착 성분을 종이에 뿌렸다. 종이에 점착 성분을 뿌리는 방법은 다시 ㉠ 표면의 처리와 ㉡ 내부의 처리로 구분할 수 있다. ㉠ 표면의 처리는 晉・南北朝시대부터 隋・唐代까지는 전분 점착제를 사용하다가 宋代 이후에는 膠礬을 사용하였다. 즉 전분제인 광물의 분말이나 점착제를 붓으로 종이 표면에 고르게 칠하고 문질러서 광을 내는 것이었다. 일반적으로 고령토(산화 알루미늄 = Al_2O_3 ・산화규소 = $2SiO_2$ ・물 = $2H_2O$)・활석분(탈크 = $H_2Mg_2(SiO_3)_4$)・소석회($CaSO_4$) 및 백악(탄산칼슘 = $CaCO_3$) 등의 분말을 사용하였다. 종이의 발명 이전에도 甘肅省 武威縣에서 출토된 漢代의 簡牘에 점착제로 표면 처리한 것이 있으며[90] 근년에 新疆에서 출토된 AD 3~6세기(晉・南北朝시대)의 고문서 또는 필사본 종이에도 표면 처리한 예를 발견할 수 있다.[91] ㉡ 내부의 처리는 지장을 조제할 때 동물성 또는 식물성 점착제와 점액의 침전제인 明礬을 풀어 넣고 아울러 전분 수용액을 직접 풀어 넣었다. 종이를 미시적으로 자세히 살펴보면 크기와 형상이 불규칙한 섬유로 구성된 모세관 체계라고 할 수 있다. 이 종이 섬유의 사이사이에는 무수한 구멍이 있다. 이를 가공 처리하지 않으면 모세관 현상에 의하여 묵즙이 번지는 현상을 면하기 어렵다. 따라서 붓으로 문자를 기록할 때의 서사 효과와 인출할

---

90) 甘肅省博物館和考古研究所編, 「武威漢簡」(北京: 文物出版社, 1954), 57.

91) 潘吉星(1979), 16.

때의 인쇄 적성을 개선하기 위하여 표면을 가공하였다. 그 첫 단계인 ① 돌로 문지르는 방법은 종이의 섬유와 모세관 간의 틈을 부분적으로 밀착시키거나 채워서 막아주었다. 그러나 이 방법만으로는 효과가 충분하지 못하여 ② 점액 성분을 뿌리는 방법을 택하였다. 그중 ㉠ 표면 처리의 방법은 종이 표면에 얇은 막이 형성되어 붓놀림이 자유스러우며 액체 투과에 대한 저항력을 증가시켜서 서사 또는 인출 효과를 높인다. 그러나 이 방법에도 결점이 있었다. 즉, 시간이 오래 경과한 후에는 종이 표면의 粘液膜이 한 조각씩 떨어져서 字跡을 손상시킨다는 점이다. 따라서 다시 이의 결점을 보완하기 위하여 ㉡ 내부 처리의 방법을 고안하였다. 이 방법은 종이를 떠낼 때 점액 분자와 전분 입자가 섬유 사이에 침전하여 들어가므로 종이의 不透水性이 높아진다. 즉 묵즙을 잘 받으면서도 지나치게 침투하지 않도록 하는 것이다. 점착제와 전분 수용액의 또 다른 효과는 지장에서 섬유의 懸浮性을 높여서 섬유를 균일하게 분산시켜서 섬유 배열을 고르게 하고, 뜸발로 떠낸 각각의 종이를 두께가 균일하게 하며 지장으로 하여금 매끈하게 잘 접착하도록 하여 섬유 간의 결합력을 증가시켜 주는 점이다. 다시 말하면 종이의 흡수성을 낮추고 平滑度·白度·均一度·不透明度를 높여서 서사 효과와 인쇄 적성이 개선된 종이를 생산한 것이다. 이렇게 내부의 처리를 거친 종이를 熟紙라고 하고, 이에 반하여 거치지 않은 종이를 生紙라고 한다.

오늘날의 제지 기술에서도 펄프에 각종 充塡劑·사이즈(size)제·염료·안료 등을 혼합하여 지장을 만든다. 충전제로는 백토·탄산칼슘·활석·황산바륨 등의 미세한 분말을 이용하는데, 이는 종이의 인쇄 적성·불투명도·백색도의 향상을 위한 것이다. 사이즈제는 로진 사이즈·말레인화 로진 사이즈·규산소다 사이즈·전분 사이즈 등이 쓰이는데, 종이에 수분이나 묵즙의 침투를 막기 위한 것이다. 근래에는 물에 약한 점을 보완하고 섬유소의 결합을 강화하기 위하여 합성수지 계통의 약품을 내부 처리한다. 전통적인 방법을 오늘날의 제지 기술에 비교하여 보아도 기본 원리와 기술은 크게 차이 나지 않았다.

3.3 册紙의 두께와 物理的 特性

과학적인 제조 과정을 거쳐서 생산된 종이는 재료의 차이에 따라 특징이 달리 나타난다. 그렇다면 과학적으로 실험 분석한 특징과 현실 생활에서 사용할 때의 감각으로 파악된 종이의 특징은 어떻게 나타나고 있는가? 여러 종류의 종이 중에서 서적 인쇄에 많이 사용된 책지를 중심으로 문헌 기록과 실험을 통하여 그 특성을 살펴보고자 한다.

한국에 제지술이 중국으로부터 AD 2세기경에 전래된 이후,[92] 고려시대 중엽까지는 주로 楮를 이용하여 종이를 제조하였다.[93] 조선시대 초기에는 官用 楮田을 두고[94] 成籍까지 하여 그 대장을 工曹와 해당 道 및 고을에 비치하여 둘만큼 楮의 재배를 권장하였다.[95] 그뿐만 아니라 제조할 때 楮 이외의 다양한 식물 원료를 楮와 5대1의 비율로 혼합하여 사용하도록 하였다.[96] 이와 같은 상황으로 미루어

---

92) 錢存訓, "中國對造紙術及印刷術的貢獻", 「中國書籍·紙墨及印刷史論文集」 (香港: 中文大學出版社, 1992), 195.

93) 李圭景, 「五洲衍文長箋散稿」, 卷19, 紙品辨證說. "自昔不用他料, 但取楮殼而以繭名紙者."

94) 「朝鮮王朝實錄」, 「太宗實錄」, 卷28, 15年乙未6月庚寅. "中軍摠制李澄等陳言, 楮貨造作之楮, 民間收合, 其獘(弊)不少. 願以楮貨ratea交易, 以除民弊, 右條以官種楮田所出造作."

95) 朝鮮總督府 中樞院 調査課編, 「大典會通」, 卷之6, 工典, 栽植.

96) 1. 「朝鮮王朝實錄」, 「世宗實錄」, 卷65, 16年甲寅7月壬辰.
   2. 「朝鮮王朝實錄」, 「端宗實錄」, 卷11, 2年甲戌6月壬寅.

12세기 말경부터는 종이의 수요량이 증가하여 楮가 부족하기 시작하다가, 조선시대 초기에 이르러서는 정부가 주도하는 서적 편찬 사업이 활발해지자 楮의 부족 현상은 더욱 심각하게 되었다. 그 결과 表箋紙·咨文紙·進上紙 등은 여전히 인피 재료를 사용한 고급지를 사용한 데에 비 하여, 책지는 저지만으로는 수요에 충분한 양을 공급할 수 없고, 또 책지는 저급지를 사용하여도 무방하므로 책지를 제조하기 위한 재료가 다양해졌다. 楮의 부족을 보충하려는 방안으로 뽕나무 재배를 권장하여 桑田을 成籍하였고,[97] 남부 지방에서는 주로 볏짚으로, 북부 지방에서는 밀과 귀리 등을 제지 재료로 사용하였다.[98] 이처럼 책지로 많이 사용된 종이는 저지를 비롯하여 고정지와 상지가 대부분이며, 기타로는 죽지·마지·藤紙 등이 사용되었다. 저지가 가장 많이 사용된 이유는 재료가 되는 껍질을 剝離하기 쉽고 색상이 희고 아름다우며 질도 우수할 뿐만 아니라 손으로도 쉽게 처리할 수 있기 때문이었다. 고정지는 簡紙로도 많이 사용되었는데 이는 재료를 손쉽게 구할 수 있었기 때문이었다. 상지는 누에를 치기 위하여 이미 전국 각지에서 뽕나무를 재배하고 있어서 재료를 구하기 쉬웠고 섬유의 질도 우수하기 때문이었다.

이러한 책지의 인쇄 적성과 관련하여 중요한 것은 두께와 견인도이며, 기타 물리적 특징은 서적 열람과도 관련이 있다.

---

97) 朝鮮總督府 中樞院 調査課編, 「大典會通」, 卷之2, 戶典, 蠶室.
98) 李圭景, 「五洲衍文長箋散稿」, 卷18, 紙品辨證說.

3.3.1 册紙의 두께

실험을 통하여 체득한 경험에 의하면, 종이를 제조할 때 두께를 좌우하는 요소로 지장의 농도·뜸발의 굵기·물질의 속도와 회수 등이 관계가 있다.

(1) 紙漿의 농도

지장을 조제할 때 그 안에 재료가 되는 섬유소를 얼마나 많이 풀어넣느냐에 따라 그로부터 떠낸 종이의 두께가 달라진다. 섬유소를 많이풀어 넣어서 지장의 농도가 진할수록 종이는 두꺼워진다. 또한, 재료를고해 처리하였느냐도 종이의 두께에 다소 영향을 준다. 섬유소를 곱게고해 처리할수록 종이가 얇아진다.

(2) 뜸발의 굵기

뜸발과 종이의 두께와는 밀접한 관계가 있다. 한국의 경우 종이의크기가 되는 뜸발의 크기는 대체로 廣(幅) 55cm × 長 81cm이다. 뜸발을 이루는 대살이 굵고 명주실로 엮은 대살과 대살 사이의 틈이 넓으면 지장에서 습지막을 떠낼 때 탈수가 빠르므로 섬유가 균일하게 엉키기 어렵고 종이도 두껍고 거칠게 된다. 이와 반대로 대살이 가늘고 대살의 틈이 좁으면 균일하고 얇은 종이를 얻을 수 있다. 완성된 종이를밝은 곳에 비춰보면 뜸발의 대살 무늬와 명주실로 엮은 자국이 그대로나타나 보인다. 대체로 고려시대와 조선시대 燕山朝 이후의 뜸발은 대살이 굵고 틈이 넓어서 종이가 두꺼운 편이었으며, 조선시대 초기에는얇은 편이었다. 그렇다 할지라도 조선시대의 뜸발을 같은 시대의 중국

및 일본과 비교하면 대살이 굵고 사이가 넓어서 두꺼운 종이의 제조에 알맞은 형태이었다. 대체로 조선시대 초기 책지의 두께는 얇은 것이 40~70μ (1／1,000mm)이고 두꺼운 것은 90~150μ 이다.[99]

(3) 물질의 速度와 回數

지장에서 뜸발을 사용하여 종이 섬유질을 떠내는 기술이 종이의 두께를 좌우한다. 많은 섬유질을 건져서 떠낼수록 두꺼운 종이가 되지만, 중요한 것은 물질하는 속도와 횟수다. 물질을 천천히 하여 떠낼수록 종이가 두꺼워진다. 반면에 섬유의 결속력은 약하여 강도는 낮아질 수 있다. 이와 상대적으로 물질을 세차게 하여 떠낸 종이는 얇지만, 그 강도는 높아진다. 횟수는 많을수록 두꺼워지지만 정비례하는 것은 아니다. 물질 속도가 빠를수록 두꺼워지는 비율이 낮아진다.

3.3.2 册紙의 堅靭度

책지의 두께가 두꺼우면 무겁고 견인하기 때문에 묵즙을 도포하고 밀대로 인출할 때("4. 實驗으로 解釋한 印出 過程" 참조) 밀어도 밀리지 않으므로 인쇄 속도가 빨라질 수 있어서 능률이 올라간다. 그뿐만 아니라 인판 상에 도포되어 있는 묵즙을 자적 부위의 종이 섬유가 충분히 흡수할 수 있으므로 묵즙이 번지지 않아서 좋은 서품의 인쇄물을 얻을 수 있다. 이에 비하여 책지가 얇으면 가벼워서 묵즙을 도포한 인판 위에 책지를 얹을 때부터 조심해야 하며 견인도가 낮아서 밀대로

---

99) 1. 潘吉星(1979), 201.
   2. 鄭善英(1986), 180-181.

인출할 때 밀면 책지가 밀리므로 인출에 실패하게 된다. 따라서 밀지 못하고 압박하여야 하므로 인쇄 속도가 느려져서 자연히 능률이 떨어진다. 또한, 인판 상의 묵즙을 종이 섬유가 충분히 흡수할 수 없어서 背面에 많이 투사되므로 쉽게 번져서 서품이 떨어진다. 즉 밀림과 번짐을 방지하기 위하여 인출할 때 밀대로 밀지 못하고 압박하여야 하므로 능률이 떨어질 수밖에 없다.

3.3.3 册紙의 物理的 特性

책지의 물리적 특성도 인쇄 적성과 관계가 있다. 高麗紙 또는 朝鮮紙의 일반적인 특징에 관하여 소략하나마 언급하고 있는 문헌을 찾아볼 수 있다.

(1) 朴趾源의 「熱河日記」에는 다음과 같이 설명하고 있다.

> 紙以洽受墨光, 善容筆態爲貴, 不必以堅靭不裂爲德. 徐渭謂高麗紙不宜
> 畵, 惟錢厚者稍佳, 其不見可, 如此. 不砰則毛荒難寫, 搗鍊則紙面太硬,
> 滑不留筆, 堅不受墨, 所以紙不如中國也.[100]

즉 "종이는 墨光을 잘 받고 筆態를 잘 수용하는 것이 좋은 것이며, 반드시 堅靭하여 찢어지지 않는 것만이 좋은 것은 아니다. 徐渭가 말하기를 고려지는 그림에는 맞지 않고, 오직 錢厚한 것이 조금 좋다고 하였으니, 그 좋다고 여기지 않음이 이와 같았다. 돌로 문질러 주지 않으면 표면의 섬유가 거칠어서 글씨 쓰기가 어렵고, 搗練질을 하면 지

---

100) 朴趾源, 「熱河日記」, 關內程史, 七月 二十五日.

면이 너무 빳빳하여 미끄러워서 붓이 머무르지 않고, 지질은 견고하여 묵즙을 잘 받지 않으므로 종이가 중국만 못하다."라고 하였다.

(2) 韓致奫의 「海東繹史」에는 다음과 같이 평가하고 있다.

高麗紙, 潔白堅滑, 大類溫州益紙.[101]

즉 "고려지는 깨끗하고 희며 靭하고 매끄러워서 중국 溫州의 益紙와 비슷하다."라고 평하였다.

(3) 李圭景의 「五洲衍文長箋散稿」에는 다음과 같이 평가하고 있다.

大抵中華與外番則取各樣紙料, 細磨製造, 故紙不生理, 而軟脆焉. 我東與日本則不磨造成, 故理見未精, 而堅緻也.[102]

즉 "대체로 중국과 변방은 각종의 종이 재료를 취하는데, 잘게 갈아서 만들므로 지면에 대살 무늬가 생기지 않고 연하고 부드럽다. 조선과 일본은 갈지 않고 만들므로 대살 무늬가 나타나고 정교하지 못하지만 견고하고 질기다."라고 평하고 있다.

이상의 문헌 기록에서 보듯이 고려·조선을 막론하고 한국의 종이는 표면에 섬유가 그대로 남아있어서 지면이 거칠어 搗練질이 필요할 만큼 정교하지는 못하지만, 두껍고 견인하며 질겨서 잘 찢어지지 않는 특징을 가지고 있다. 이는 주변 국가의 종이보다 좋을 뿐만 아니라[103] 양

---

101) 韓致奫, 「海東繹史」, 卷27, 物産2, 文房類, 紙.
102) 李圭景, 「五洲衍文長箋散稿」, 卷19, 紙品辨證說.

면을 다 서사하는 데 사용할 수 있을 정도로 우수한 것이었다.[104]

이러한 일반적인 특성에 비하여 각각의 재질에 따른 종이의 특성은 어떠한가? 우선 책지로 가장 많이 사용된 저지에 대하여

(4) (明)高濂은 「遵生八牋」에서 다음과 같이 말하고 있다.

高麗有綿繭紙, 色白如綾, 堅靭如帛, 用以書寫, 發墨可愛.[105]

즉 "고려에 綿繭紙[106]가 있는데 색이 비단같이 하얗고 堅靭하여 서사에 사용하면 墨이 잘 퍼져서 우수하였다."라고 하였다.

(5) 柳馨遠은 「磻溪隨錄」에서 다음과 같이 설명하고 있다.

我國之楮, 亦宜於造紙, 然重且起毛, 不如倭楮之輕澤精緻.[107]

즉 "우리나라(朝鮮)의 楮는 역시 종이를 만드는 데에 적합하다. 그러나 무겁고 또 섬유가 일어나서 일본 楮의 가볍고 윤택하며 精緻함만 못하다."라고 하였다.

(6) 李圭景은 「五洲衍文長箋散稿」에서 다음과 같이 설명하고 있다.

---

103) 徐命膺, 「保晚齋叢書」, 攷事, 12集, 紙品高下. "宋人論諸國紙品, 必以高麗紙爲上, 此特見當時貢幣之紙而云然也."

104) 李秉岐(1961), 38.

105) (明)高濂, 「遵生八牋」, 卷15, 燕閒淸賞牋 中, 論紙.

106) 綿繭이라고 말하고 있으나 실은 楮를 사용한 것이다("3.1.1 (5) 기타" 참조).

107) 柳馨遠, 「磻溪隨錄」, 卷3, 田制後錄, 上.

每見中國紙, 則輒薄鮮潔, 然不如我紙之硬厚滑澤者, 不用楮料也. ……
若以紙品之近於我者, 倭紙稍如我紙, 而似用楮殼也. ……近者紙貴且惡
者, 紙貼盡輸燕京‧馬島, 而皮楮又入中原故也. 且今市上行用紙品, 麤
薄又狹長廣, 筆透墨漏, 不受書畫, 宜有屬禁而不禁者也.[108]

즉 "中國紙를 보면 부드럽고 얇으나 우리(朝鮮) 종이의 굳고 두꺼우
며 매끄럽고 윤택한 것만 못하니, 楮를 재료로 사용하지 않기 때문이
다. ……"라고 하였다.

이상의 여러 기록에서 볼 때 재료가 부족하여 품질이 나빠지거나 고
해 처리가 균일하지 못하여 지면이 조악하고 섬유가 일어나는 것을 제
외하고, 純楮를 재료로 하여 제조한 저지는 왜지와 같이 견인하고[109]
매끄럽고 윤택하며, 또 무겁고 두꺼우며 질겨서 혹 지면이 거칠다 해도
도련질로 충분히 가공할 수 있는 특징을 가지고 있었다.

또 하나 조선에서 쓰고 있는 고정지는 초절‧목피류와 楮를 약 5:1
의 비율로 섞어서 제조하였는데, 평활하고 충전제나 사이즈제의 보유
율이 좋아서 이를 楮類 등의 긴 섬유와 혼합하면 결속이 잘 되어 좋은
지질을 유지할 수 있었다.[110] 취약한 것이 결점이긴 하나 흡수성은 좋
았다.

상지는 섬유가 길어서 결속력이 강하므로 견인한 특성이 있으며, 또
섬유가 麻나 楮 못지않게 굵어서 두꺼운 종이를 제조하기에 적합한 조
건을 가지고 있었다.

마지는 섬유 자체의 길이도 다른 재료에 비하여 매우 길고, 또 인피

---

108) 李圭景, 「五洲衍文長箋散稿」, 卷19, 紙品辨證說
109) 『朝鮮王朝實錄』, 「世宗實錄」, 卷41, 10(1428)年戊申7月辛亥. "上謂代言等曰……倭紙堅靭, 造作之
法, 亦宜傳習."
110) 趙旭起, "비목재펄프에 관하여", 「펄프‧종이技術」 第3卷, 第1號(1971), 27.

섬유 식물이어서 부드러우면서도 견인하고 세밀하면서도 수분을 잘 투과하지 않는 특성이 있었다.

죽지는 섬유의 길이와 폭의 조건이 우수한 종이 재료는 되지 못하며, 또 목소를 많이 함유하고 있어서 제조한 종이가 손에 닿으면 쉽게 찢어지고 다시 붙이기도 쉽지 않은 특성이 있었다.[111]

이상 각종 책지로 많이 사용한 종이의 물리적 특성을 살펴보았다. 저지와 상지는 그 자체가 가지고 있는 물리적 특성이 묵즙의 흡수나 밀어내기 등의 인쇄 적성에 비추어 볼 때 대단히 적합하여 가장 오랫동안 가장 많이 사용될 수 있었다. 마지는 자체의 물성은 우수하나 아마도 저지에 밀려서 책지로는 그다지 많이 쓰이지 않은 듯하다. 고정지나 죽지는 부분적으로 인쇄 적성에 맞는 물성이 있어서 책지로 사용할 수 있었다. 특히 楮의 공급이 부족할 때에는 손쉽게 구할 수 있다는 장점으로 인하여 책지로 상당히 많이 사용될 수 있었다.[112]

4. 實驗으로 解釋한 印出 過程

이 과정은 완성된 인판을 사용하여 묵즙과 책지로 서엽을 인출해 내는 과정이다. 서엽을 인출하는 기술에 대하여, 이를 언급하고 있는 문헌이 전무한 까닭에 근거할 수 있는 아무런 단서를 찾아볼 수가 없다. 따라서 이 문제는 실존 인물의 경험적 증언과 실제 작업에 의한 실험을 통하여 비로소 연구할 수 있다. 이에 서엽을 인출하는 구체적인 기술적 과

---

111) (宋)蘇易簡, 「文房四譜」, 卷4, 紙譜, 三之雜說. 今江浙間. "今江浙間, 有以嫩竹爲紙, 如作密書, 無
    人敢拆發之, 蓋隨手便裂, 不復粘也."
112) 죽지가 중국에서 많이 사용된 다른 이유로 저렴한 가격을 들 수 있다.

정을 밝히기 위하여 실존 인물의 증언을 참고하고[113], 실제 실험을 통하여 얻은 감각과 결과를 토대로 하나하나 분석하여 보면 다음과 같다.

4.1 印出을 위한 準備

4.1.1 資材의 준비

인판이 완성된 이후 서엽 인출을 위한 첫 번째 단계는 기본적인 자재를 준비하는 일이다. 인출을 위한 준비물에는 묵즙과 책지 그리고 인출 공구가 있다. 묵즙과 책지는 서엽을 인출할 때마다 그것에 맞게 특별히 준비하여야 한다.

(1) 墨汁의 調劑

인출용 묵즙을 조제하기 위한 그을음은 대체로 입자가 굵은 저급품을 사용하였다. 조제할 때에는 굵은 입자를 곱게 갈아서 사용하되, 액체로 조제하였다(證言). 고체 상태로 만든 것을 사용할 때에는 잘게 분쇄하여 물에 2∼3일 이상 오랫동안 담가서 풀어지게 하거나, 급할 때는 끓여서 조제하였다(實驗). 일단 액상으로 된 묵즙은 서엽의 인출량을 고려하여 필요한 양만큼만 따로 담아서 인출에 사용할 수 있도록 탁주로 농도를 조절하여 두었다(記錄). 묵즙의 농도는 묽은 것보다 진한 편이 우수한 서품의 서엽을 얻는 데 유리하다. 그러나 묵즙이 지나치게 진하면 종이에 완전히 흡착되지 않으며, 지나치게 묽으면 묵색이 희미하고 번지기 쉬웠다(實驗).

---

113) 성명을 기억하지 못하지만, 합천 海印寺에서 인출 작업을 하는 모 보살님(1990년 당시 약 55세)을 만나서 경험담을 들을 수 있었다.

(2) 冊紙의 裁斷

서엽 인출용 책지는 전통적인 수공업적 방법으로 제조된 手漉紙라야 한다. 이를 속칭 本紙(全紙)라 하는데(記錄)[114] 이 수록지를 서엽을 인출할 수 있는 크기로 재단하였다. 이렇게 재단된 종이를 책지라고 한다. 이는 인판의 크기·서적의 크기·본지(전지)의 크기를 모두 참작하여 이루어졌다. 즉 제본된 서엽의 상하좌우의 여유 공간(天頭·地脚을 포함한 인판 바깥면의 공간)의 크기도 고려하여야 하며, 한 葉씩 인출된 것을 모아서 같은 크기로 제본할 때 다소 잘려나가는 손실 부분도 미리 고려하여야 했다(實驗). 또 본지(전지)의 크기와 서엽의 크기를 고려하여 3등분 하지 못 할 때는 2등분 하여 여유를 많이 주거나 잘라버렸다. 이에 대하여 朴齊家는 「北學議」에서 "팔도의 종이는 길이가 고르지 못하여 이로써 잃어버리는 종이가 무릇 그 얼마이던가?"[115]라고 한탄하고 있다(記錄).

여기에서 본지(전지)의 크기도 책지를 재단하는데 밀접한 관계가 있음을 알 수 있다. 조선시대 초기의 서적은 여백이 큰 편인데 후기로 갈수록 여백이 작아지고 있다. 대체로 상하의 여백, 즉 天頭와 地脚은 넓은 편이어서 10~15cm 정도 여백이 있고 좌우의 여백은 이보다 좁아서 5~10cm 정도이다. 임진왜란 이후 물자가 부족하던 시기에는 재단하고 남은 餘紙를 풀로 붙여서 책지로 사용한 예를 어렵지 않게 찾아볼 수 있다. 이 경우에는 인판의 크기에 맞추어 재단하였다(實驗).

---

114) (中華民國)盧前(1979), 142.

115) 朴齊家,「北學議」, 內編, 紙. "紙簾無尺度, 凡裁書冊, 割半則太大, 其餘皆入斷棄, 三截則太短, 字無根. 又八道之紙, 長短不齊, 以此而失紙者, 凡幾何哉. 紙不必盡入於書, 而必以書爲長短者. 以合於此者, 亦可以他用, 而不合於此, 則所失甚大."

(3) 工具의 準備

인출 공구는 먹솔과 밀대 등이 있는데 서엽 인출에 소모되는 재료, 즉 소모품이라기보다는 인출할 때마다 사용하는 기본적인 도구이므로 특별히 준비할 필요 없이 평소의 것을 사용하였다. 먹솔은 馬毛(말총)나 人毛로 만드는 것이 아니고 벼 이삭의 고운 穗로 만든 작은 빗자루 모양의 것을 사용하였다(記錄).[116] 밀대는 말총으로 만들었으나 말총을 구하기가 어려워지면서 사람의 머리카락을 뭉친 印髢의 표면에 밀랍을 입혀서 사용하였다(實物).[117]

이렇게 하여 기본적인 재료가 준비되면 본격적인 인출 작업이 진행된다. 그 첫 번째 과정은 인판을 고정하는 일이다.

4.1.2 印版의 固定

印出匠은 均字匠으로부터 완전히 조판된 인판을 받아서 인출대 위에 고정하고 인출면 상의 불순물을 제거하였다. 대체로 인판이 금속활자로 되어있어서 상당히 무거워 거의 움직이지 않으므로 특별히 고정장치를 할 필요는 없었다. 다만 수평이 잡히지 않아서 흔들릴 때는 나무 또는 종잇조각 등으로 고여서 고정할 필요가 있었다(實驗).

---

116) 柳鐸一(1983), 121.

117) 목화 솜이나 톱밥을 명주로 싼 방망이를 사용하기도 한다. 중국에서는 棕櫚나무 껍질의 섬유나 말총으로 만들어 사용한다. 즉, 印刷器具, 以棕爲帚, 又用碎棕裹棕皮, 包紮旣緊成擦. 印時帚宜輕, 免傷字, 擦要重, 方顯出字之精釆也.((中華民國)盧前(1979), 141.) 또한 1990년 中國傳統技藝薈萃展覽代表團이 서울을 방문하여 목판화를 인출할 때 사용한 밀대는 말총을 가지런히 묶어서 만든 것이었음을 볼 수 있었다. 현재도 北京 琉璃廠의 榮寶齋는 이것을 사용하고 있다. 일본에서는 종이를 겹쳐서 옻칠하여 만든 원형 쟁반 모양의 當皮를 竹葉으로 감싸서 만들어 사용한다. 曹炯鎭(2019), 466-467.

4.2 印出 作業의 實行

4.2.1 초벌 墨汁 塗布

인출면에 먹솔로 묵즙을 입혔다(<사진 2>). 묵즙을 인판의 인출면에 처음 도포할 때에는 묵즙이 인출면에 고르게 묻지 않을 뿐만 아니라, 인판이 묵즙을 다소 흡수한다. 따라서 먹솔질을 여러 차례 반복하면서 인출면 전체에 묵즙이 충분히 묻도록 넉넉하게 도포하였다. 이렇게 하여 묵즙이 인출면에 배어야 다음 장부터는 묵즙의 양을 조절하기도 또 도포하기도 쉬워서 좋은 인쇄물을 얻을 수 있었다. 만약 이 과정을 생략하면 인출면에 묵즙이 도포되는 상태가 마치 기름판이나 蠟版에 물을 칠하는 것처럼 부분부분 방울지고 着墨이 고르게 되지 않아서 처음 여러 장은 인출해도 깨끗한 인쇄물을 얻을 수 없었다. 먹솔질은 주로 계선과 평행인 상하 방향으로 하였다. 만약 좌우 방향으로 먹솔질을 하면 묵즙이 튀고 계선이 다칠 우려가 있기 때문이다(實驗).

4.2.2 印出面 敵性 造成

묵즙을 충분히 도포한 인판의 인출면 위에 인출면을 덮을 수 있을 만한 크기의 종이를 잘 펼쳐서 얹었다(<사진 3>)(實驗). 이 과정에서는 미리 재단하여 둔 책지를 사용하여도 무방하나, 대체로는 유용한 책지의 절약을 위하여 이미 사용한 것을 재사용하거나 폐지 등의 보통 종이를 사용하였다.

<사진 2> 묵즙 입히기   <사진 3> 종이 얹기

밀대로 종이의 윗면(뒷면)을 충분히 골고루 반복하여 수평으로 밀거
나 수직으로 압박하였다(<사진 4>). 이때의 밀거나 압박하는 작업은 서
엽을 인출해 내기 위해서라기보다는 인출면의 수분을 조절하기 위하여
넉넉하게 도포한 묵즙을 닦아내는 기능과 농도를 조절하기 위한 기능
적 의미가 농후하였다. 따라서 밀대질도 인판의 틈새에 고여 있는 묵즙
을 흡수할 수 있도록 충분히 반복하였다(實驗).

종이가 묵즙을 충분히 흡수하면, 종이를 인출면으로부터 걷어냈다
(<사진 5>). 첫 장은 묵즙을 충분히 도포했기 때문에 인출 상태는 문자
를 거의 인식할 수 없을 만큼 묵즙 반점이나 묵등 등이 많은 것이 보통
이었다. 이렇게 묵즙을 닦아내는 작업은 인출면에 남아있는 묵즙을 거
의 다 닦아낼 때까지 반복되었다(實驗).

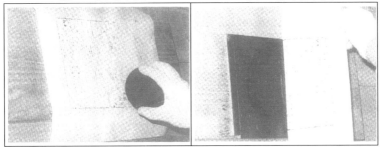

4.2.3 墨汁 塗布

다시 인출면에 묵즙을 도포하였다(<사진 6>). 인판이 이미 수분을 충분히 머금은 상태이므로, 지금부터는 인출면에만 묵즙이 알맞게 도포될 수 있을 정도의 소량으로 인출면 전체를 주의하여 보면서 반복하여 골고루 도포하였다. 대체로 먹솔은 2개를 사용하였다. 하나는 묵즙을 찍어서 인출면에 도포하는 용도로 사용하였고, 다른 하나는 인출면에 묵즙을 균일하게 도포하기 위한 기능으로 사용하였다. 따라서 묵즙을 인출면에 도포할 때에는 한 번으로 족하지만, 이를 균일하게 도포하기 위하여는 여러 번 반복할 필요가 있었다.

인출면의 어느 한 부분일지라도 자칫 묵즙을 많이 도포하면, 먹솔질을 여러 번 반복한다 하여도 이미 도포된 묵즙을 고르게 분산하기가 어렵다. 따라서 먹솔로 묵즙을 도포할 때 지나치게 많이 도포되지 않도록 주의하여야 했다. 가능한 한 활자의 필획 사이·어미 무늬·활자가 없는 곳 등 인출면의 오목한 곳에 묵즙이 고이지 않도록 하여야 했다. 문자면에 묵즙이 고이는 듯한 흥건한 기분이 들 정도로 많이 도포되면, 묵즙의 양이 많아서 인출한 결과 문자가 검은 반점이나 묵등 등으로 나타났다. 그 반대로 묵즙을 적게 도포하면 자적이 희미하게 찍혀 나왔다. 목활자나 목판일 경우에는 木理가 나타났다.

묵즙의 농도도 도포하는 양과 밀접한 관계가 있었다. 만약 묵즙이 너무 묽으면 쉽게 번지므로 조금만 도포해야 하며, 그 결과 자적이 연할 수밖에 없었다. 묽은 묵즙을 많이 도포하면, 번져서 서품이 떨어지거나 실패하였다. 즉 묵즙이 묽은 편이면 적은 양을, 진한 편이면 약간 많은 양을 도포할 수 있으되, 서품 역시 그에 따라 좌우되었다.

종이의 吸水性(종이의 밀도)과 吸水量(종이의 두께) 등의 물리적 특성도 묵즙의 도포량과 관계가 있었다. 종이가 흡수성이 뛰어나고 두꺼워서 많은 양의 묵즙을 흡수할 수 있으면 다소 넉넉하게 도포하여도 번질 가능성이 작았다.

숙련자는 묵색의 농담이 변란까지도 모두 고르지만, 미숙한 자는 묵즙이 잘 반영되지 않거나 지나치게 진하게 반영되기도 하여 인출면에 부분적으로 농담이 고르지 못한 현상이 자주 나타났다. 이처럼 묵즙의 농도와 양 그리고 도포하는 기술에 따라 인쇄물의 서품이 좌우되었다. 따라서 과학적 설명이나 이론적 학습보다도 숙련된 경험적 기술과 감각이 요구되었다(實驗).

\<사진 6\> 묵즙 도포하기	\<사진 7\> 밀대로 인출하기

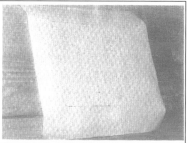

4.2.4 册紙 얹기

책지를 사방의 여유 공간을 고려하여 인출면의 중심부에 조심스레 올려놓았다. 인판 한쪽의 모서리 또는 꼭짓점에 기준을 설정하여 책지의 해당 부분을 먼저 고정한 후, 비스듬히 순차적으로 인출면에 얹었다. 대체로 왼손으로는 책지를 고정하고, 오른손으로 밀대를 문지르게 되므로 인판 좌변에 기준을 설정하여 먼저 얹고 차례로 우측으로 진행하면서 얹었다(實驗).

책지가 인출면의 전체에 동시에 닿도록 얹지 않는 이유는 자칫 실수로 인하여 이중 인출 등의 부정적인 현상이 나타나는 것을 방지하기 위함이다.

4.2.5 밀대로 印出

밀대로 인출하였다(<사진 7>). 인출 방법은 밀대로 수평으로 미는 방법과 수직으로 압박하거나 두드리는 방법이 있다. 이 인출 방법을 좌우하는 데에는 몇 가지 관련되는 요소가 있다. 두께와 견인도가 다른 여러 종류의 책지를 사용하여 각각 밀기와 압박하기를 실험하였다. 이번 실험에서 인출 방법을 좌우하는 요인으로 새로이 발견된 사실은 다음과 같다.

(1) 책지가 두껍고 견인하여 힘이 있으면 밀어도 밀리지 않으므로 인출하기도 편리하였다.

(2) 책지가 너무 두꺼워서 인출면에 접착이 안 되거나 얇고 힘이 없으면 밀리므로 拓本하듯이 이를 압박하여야 했다.

(3) 책지가 얇으면 힘도 없고 흡수할 수 있는 묵즙의 양도 적어서 번지기 쉬우므로 더욱 숙련된 기술과 세심한 주의를 필요로 하였다. 즉

책지 자체의 두께와 견인도가 인출 방법을 좌우하였다.

(4) 묵즙의 농도와 도포하는 양도 중요하였다. 농도가 진하여 책지에의 吸着力이 좋거나, 양을 충분히 도포하여도 책지에 잘 흡착될 수 있을 정도라면 미는 것이 효과적이었다. 반면에 농도가 지나치게 진하거나 묽어서 책지에 잘 흡착되지 않거나, 또는 도포하는 양이 충분하지 못하여 책지에 충분히 흡착되지 못하면 압박하는 방법이 실패를 줄일 수 있었다.

(5) 인출면이 목판처럼 요철이 없어서 높낮이가 비교적 고른 경우는 미는 것이 효과적이지만, 요철이 어느 정도라도 있을 경우는 압박함이 효과적이었다. 각 활자의 높낮이가 1mm만 차이가 나도 밀 때는 자적이 완전하게는 인출되지 않았다. 그러나 압박하면 인출면의 높낮이가 다소 차이가 나더라도 묵색이 상대적으로 고르게 인출되었다.

이러한 요소를 고려하여 능률을 높일 수 있도록 묵즙의 농도와 도포하는 양도 조절하고 인출면의 상태와 책지의 견인도도 경험적으로 즉석에서 판단하여 적합한 인출 방법을 선택하여야 했다.

밀대는 밀어서 인출할 경우에는 밀랍을 도포한 印髤가 좋고, 압박하여서 인출할 경우에는 솜이나 톱밥 등을 명주로 싼 방망이가 좋았다. 印髤에 밀랍을 도포하는 이유는 책지의 윗면(뒷면)을 밀 때 매끄럽게 밀려서 종이 섬유가 일어나는 것을 방지하기 위함이었다. 밀랍을 도포하여 사용하는 외에 印髤를 참기름이나 돼지기름을 묻힌 기름 판에 문질러 가면서 사용하기도 하였다.118)

미는 요령은 묵즙이 고르게 책지에 반영되도록 계선과 평행한 상하

---

118) 柳鐸一(1983), 121.

방향으로 왕복하면서 밀되 한쪽에서부터 차례대로 고른 압력으로 밀어야 했다. 대체로 좌변에서 우변으로 작업을 진행하였다. 만약 계선과 수직 방향인 좌우로 밀면 책지가 인출면에 밀착되지 못하여 특히 계선 등이 이중으로 인출되기 쉬워서 실패하는 경우가 많았다. 목판의 경우는 인출면의 높낮이가 고르므로 미는 방향이 상하·좌우의 어느 방향이든 크게 영향을 받지 않았다.

밀 때의 압력은 책지가 인판 위에서 밀리지 않고 밀착되는 느낌이 들도록 약간 눌러주는 정도가 좋다. 지나치게 큰 압력을 가하면서 밀면 책지가 밀려서 문자가 이중으로 찍히기 쉽고, 책지에 흡수된 묵즙이 번져서 부분적으로 자적이 반점으로 나타날 수 있었다.

압박하는 요령은 한쪽에서부터 차례로 책지가 묵즙을 흡착할 수 있도록 압력을 가하면서 압박하였다. 역시 계선에 평행한 상하 방향으로 압박하면서 좌변에서 우변으로 진행하는 것이 책지의 묵즙 흡착 상태를 보면서 작업할 수 있어서 효과적이었다.

인출 방법이 밀든 압박하든 상관없이 책지가 인출면에 밀착되는 느낌이 들어야 묵즙이 책지에 충분히 반영되었다. 책지는 흡수성(OH)을 가지고 있고 묵즙에는 아교 성분이 있어서 묵즙을 도포한 후 책지를 얹고 한 부분만 밀거나 압박하면, 인출면의 묵즙이 책지에 흡착되면서 책지가 인출면에 밀착하였다. 만약 묵즙이 너무 가볍게 도포되어 있어서 책지가 밀착될 수 있는 양이 되지 못하면 밀려서 실패하기도 쉽거니와 인출한 결과도 농도가 부족하여 서품이 낮아졌다. 인출은 대체로 한 번에 완성하지만, 간혹 묵즙이 충분히 반영되지 않은 희미한 부분이 있을 경우는 해당 부분만 한두 번 더 압박하여 완성하기도 하였다(實驗).

4.2.6 冊紙 걷어내기

인출이 끝나면, 자적이 반영된 책지를 인출면의 한쪽 변에서부터 걷어내었다. 책지의 문자면에는 인출면의 문자가 그대로 반영되어 나타났다. 이것이 곧 인출된 한 葉이다(實驗).

4.2.7 字跡 完成度 살피기

책지에 반영된 자적의 인출 상태를 살폈다. 인출 상태가 양호하지 못한 부분이 보이면, 다음 인출에는 더욱 주의하여 도포함으로써 양호한 서엽을 얻을 수 있도록 하였다(實驗).

4.3 反復 印出 및 解版

4.3.1 反復 印出

필요한 부수만큼 인쇄물을 얻기 위하여 다시 묵즙을 도포하고 책지를 얹어서 밀대로 밀고 걷어내는 과정을 반복하면서 인출하였다. 이때에도 인출되어 나오는 상태를 보면서 묵즙의 양을 조절하였다. 또 묵즙은 한 葉을 인출한 후 다시 인출할 때에는 반드시 매번 다시 도포하여야 했다. 도장은 인주를 한번 묻혀서 여러 번 연달아 찍을 수 있다. 그러나 서적 인출의 경우는 수록지가 흡수성이 좋으므로 한 번 인출한 후 다시 묵즙을 도포하지 않으면, 아무리 밀대로 힘껏 인출한다 하여도 희미한 그림자 정도 이상 인출되지 않았다. 이 현상은 목판이나 목활자 등의 목질 인판보다 특히 금속활자 인판에서 두드러지게 나타났다.

인출 과정에서 보면 묵즙의 양도 밀어내는 인출 기술도 모두 중요하였다. 그런데 목판본처럼 인출면이 비교적 고르게 평평할 경우는 미는 기술보다도 묵즙을 도포하는 기술이 서품에 더 큰 영향을 미쳤다. 활자 본처럼 인출면의 높낮이에 차이가 있어서 고르지 못할 경우는 묵즙을 도포하는 기술보다도 인출하는 기술이 더 어렵고 숙련된 기술을 필요로 하는 중요한 부분이었다.

인출할 때에는 인출면 위에 종이 섬유·먹솔·밀대의 파편 등이 묻어나기도 하므로 그때마다 깨끗이 제거하여야 했다. 또한, 특히 조립식 인판의 경우, 인출을 반복함에 따라 인출면이 흔들리거나 느슨해지면 인출 작업을 중지하고 인판을 견고하게 조정하여야 했다(實驗).

4.3.2 解版

필요한 부수만큼 다 인출하였으면 인판을 해체하여 다른 葉을 조판하는 데에 재사용하도록 하였다. 인판을 해체할 때는 인판 받침과 변란용 광곽재를 제외한 활자·계선재용 죽편 또는 금속편·판심재 등 조립한 부속품을 원위치로 환원시켰다. 이때 여러 부속품에 밀랍·나뭇조각·종잇조각·먼지·말라붙은 묵즙 찌꺼기 등이 지저분하게 붙어 있으므로, 이를 털어내어 깨끗이 한 후 환원하였다. 활자 사이의 틈·계선재와의 틈 등에 묵즙이 고여 있는 때도 있는데, 마른 후에는 잘 닦이지 않으므로 마르기 전에 깨끗이 처리함이 편리하였다(實驗).

이상 인출을 위한 전체의 과정을 살펴보면, 각각의 모든 과정이 잘 되어야 우수한 서품의 인쇄물을 얻을 수 있었다. 그중 서품에 영향을 주는 관건은 인판·묵즙·책지의 세 가지였다. 따라서 가장 우수한 서품의 인쇄물을 얻으려면 ① 인출면이 고르게 조판된 인판에 ② 농도가 진한 묵즙을 알맞게 도포한 후, ③ 두꺼우면서 부드러운 책지에 ④ 압박하여 인출하는 방법이 가장 효과적이었다(實驗).

이렇게 하면 한 葉의 인출이 완전히 끝났다. 따라서 다시 다른 葉을 인출하기 위하여 조판과 인출의 과정을 반복하였다. 이상이 활자판을 사용하여 서적을 인출하는 전 과정이었다.

이렇게 하여 모든 葉을 다 인출하면 가지런히 묶어서 장정함으로써 서적이 완성되었다.

5. 小 結

이상 연구 내용을 요약 정리하면 다음과 같다.

5.1 墨汁

묵즙에 관하여 조제 방법·첨가물의 종류와 기능 등을 밝히고, 墨跡 분석을 위한 앞으로의 연구 방향을 제시하였다.

문헌 연구의 결과를 구체적으로 정리하면 세 가지로 요약할 수 있다.

(1) 동양에서 문자나 회화를 기록하기 위한 수단의 서화용으로 처음에는 漆과 石墨(石磨汁) 등 천연재료를 사용하였다. 周·秦時代부터 인공적으로 가공한 松煙墨을 사용하였다. 唐 말·宋 초부터는 油煙墨도 사용하였다.

(2) 그을음의 성분에 따라 송연묵은 묵색은 진하지만 광택은 나지 않아서 서사용과 목질 인판 인출용으로 사용되었다. 유연묵은 광택은

나지만 묵색은 진하지 않아서 회화용과 금속질·석질·유리질 인판 인출용으로 사용되었다.

(3) 墨汁은 연매 재료인 그을음과 용매 재료인 아교로 만들되 각종 첨가제를 넣었다. 그을음 중에 입자가 고운 고급품은 서화용 墨을, 입자가 굵은 저급품은 인출용 墨을 만드는 데 사용되었다. 즉 금속활자 인출용으로는 입자가 굵은 유연을 사용하였다.

阿膠의 기능은 그을음을 고착시키고, 묵색에 광채를 내게 하고, 묵즙의 농도를 조절하며, 그을음 입자의 침전을 막아주는 것이었다.

인출을 위한 첨가제는 농도를 짙게 하기 위한 丹砂類, 향기를 위한 麝香·樟腦, 방부와 방충제 역할을 하는 椑木皮·石榴皮·膽礬 등을 사용하였다.

과학적 방법으로 분석한 결과 얻어진 사실도 있다.

(4) 묵즙의 성분 분석을 위하여, 고서에서 추출한 묵적의 無機化學的 분석 방법은 현재의 과학 기술 수준으로는 아무런 성분을 분석해 내지 못하여 더욱 우수한 성능의 전자현미경 분석기가 필요하였다. 따라서 과학적 방법은 보조 수단으로 참고하면서, 부득이 전통적인 문헌적 고증과 경험적 직관을 활용하여야 하였다.

(5) 有機化學的 분석 방법은 시료를 감당하지 못하여 시도하지 못하였다. 따라서 시료 확보 또는 새로운 분석 방법 개발 등 난제를 극복하기 위한 대안이 절실하였다.

墨에 관한 과학적 실험 분석은 비록 만족할만한 결과를 얻지는 못하였지만, 본 연구에서 최초로 시도한 것이다.

5.2 册紙

책지에 관하여 제지 재료의 종류, 제조 과정에 내재하고 있는 물리적·화학적 작용, 책지의 종류와 재료에 따른 물리적 특성 등을 구명하였다.

문헌적으로 연구한 내용은 여섯 가지로 정리할 수 있다.

(1) 종이의 재료로는 靭皮 植物(麻類의 일년생 초본 식물)·樹皮 植物(楮·桑 등 다년생 목본 식물)·禾本科 植物(竹·藁精類의 단엽 莖稈 植物)·種子 植物(棉花·木槿 등)·蠶絲(누에고치) 등이 사용되었다. 제조 과정상의 물리적·화학적 작용을 분석하면, 단위 섬유의 평균치가 길고 가늘수록 이상적인 종이 재료였다.

(2) 煮熟 처리 과정에서 알칼리 성분인 석회수와 잿물에 끓임으로써 다당류(반섬유소·色素)·蛋白質·果膠質·木素 등 종이 섬유에 해로운 성분을 분해하고, 油脂·타닌·전분 등을 용해하여 순수한 섬유소를 얻어서 제지에 사용하였다.

(3) 섬유의 叩解 처리를 통하여 유연성과 可塑性을 높여서 강도가 높은 종이를 얻을 수 있었다.

(4) 전분과 膠礬을 사용한 표면 처리와 점착제·粘液沈澱劑·전분 수용액을 첨가하는 내부 처리를 통하여 종이의 흡수성을 낮추고 平滑度·白度·均一度·不透明度를 높여서 서사 효과와 인쇄 적성을 개선하였다.

(5) 책지로는 楮紙·藁精紙·桑紙가 많이 사용되었다. 그 이유는 품질도 우수하고, 가공하기 쉬우며, 재료를 쉽게 구할 수 있기 때문이었다.

(6) 책지로서의 楮紙는 堅韌하고 윤택하며 무겁고 두꺼워서 질겼다. 藁精紙는 平滑하고 충전제나 사이즈제의 보유율이 좋아서 섬유질이 잘

결속되었고, 흡수성이 좋았다. 桑紙는 섬유가 길어서 결속력이 강하고 堅靭하며, 섬유가 굵어서 두꺼운 종이를 제조하기에 적합하였다. 麻紙는 섬유가 부드러우면서 堅靭하고 세밀하면서도 不透水性이 강해서 이상적인 제지 재료의 특징을 가지고 있었다. 楮紙·桑紙는 물리적 특성이 인쇄 적성에 적합하여 오랫동안 가장 많이 사용되었다. 麻紙도 우수한 종이지만 楮紙에 밀려서 많이 쓰이지 않았다. 竹紙는 섬유의 조건이 좋은 종이는 아니지만, 특히 중국에서 재료를 쉽게 구할 수 있는 장점으로 많이 사용되었다.

실험적 방법으로 새로이 연구한 내용도 한 가지가 있다.

(7) 책지의 두께가 두꺼우면 堅靭하여 인쇄 능률도 높고 서품도 우수한 인쇄물을 얻을 수 있었다. 종이의 두께을 좌우하는 요소로는 紙漿의 농도·뜸발의 굵기·물질의 速度와 回數 등이 관계가 있었다.

책지의 두께에 따른 堅靭度와 인쇄 적성과의 관계는 본 연구에서 최초로 분석하였다.

5.3 印出 技術

인출 과정에 대하여는 인출의 기술적 요소뿐만 아니라 書品에 영향을 주는 여러 요소의 유기적 관련성을 밝혔다.

(1) 인출을 위한 전반적인 과정은 묵즙·책지·공구 등의 자재를 준비하고, 인판을 인출대에 고정한 후, 인출면에 묵즙 도포하기, 책지 얹기, 밀대로 인출하기, 책지 걷어내기 등의 작업을 차례로 반복하여 필요한 만큼의 인쇄물을 생산하였다. 또한, 인판을 해체하여 재사용하는

등의 기술적 과정을 구체적으로 밝혔다.

인출 과정에서는 실물 자료에 의하여 얻은 점으로 하나가 있다.

(2) 인출 공구는 먹솔과 밀대가 사용되었다. 먹솔은 벼 이삭의 穗로 만들었고, 밀대는 말총이나 사람의 머리카락 뭉치에 밀랍을 입힌 印髢가 사용되었다.

실험 결과 밝혀진 새로운 내용으로는 세 가지가 있다.

(3) 인출용 묵즙은 처음부터 액상으로 조제하였으며, 고체로 만들지라도 적당한 크기로 만들어 물에 2~3일 담그거나 끓여서 사용하였다. 인출에 부칠 때는 탁주로 농도를 조절하였다.

(4) 책지의 크기는 인판·서적·本紙(全紙) 등의 크기와 여백을 참작하여 재단하였다.

(5) 인출 방법은 수평으로 미는 방법과 수직으로 압박하거나 두드리는 방법이 있는데, 책지의 두께와 堅靭度, 묵즙의 농도와 도포량 등이 좌우하였다.

(6) 우수한 書品의 인쇄물을 얻으려면 인출면 높낮이의 균일한 정도·묵즙의 농도와 인출면에 도포하는 양·책지의 吸水性(종이의 밀도)과 吸水量(종이의 두께)·밀거나 압박하는 인출 기술 등이 유기적으로 조화를 이루어야 가능하였다. 이는 이론적 연구보다 숙련된 경험적 기술에 의하여야만 가능하였다.

책지의 재단·묵즙과 책지의 인쇄 적성·인출 기술과의 관계는 본 연구에서 최초로 실험 분석하였다.

V

結 論

結 論

이상에서 조선시대에 서적 인쇄에 사용된 鑄物砂法 金屬活字의 鑄造 過程·印版의 製作 過程·印版의 印出 過程 등 인쇄 기술에 관하여 문헌 연구와 과학 실험을 통하여 새로이 밝혀진 내용은 다음과 같다.

1. 金屬活字의 鑄造 過程

본 연구를 통하여 종래의 이론과 다소 차이도 있고 또한 알려지지 않았던 구체적인 사실을 밝혀내었다.

實驗을 통하여 문헌 기록을 새로이 究明한 내용이다.
(1) 조선시대 초기의 주물사법 주조 과정
① 木刻字模의 제작 = 황양목을 각목으로 재단하여 문자를 양각 반체자로 조각한 후, 밀랍을 입힌다. ② 鑄型의 제작 = 음틀 안에 海浦軟泥를 다져 넣고, 주조면에 목각자모를 심는다. 음틀 위에 離連劑를 뿌린 후, 양틀을 결합하여 해포연니를 다져 넣는다. 음양 두 틀을 분리하여 목각자모를 적출한 후, 음틀의 주조면에 금속 용액 주입로(탕도)를 조성한다. 음양 두 틀의 주조면에 그을음을 입힌다. ③ 金屬 鎔液의 주입 = 음양 두 틀을 결합하여 35~45°로 거치한 후, 힘껏 압박한다. 천천히, 소량씩, 가득 차도록 금속 용액을 주입한다. 금속 용액이 응고된

후, 활자군을 꺼낸다. ④ 너덜이 修整 = 활자군에서 하나씩 떼어낸 후, 동체 상의 너덜이를 쓸어낸다. 끝으로 문자면을 곱게 다듬는다.

이상 주조 과정상에서 선행 연구와의 차이로 새로이 밝힌 점은 다섯 가지가 있다. ① 음틀에 해포연니를 다져 넣은 후 목각자모를 심었다. ② 이연제를 음양 두 틀의 사이에 뿌렸다. ③ 금속 용액 주입로(탕도)를 음틀의 주조면에 조성하였다. ④ 그을음을 음양 두 틀의 주조면에 입혔다. ⑤ 주형을 35~45°로 거치하여 천천히, 소량씩, 가득 차도록 금속 용액을 주입하였다.

文獻 硏究에 의하여 새로이 究明한 내용이다.

(2) 木刻字模용 자재

杪・梨・樺・棗・梓・黃楊・灰・檀・棠・山櫻 등이 있었다. 堅靭度를 보면 梓木이 으뜸이고 황양목은 그다음이다. 그러나 梓木은 刻字하기가 어려우므로, 목질이 균일하여 각자하기가 용이한 황양목을 주로 사용하였다.

實驗 分析을 통하여 새로이 밝혀낸 네 가지이다.

(3) 木刻字模 각자용 각목의 동체 형태

문자면이 배면보다 넓도록 측면을 3~5° 정도 기울기로 깎아서 재단하였다. 이 점이 목활자와 다른 특징이었다.

(4) 木刻字模의 조각 방법

자본에 나타난 자양을 偏刀로 필획을 조각하고, 깊이와 미세한 부분을 直刀로 조각하였다. 필획 측면의 각도는 75~85° 정도, 깊이는 1.0~2.0mm 정도여야 하였다. 조각 능률은 1시간에 6~7개 정도였다. 조각이 끝난 목각자모는 주조에 사용하기 전에 밀랍을 입혀 완성하였다.

(5) 海浦軟泥의 분석

금속활자의 문자 필획이 섬세하고 정교하여 입자 직경 0.05mm 이하가 90% 정도 포함된 미세하고 고른 해포연니로만 주조가 가능하였다. 해포연니는 8~10%의 수분과 2~4%의 염분을 함유하고 있어야 하였다.

(6) 금속 용액의 주입 요령

금속 용액을 주입할 때 음틀(목각자모의 배면)을 아래에, 양틀(목각자모의 문자면)을 위에 위치시켜야 했다. 음양 두 틀(주형)을 거치하는 각도는 35~45° 정도로 가파르지 않아야 하였다. 주입 요령은 천천히, 소량씩, 가득 차도록 주입해야 하였다.

이러한 과정의 세부 사항을 모두 실험으로 복원함으로써 전통적 주물사법에 의한 금속활자 주조를 재현할 수 있도록 하였다.

2. 印版의 製作 過程 = 組版 過程

組版의 기술적 과정을 庚子字의 一體式 인판과 甲寅字의 組立式 인판을 표본으로, 문헌 기록·현존 인본·인판 실물에 근거하여 실험으로 해석하였다. 이를 통하여 객관적인 조판의 기술적 과정과 각 단계의 필요성·이유 그리고 기술상의 주의사항 등 많은 사실을 밝혀내었다.

해당 판본을 직관법으로 분석한 결과, 기존의 통설을 거듭 확인한 내용이다.

(1) 조선시대의 금속활자 인쇄를 위한 조판용 인판은 庚子字 이전 또는 壬辰字·丁酉字 등에 쓰인 일체식 인판과 甲寅字 이후에 쓰이기 시작한 조립식 인판이 있었다.

실험 또는 실험에서 터득한 경험으로 처음 밝혀낸 내용이다.

(2) 전통적인 조판 과정의 기술적인 세부 사항은 다음과 같았다. 인판의 종류와 무관하게 양자 모두 기초 단계인 ① 판식의 설계와 ② 자재의 준비는 본격 작업 전에 선행하여야 하였다. 그 후, 一體式 인판의 경우는 ③ 필요한 활자를 선별하고, ④ 광곽재를 고정하고, ⑤ 판심재와 계선재를 배열하고, ⑥ 인납을 부어 넣은 후 활자를 배열하고, ⑦ 인출면의 높낮이를 고르게 조정하고, ⑧ 교정을 한 다음, ⑨ 인납으로 인판을 견고하게 하여 정식으로 인출에 부쳤다. 組立式 인판의 경우는 ③ 필요한 활자를 선별하고, ④ 상변과 좌변의 광곽재를 고정하고, ⑤ 활자와 계선재 및 판심재를 배열하고, ⑥ 하변과 우변의 광곽재를 고정하고, ⑦ 인출면의 높낮이를 고르게 조정하고, ⑧ 교정을 한 다음, ⑨ 나뭇조각 등으로 인판을 견고하게 조여서 정식으로 인출에 부쳤다.

(3) 조판을 위한 모든 기술적 과정은 능률 향상에 초점을 맞추어 진행되며, 모든 과정이 다 잘되어야 우수한 서품의 인쇄물을 얻을 수 있었다.

(4) 조판 과정의 원론적인 선후 관계는 있으나, 구체적인 절차에서는 경험에 의한 감각이 크게 작용하였다. 특히 자재의 규격·분량·기술적 과정 등에서 구체적인 수치로 표현할 수 없는 부분일수록 더욱더 숙련된 기술이 필요하였다.

(5) 조립식 인판에서 문자가 활자 동체의 문자면 중앙에 있지 않아서 문자의 行列이 삐뚤어지는 것을 均字 과정에서 조금이나마 바로잡을 수 있었다.

실험을 통하여 학계의 통설과 문헌 기록을 증명한 내용이다.

(6) 작업 대부분이 均字匠에 의하여 이루어지며, 均字 과정이 가장 많은 시간을 소요하고 서품에도 절대적인 영향을 미치므로 가장 숙련된 기술을 필요로 하였다.

(7) 일체식 인판은 조판 과정은 간단하지만, 인쇄 능률은 낮고, 조립식 인판은 그 반대이다. 따라서 庚子字에서 甲寅字로의 전환은 기술적 발전이었다.

3. 印版의 印出 過程

3.1 墨汁

묵즙에 관하여 조제 방법·첨가물의 종류와 기능 등을 밝히고, 墨跡 분석을 위한 앞으로의 연구 방향을 제시하였다.

문헌 연구의 결과를 정리하면 세 가지로 요약할 수 있다.

(1) 동양에서 문자나 회화를 기록하기 위한 묵즙의 재료로 周代부터 인공적으로 가공한 松煙墨을 사용하였다. 唐代 말기부터는 油煙墨도 사용하였다.

(2) 송연묵은 묵색은 진하지만 광택은 나지 않아서 서사용과 목질

인판 인출용으로 사용되었다. 유연묵은 광택은 나지만 묵색은 진하지 않아서 회화용과 금속질·석질·유리질 인판 인출용으로 사용되었다.

(3) 墨汁은 그을음과 아교로 만들되 각종 첨가제를 넣었다. 입자가 고운 고급 그을음은 서사용 墨을, 입자가 굵은 저급품은 인쇄용 墨을 만드는 데 사용되었다. 즉 금속활자 인출용으로는 입자가 굵은 유연을 사용하였다.

阿膠의 기능은 그을음을 고착시키고, 묵색에 광채를 내게 하고, 묵즙의 농도를 조절하며, 그을음 입자의 침전을 막아주는 것이었다.

인출을 위한 첨가제는 농도를 짙게 하기 위한 丹砂類, 향기를 위한 麝香·樟腦, 방부와 방충제 역할을 하는 椑木皮·石榴皮·膽礬 등을 사용하였다.

과학적 방법으로 분석한 결과도 있다.

(4) 묵즙의 성분 분석을 위하여, 고서에서 추출한 묵적의 無機化學的 분석 방법은 아무런 성분을 분석해 내지 못하였다. 분석을 위하여는 더욱 우수한 성능의 전자현미경 분석기가 필요하였다.

(5) 有機化學的 분석 방법은 시료를 감당하지 못하여 시도하지 못하였다. 따라서 시료 확보 또는 새로운 분석 방법 개발 등의 대안이 절실하였다.

墨에 관한 과학적 실험 분석은 본 연구에서 최초로 시도한 것이다.

3.2 册紙

책지에 관하여 제지 재료의 종류, 제조 과정에 내재하고 있는 물리적·화학적 작용, 책지의 종류와 재료에 따른 물리적 특성 등을 究明하였다.

문헌적으로 연구한 내용은 여섯 가지로 정리할 수 있다.

(1) 종이의 재료는 靭皮 植物(麻類의 일년생 초본 식물)·樹皮 植物(楮·桑 등 다년생 목본 식물)·禾本科 植物(竹·藁精類의 단엽 莖稈 植物)·種子 植物(棉花·木槿 등)·蠶絲(누에고치) 등을 사용하였다. 단위 섬유의 평균치가 길고 가늘수록 이상적인 종이 재료였다.

(2) 煮熟 처리 과정에서 알칼리 성분인 석회수와 잿물에 끓임으로써 다당류 등 종이 섬유에 해로운 성분을 분해하고, 油脂·타닌·전분 등을 용해하여 순수한 섬유소를 얻었다.

(3) 섬유의 叩解 처리를 통하여 유연성과 可塑性을 높여서 강도가 높은 종이를 얻었다.

(4) 종이의 표면 처리와 내부 처리를 통하여 흡수성을 낮추고 平滑度·白度·均一度·不透明度를 높여서 서사 효과와 인쇄 적성을 개선하였다.

(5) 책지로는 楮紙·藁精紙·桑紙가 많이 사용되었다. 품질도 우수하고, 가공하기 쉬우며, 재료를 쉽게 구할 수 있기 때문이었다.

(6) 책지로서의 楮紙는 堅靭하고 윤택하며 무겁고 두꺼워서 질겼다. 藁精紙는 平滑하고 충전제나 사이즈제의 보유율이 좋아서 섬유질이 잘 결속되었고, 흡수성이 좋았다. 桑紙는 섬유가 길어서 결속력이 강하고 堅靭하며, 섬유가 굵어서 두꺼운 종이를 제조하기에 적합하였다. 麻紙는 섬유가 부드러우면서 堅靭하고 세밀하면서도 不透水性이 강해서 이상적인 제지 재료였다. 楮紙·桑紙는 인쇄 적성에 적합하여 가장 많이 사용되었다. 麻紙도 우수한 종이지만 楮紙에 밀려서 많이 쓰이지 않았

다. 竹紙는 좋은 종이는 아니지만, 재료를 쉽게 구할 수 있는 장점으로 많이 사용되었다.

실험적 방법으로 새로이 연구한 내용도 한 가지가 있다.

(7) 책지의 두께가 두꺼우면 堅靭하여 인쇄 능률도 높고 서품도 우수한 인쇄물을 얻을 수 있었다. 종이의 두께를 좌우하는 요소로는 紙漿의 농도·뜸발의 굵기·물질의 速度와 回數 등이 관계가 있었다.

책지의 두께에 따른 堅靭度와 인쇄 적성과의 관계는 본 연구에서 최초로 분석하였다.

3.3 印出 技術

인출에 대하여 기술적 요소뿐만 아니라 書品에 영향을 주는 여러 요소의 유기적 관련성을 밝혔다.

(1) 인출 과정은 ① 인출 자재를 준비하고, ② 인판을 인출대에 고정한 후, ③ 인출면에 묵즙 도포하기, ④ 책지 얹기, ⑤ 밀대로 인출하기, ⑥ 책지 걷어내기 등의 순이었다.

실물 자료에 의하여 얻은 점으로 하나가 있다.

(2) 인출 공구는 먹솔과 밀대가 사용되었다. 먹솔은 벼 이삭의 穗로 만들었고, 밀대는 말총이나 印鬃가 사용되었다.

실험 결과 밝혀진 새로운 내용으로는 세 가지가 있다.

(3) 인출용 묵즙은 처음부터 액상으로 조제하였으며, 고체로 만든 때에는 물에 2~3일 담그거나 끓여서 사용하였다. 탁주로 농도를 조절하였다.

(4) 책지의 크기는 인판·서적·本紙(全紙) 등의 크기와 여백을 참작하여 재단하였다.

(5) 인출 방법은 수평으로 미는 방법과 수직으로 압박하거나 두드리는 방법이 있는데, 책지의 두께와 堅靭度, 묵즙의 농도와 도포량 등이 좌우하였다.

(6) 우수한 書品의 인쇄물을 얻으려면 인출면의 균일한 정도·묵즙의 농도와 인출면에 도포하는 양·책지의 吸水性(종이의 밀도)과 吸水量(종이의 두께)·밀거나 압박하는 인출 기술 등이 유기적으로 조화를 이루어야 가능하였다. 이는 숙련된 기술에 의하여야만 가능하였다.

책지의 재단·묵즙과 책지의 인쇄 적성·인출 기술과의 관계는 본 연구에서 최초로 실험 분석하였다.

〈參考文獻〉

1. 史料 · 原典

(北魏)賈思勰. 「齊民要術」.

景閑和尙. 「白雲和尙抄錄佛祖直指心體要節」. 卷下 1책. 宣光七(1377)年淸州牧外興德寺 鑄字印施本. 프랑스 국립도서관 소장, COREEN 109.

「高麗史」.

「高麗史節要」.

(明)高濂. 「遵生八牋」.

「霍氏宗譜」. 32권 12책. 民國6(1917)年敦睦堂木活字印本.

權近. 「陽村集」. 卷22, 跋語類, 鑄字跋.

(淸)金簡. 「武英殿聚珍版程式」.

金鑌. "鑄字跋". 1434년甲寅字本 「大學衍義」 등 卷末 收錄.

(元)陶宗儀. 「輟耕錄」.

(晉)杜預. 「春秋經傳集解」. 30권 15책. 日本舊刊本.

(明)羅頎. 「物原」.

「儷文程選」. 12권 6책. 1627년訓鍊都監字本.

朴世堂. 「穡經」.

朴齊家. 「北學議」.

朴趾源. 「熱河日記」.

(劉宋)范曄. 「後漢書」.

(宋)法泉. 「南明泉和尙頌證道歌」. 不分卷 1册. 1239년복각후쇄본, 보물 758호, 삼성 출판박물관 소장.

(宋)法泉. 「南明泉和尙頌證道歌」. 不分卷 1册. 공인박물관소장본.

(宋)法泉. 「南明泉和尙頌證道歌」. 不分卷 1册. 대구개인(김병구)소장본.

(宋)法泉. 「南明泉和尙頌證道歌」, 不分卷 1册. 대구파계사종진스님본.

徐居正. 「論語集註大全」. 20권 7책. 庚辰(1820)年新刊內閣藏版刻本.

徐命膺. 「攷事新書」.

徐命膺. 「保晚齋叢書」.

徐有榘 著. 洪命熹 校訂. 「鏤板考」. 京城: 大同書館, 昭和 16(1941).

徐有榘. 「林園經濟志」.

成俔. 「慵齋叢話」.

(宋)蘇東坡. 「東坡先生詩」. 25권 25책. 1434-1450年間甲寅字印本.

(宋)蘇易簡. 「文房四譜」.

(明)宋應星. 「天工開物」.

辛敦復. 「東國厚生新錄」. 單卷, 抄本. 金然昌收藏本,

(明)沈繼孫. 「墨法集要」.

(宋)沈括. 「夢溪筆談」.

(宋)葉夢得. 「避署錄話」.

(元)王禎. 「農書」.

柳馨遠. 「磻溪隨錄」.

李塏. "李塏跋". (明)景泰甲戌(5, 1454, 朝鮮 端宗 2年). 韓國國立中央圖書館所藏本「音
　　註全文春秋左傳句讀直解」 수록.

李圭景. 「五洲衍文長箋散稿」.

李奎報. 「東國李相國集」.

李德懋. 「青莊館全書」.

(明)李時珍. 「本草綱目」.

李裕元. 「林下筆記」.

(宋)晁貫之. 「墨經」.

『朝鮮王朝實錄』. 「端宗實錄」.

『朝鮮王朝實錄』. 「宣祖實錄」.

『朝鮮王朝實錄』. 「成宗實錄」.

『朝鮮王朝實錄』. 「世祖實錄」.

『朝鮮王朝實錄』. 「世宗實錄」.

『朝鮮王朝實錄』. 「正宗大王實錄」.

『朝鮮王朝實錄』. 「中宗實錄」.

『朝鮮王朝實錄』. 「太宗實錄」.

朝鮮總督府 中樞院 調査課編. 「大典會通」.

"鑄字跋". 正祖21(1797, 清嘉慶2)年丁酉字印本「春秋左傳」 수록.

(宋)何薳. 「墨記」.

(宋)何薳. 「春渚紀聞」.

韓致奫. 「海東繹史」.

(宋)黃庭堅 찬. 任淵 주.「山谷詩集注」. 39권 20책. 清宣統2(1910)年傅春官覆宋紹興刻本.

2. 著述

甘肅省博物館和考古研究所編.「武威漢簡」. 北京: 文物出版社, 1954.

金斗鍾.「韓國古印刷技術史」. 서울: 探求堂, 1974.

남권희 등.「直指와 金屬活字의 발자취」. 청주: 청주고인쇄박물관, 2002.

남권희.「세계 최초로 주조된 금속활자 증도가자와 고려시대 금속활자」. 서울: 다보성고미술, 2011.

남권희.「직지보다 앞선 세계 최고의 금속활자 證道歌字」. 서울: 다보성고미술, 2010.

潘吉星.「中國造紙技術史稿」. 北京: 文物出版社, 1979.

謝德萍・孫敦秀 共著.「文房四寶縱橫談」. 北京: 文津出版社, 1990.

索予明.「文房四寶」. 臺北: 行政院文化建設審員會, 1986.

孫敦秀.「文房四寶手冊」. 北京: 北京燕山出版社, 1991.

孫寶基.「한국의 고활자」. 서울: 寶晋齋, 1982.

孫寶明・李鍾凱 共著.「中國造紙植物原料志」. 北京: 輕工業出版社, 1959.

沈暇俊.「日本傳存韓國逸書研究」. 서울: 一志社, 1985.

吳國鎭.「直指活字 復元報告書」. 청주: 청주고인쇄박물관, 1996.

王菊華 등저.「中國古代造紙工程技術史」. 太原: 山西教育出版社, 2006.

≪造紙史話≫編寫組.「造紙史話」. 上海: 上海科學技術出版社, 1983.

曹炯鎭.「「白雲和尚抄錄佛祖直指心體要節」復原 研究」. 파주: 한국학술정보(주), 2019.

曹炯鎭.「中韓兩國古活字印刷技術之比較研究」. 台北: 學海出版社, 1986.

陳大川.「中國造紙術盛衰史」. 臺北: 中外出版社, 1979.

陳丁.「殷墟卜辭綜述」. 臺北: 大通書局, 1971.

千惠鳳.「韓國典籍印刷史」. 서울, 汎友社, 1990.

馮正曦.「墨的世界」. 臺北: 常春樹書房, 1984.

河北輕工業學院化工系製漿造紙敎研室編.「製漿造紙工藝學(上册)」. 北京: 輕工業出版社, 1961.

洪丕謨.「中國文房四寶」. 香港: 南粵出版社, 1989.

Bibliotheque Nationale. *Le Livre*, Paris, 1972.

Franke, H.. *Kulturgeschichtliches über die Chinesische Tusche.* München: Bayerische Akad. d. Wiss., 1962.

Kecskes, Lily Chia-Jen. *A Study of Chinese Inkmaking; Historical, Technical and Aesthetic.* Thesis(M.A.): University of Chicago, 1981.

Tsien, Tsuen-Hsuin. *Paper and Printing, Science and Civilization in China*, Vol. 5, No. 1. Taipei: Caves Books, 1986.

3. 論文・報告書

姜順愛. "朝鮮朝 한글活字 版本을 통해 본 活字鑄造法의 技術的 發展에 관한 考察". 「書誌學研究」 제39집(2008. 6). 31-68.

金柏東. "早期活字印刷術的實物見證-溫州市白象塔出土北宋佛經殘頁介紹". 「文物」 1987年 第5期(1987. 5). 15-18 및 圖版 1.

김동원・홍영관・류해일. "금속활자 직지에 사용된 먹물의 성분". 「과학교육연구」 제33집(2002). 215-220.

김동원・홍영관・류해일. "전자현미경으로 관찰한 직지 금속활자본과 목판본". 「과학교육연구」 제33집(2002). 221-228.

김성수. "「월인천강지곡」 한글활자 복원을 위한 실험 주조・조판 연구". 「書誌學研究」 제49집(2011. 9). 143-167.

金聖洙. "壬辰字의 復原 鑄造를 위한 豫備 實驗 연구". 「書誌學研究」 제37집(2007. 9). 23-49.

金聖洙. "조선 후기의 금속활자 주조방법에 관한 연구". 「書誌學研究」 제39집 (2008. 6). 113-137.

김성수. "후기 갑인자 계열의 조판에 관한 연구". 「書誌學研究」 제43집(2009. 9). 151-176.

남권희・김성수・조형진. 『「南明泉和尙頌證道歌」 복원을 위한 기초 조사 연구』. 청주: 청주시, 2003.

남권희. "「白雲和尙抄錄佛祖直指心體要節」 研究의 成果와 課題". 2000 청주인쇄출판박람회 조직위원회, 「제3회 청주국제인쇄출판문화학술회의」. 청주: 청주고인쇄박물관, 2000. 131-145.

南權熙. "鑄物砂鑄造法에 의한 金屬活字 鑄造方法 研究". 「書誌學研究」 제33집(2006. 9). 107-144.

남권희. "한국 금속활자 연구의 제문제 - 형태와 주조법을 중심으로 -". 「書誌學研究」 제51집(2012. 6). 55-96.

盧前. "書林別話". 「圖書印刷發展史論文集續編」. 臺北: 文史哲出版社, 1979. 137-146.

류부현. "고려금속활자 진품[추정]과 위작[추정]의 금속성분과 금속조직에 대한 연구". 「書誌學研究」 제77집(2019. 3). 125-144.

류부현. "증도가자의 문화재청 검증에 대한 문제점- 조판 실험의 광곽 크기를 중심으로 -". 「書誌學研究」 제73집(2018. 3). 53-61.

柳鐸一. "嶺南地方 現存 木活字와 그 印刷用具". 「奎章閣」 제3집(1979. 12). 31-56.

柳鐸一. "15世紀 韓中造紙技術에 對하여". 「季刊書誌學報」 第2號(1990. 9). 23-41.

柳鐸一. "韓國木活字 印刷術에 對하여". 「民族文化論叢」 第4輯(1983. 12). 111-125.

朴文烈. "戊申字의 復元에 관한 實驗的 研究". 「書誌學研究」 제38집(2007. 12). 129-162.

朴文烈. "戊午字版 復元의 實驗要素에 관한 研究". 「書誌學研究」 제37집(2007. 9). 51-82.

朴文烈. "印出用 松烟墨의 標準粘度에 관한 實驗的 研究", 「書誌學研究」 제42집 (2009. 6), 227-266.

朴文烈. "印出用 油煙墨의 標準粘度에 관한 實驗的 研究", 「書誌學研究」 제40집 (2008. 9), 5-45.

박상국. "금속활자본 「남명천화상송증도가」". 보조사상연구원 제110차 정기 월 례학술대회(2015. 3. 21). 5-23.

潘吉星. "論金屬活字技術的起源". 「科學通報」 第43卷 第15期(1998. 8). 1583-1594.

孫溪鍈. "朝鮮時代 文書紙 研究". 박사학위논문, 한국학중앙연구원 한국학대학원, 2004. 9.

옥영정. "고려 금속활자 연구에 관한 종합적 검토". 「고려 금속활자 조사연구」. 청주: 청주고인쇄박물관, 2011. 315-345.

옥영정. "고려 금속활자 연구의 흐름과 새로운 변화". 「書誌學報」 제39호(2012. 6). 149-184.

옥영정. "고려 금속활자 연구의 흐름과 새로운 변화". 한국학중앙연구원. 「국제 학술회의 고려의 금속활자와 세계인쇄사의 재조명」. 성남: 한국학중앙연 구원, 2012. 2. 8. 173-201.

옥영정. "고려 금속활자인쇄술에 관한 종합적 검토". 「고려시대 금속활자 "증도 가자" 학술발표논집」. 2011. 6. 7-26.

옥영정. "한글 금속활자 복원을 위한 주조 및 조판 실험 연구". 「書誌學研究」 제 38집(2007. 12). 347-376.

魏志剛. "關于我國金屬活字版(公元1148年)記述與物證". 中國印刷博物館 編. 「中國印刷 史學術研討會文集」. 北京: 印刷工業出版社, 1997. 130-133.

윤용현. "조선왕실 주조 금속활자 복원활자의 과학 분석". 「書誌學研究」 제38집 (2007. 12). 227-246.

尹鍾均. "丹山烏玉銘 高麗墨을 통해 본 傳統墨", 「古印刷文化」 제7집(2000. 12), 1-8.

李秉岐. "韓國書誌의 研究(上)". 「東方學志」 第3輯(1957). 18-38.

李秉岐. "韓國書誌의 研究(下)". 「東方學志」, 第5輯(1961). 31-44.

李仙喜. "콜랭 드 플랑시와 『直指』의 改裝 - BULAC 所藏 韓國古典籍을 中心으로". 「書誌學研究」 제68집(2016. 12). 309-348.

이재정·유혜선. "국립중앙박물관 소장 금속활자의 과학적 분석". 「書誌學研究」 제33집(2006. 6). 145-166.

이재정·유혜선. "국립중앙박물관 소장 한글금속활자의 고증 및 성분분석". 「書誌學研究」 제37집(2007. 9). 123-164.

이재정. "국립중앙박물관 소장 戊申字竝用 한글 금속활자 고증". 「書誌學研究」 제44집(2009. 12). 385-408.

이재정. "국립중앙박물관 소장 한글 활자 연구". 「書誌學研究」 제31집(2005. 9). 89-120.

이재정. "國立中央博物館 所藏 활자에 대한 일고찰". 「書誌學研究」 제29집(2004. 12). 311-343.

李清志. "明代中葉以後刻版特徵". 「古籍鑑定與維護研習會專集」. 臺北: 中國圖書館學會, 1985. 96-121.

張永惠·李鳴皐 共著. "中國造紙原料纖維的觀察". 「造紙技術」 1957年 第12期(1957. 12).

錢存訓. "中國古代的造紙原料". 「中國書籍·紙墨及印刷史論文集」. 香港: 中文大學出版社, 1992. 57-70.

錢存訓. "中國對造紙術及印刷術的貢獻". 「中國書籍·紙墨及印刷史論文集」. 香港: 中文大學出版社, 1992. 191-202.

정선영. "藥精紙에 대한 연구". 「書誌學研究」 제38집(2007. 12). 47-67.

정선영. "닭의장풀 염색 감지의 특성". 「書誌學研究」 제47집(2010. 12). 5-22.

정선영. "白綿紙에 관한 연구". 「書誌學研究」 제41집(2008. 12). 427-451.

鄭善英. "朝鮮初期 册紙에 관한 研究". 「書誌學研究」 創刊號(1986. 9). 177-212.

程仙花. "代用纖維資源으로써 어저귀의 韓紙製造 特性". 박사학위논문, 충북대학교 대학원, 2001. 2.

趙旭起. "비목재팔프에 관하여". 「팔프·종이 技術」 第3卷, 第1號(1971). 25-31.

曹炯鎭. "古書印出用 墨汁의 實驗的 研究". 「書誌學研究」 제19집(2000. 6). 345-370.

曹炯鎭. "古書印出用 册紙의 實驗的 研究". 「書誌學研究」 제27집(2004. 6). 63-89.

曹炯鎭. "古活字 印刷技術의 評價에 관한 研究". 「書誌學研究」 제25집(2003. 6). 369-406.

조형진. "金屬活字本說「南明泉和尙頌證道歌」의 鑑別 方法 研究". 「書誌學研究」 제63집 (2015. 9). 91-117.

曹炯鎭. "金屬活字 印刷의 印出過程 研究". 「書誌學研究」 제29집(2004. 12). 189-205.

曹炯鎭. "金屬活字印刷의 組版技術". 「季刊書誌學報」 제13호(1994. 9). 57-89.

曹炯鎭. "書誌學과 文獻情報學의 學問的 課題와 그 發展方向". 「도서관」 제55권 제3호 (2000. 9), 3-23.

曹炯鎭. "「慵齋叢話」"鑄字"條 記事의 實驗的 解釋". 「書誌學研究」 第5·6合輯(1990. 12). 307-330.

曺炯鎭. "日本 勅版 古活字의 印刷技術 研究".「書誌學研究」第54輯(2013. 6). 103-136.

조형진. "조선 문화의 꽃, 활자".「국민일보」제4740호(2004. 5. 25). 16.

曺炯鎭. "韓國 初期金屬活字의 鑄造・組版・印出 技術에 대한 實驗的 研究". 박사학위논문, 중앙대학교 대학원, 1994. 12.

曺炯鎭. "韓中兩國 活字印刷의 技術的 過程".「書誌學研究」第17輯(1999. 6). 237-262.

진인성. "조선후기 册紙의 종류와 규격에 관한 연구 - 正祖代를 중심으로 -".「書誌學研究」제72집(2017. 12). 377-403.

黃正夏. "高麗時代 金屬活字의 發明과「直指」活字 鑄造方法".「書誌學研究」제32집(2005. 12). 479-509.

황정하. "≪厚生錄≫의 鐵活字 만드는 方法".「古印刷文化」제9집(2002. 12). 229-261.

Karlbeck, O.. *Anyang Moulds, Bulletin of the Museum of Far Eastern Antiquities.* Vol. 7. Stokholm: 1935.

4. 기타

프랑스국영텔레비전. 1972年 6月 1日 下午 8時. 뉴스.

韓國放送公司(KBS1). "歷史스페샬: 證道歌字論難, 世界最古金屬活字의 眞實은?". 2010. 12. 2. 22:00-22:50.

〈附錄〉

附錄 1. 朝鮮 文化의 꽃, 活字[1]

유럽에서 활자는 혁명이었다. 독일의 구텐베르크(1400-1468)가 42행 「성서」 180부를 찍은 1455년, 지식의 독점은 무너지고 정보 민주화를 향한 대격변의 첫발을 내디뎠다. 활자는 우리 사회에서도 같은 역할을 했는가?

인류의 문명발달사 상 제1의 혁명으로 언어의 사용, 제2의 혁명으로 문자의 발명, 제3의 혁명으로 인쇄술의 발명, 제4의 혁명으로 컴퓨터 발명에 의한 정보혁명을 꼽는다. 인쇄술을 제3의 혁명이라고 하는 이유는 정보의 대량 전파로 인류의 문화발달에 엄청난 파급효과를 가져왔기 때문이다. 인쇄술을 문명의 어머니라고 부르는 이유도 여기에 있다.

인쇄술은 목판인쇄술과 활자인쇄술로 구분한다. 목판인쇄술은 소종다량의 인쇄물 생산에 적합하고, 활자인쇄술은 다종소량에 적합한 기술이다. 특히 활자인쇄술은 재사용이 가능한 경이적인 발명이었다. 한국은 활자인쇄술이 서적 수요 환경에 적합한 까닭에 고려시대 말기에 시작하여 조선 500년을 지나면서 세계에서 유례를 찾아볼 수 없을 만큼 찬란한 활자 문화를 꽃피웠다. 그러나 정보는 여전히 식자층에 독점되었다. 그렇다면 조선의 활자는 조선 사회에서 어떤 역할을 하였는가? 그리고 그것은 어디에서 왔으며, 어디까지 영향을 미쳤는가?

---

[1] 이 글은 요약 정리되어 "조선문화의 꽃, 활자" 제목으로 국민일보, 제4740호, 2004 5. 25. 화. 16면에 게재되었다.

1. 儒教 文化 발전의 원동력

13세기 초 고려의 활자인쇄는 중앙정부와 사찰이 주도하여 금속활자로 발전하였다. 그러나 元의 침략으로 쇠퇴하다가 조선에 계승되었다. 조선시대의 서적 정책은 중앙정부가 활자로 인쇄하여 왕실과 조정 대신에게 배포하고, 일부는 지방정부에 보내 이를 복각하여 사용하도록 하였다. 이 같은 서적 정책은 활자 문화를 꽃피우는 데 지대한 역할을 하였다.

조선은 고려 말 불교의 타락으로 어지러워진 사회를 바로잡고 왕권을 강화하기 위하여 군신 관계를 강조하는 유교 서적을 대량으로 보급할 필요가 있었다. 이러한 환경하에서 활자인쇄는 그 기능을 충분히 발휘하였다. 각종 서적을 신속하게 보급함으로써 국가의 통치 이념을 세워 유교적 가치를 전파한 일등 공신이었기 때문이다. 초기 왕들은 왕권을 다잡고 통치 규율을 만들기 위하여 유교 경전과 법전 등 각종 서적을 신속하게 인쇄하여 널리 배포하였다. 이를 통해 사회를 안정시키고 왕권을 확립하는 기초를 마련할 수 있었다.

太祖는 집권 후 개국 공신을 치하하는 「功臣錄券」과 법전인 「大明律」 등을 간행해 조선 왕조의 정당성을 선언하고 사회 질서를 바로잡았다. 「禮記」・「孝經」・「新編音點性理群書句解」 등을 통해 忠・孝라는 유교적 도덕관을 전파하였고, 「春秋」・「史記」・「資治通鑑」・「十七史纂古今通要」 등의 역사서를 통해서는 '충성한 자는 흥하고 배반한 자는 망한다.'고 준엄히 경고하였다.

조선 초기 인쇄물의 대부분은 정부 기관인 校書館과 鑄字所에서 간행하였다. 당시 왕들이 활자를 얼마나 중시했는지는 「太宗實錄」에서 확인할 수 있다. 미숙한 인쇄 기술을 개량하기 어렵다는 대신들의 하소연에 太宗이 임무 완수를 독촉했다는 기록("强令鑄之")도 있다. 왕은 유교 경전·법전·역사서·시문집 등을 간행하여 왕족과 고관 대신에게 하사하고, 신하는 군왕의 하사품을 평생 읽고 실천하였다.

그러나 조선 활자가 통치 수단으로만 활용된 것은 아니다. 정치와 사회가 안정된 이후에는 경제와 교육을 위한 국가 문물의 정비와 과거제도의 시행을 뒷받침하였다. 조선 전기의 양반 지식계층의 전유물이었던 인쇄술이 조선 후기의 17세기부터는 점차 민간에게 보급되어 18~19세기에는 봉건 신분제 개혁을 위한 민중의 의식을 일깨우는 역할을 하였다. 아울러 실학 등 학문발달의 기초를 다졌다. 가장 많이 쓰인 곳은 족보와 개인 문집이다. 족보는 가문의 뿌리와 신분을 확립하기 위한 수단으로, 문집은 가문의 명예를 위하여 또 책 읽기나 글쓰기를 삶의 목표로 여긴 조선 지식인들의 존재를 확인하는 방법으로 중요했다. 이러한 인쇄물은 뼈대 있는 가문의 필수조건이었기 때문에 가난한 집안이라도 후손들은 자금을 모아 족보와 문집을 간행하였다. 이를 실행하는 활자는 가히 선비 문화의 꽃이었다.

상업 출판물도 활발해졌다. 아울러 실학 등 학문발달의 기초를 다졌다. 의서·농서·달력 등 실용적인 목적의 간행물은 물론이고, 「千字文」·「四書三經」 등 유교 관련 기본서, 소설 등의 수요가 커지면서 인쇄본들은 시장에서 유통되었다. 18세기 실학의 개화는 이런 활발한 지식 유통을 기반으로 발전하였다.

이처럼 활자인쇄의 발달은 서적의 대량 생산을 촉진하여 왕권의 확립, 사회의 안정, 도덕의 정착, 교육의 보급을 도왔다. 또한, 학문의 발달을 뒷받침함으로써 강렬한 문화의식과 민중의식을 고취하였다. 활자는 시종 조선 문화와 명운을 같이 하며 그 중심에 있었다.

이렇게 조선시대에는 중앙정부 주도의 금속활자 40종, 목활자 24종, 도활자 1종 등 모두 65종의 활자가 제작되었다. 민간에서도 금속·목재·도토 등으로 활자가 제작되었다. 간행된 서적은 지금까지 확인된 것만 계미자본 18종, 경자자본 34종 등으로 그 수를 헤아리기 어렵다. 내용은 경사자집을 모두 포함한다. 이는 활자가 조선시대의 문화 전반에 걸쳐서 어떠한 역할을 했는가를 잘 설명해준다.

2. 中國과의 교류

조선의 활자는 동북아 삼국을 잇는 끈이었다. 한국은 활자인쇄의 기본 원리와 관련 지식을 중국으로부터 습득하였다. 한국의「林園十六志」와「五洲衍文長箋散稿」등은 중국 慶曆 年間(1041-1048) 畢昇의 교니활자와 元代 王禎의 목활자인쇄법을 인용하고 있다. 금속활자 주조 방법은 중국의 鑄錢法과 鑄印法의 영향을 받은 것으로 보인다.

기본적으로 조선은 중국과 정부 차원에서 활자인쇄술을 교류하였다. 1490년대 조선의 형조판서 南智와 예문관 蕭儀·成俔 등 明 조정에 파견된 사신들은 인쇄 기술을 둘러보고 오는 임무도 겸하였다. 중국에서는 董越·王敞·華察 등이 같은 역할을 하였다. 이중 華察의 행적이 흥미롭다. 중국의 역대 출판 중심지에서는 목판인쇄가 활발하였다. 활자인쇄는 발명하긴 하였으나 크게 유행하지 못하였다. 그러다가 양쯔강 하류 無錫 지방에서 1490년 이후 활자인쇄가 유행하였는데, 이곳이 바로 조선에 왔던 華察의 가문이 거주하던 곳이다.

직접적인 교류의 인물로 18세기 正祖 때의 金簡은 지금으로 치자면

淸으로 이민 간 한인 교포 3세다. 그는 중국 조정에 목활자 사용을 건의하여, 乾隆 年間(1736-1795)에 武英殿聚珍版을 목활자로 간행하는 사업을 주관하였다. 조선의 활자는 중국의 서적을 자본으로 삼곤 하였다. 또한, 조선의 활자판 서적은 정교하고 아름다워서 중국의 장서가들로부터 사랑을 받았다. 조선에서 중국본을 자본으로 하여 간행된 서적이 중국으로 역수출되어 중국에서 失傳된 서적을 재현하기도 하였다.

이처럼 조선의 활자인쇄는 활자와 관련된 인물, 유행 지역, 서적의 교류 사실 등에서 직간접적으로 중국과 상호 영향을 주고받으면서 교류하였다.

3. 日本에의 영향

일본에 대한 조선의 영향력은 막대하였다. 일본 조정의 활자인쇄는 임진왜란 발발 이듬해인 1593년 조선에서 가져간 활자와 인쇄용구로 「古文孝經」(1593년, 文祿勅版)을 간행하면서 시작되었다. 또 일본의 고활자판 중에서 유일한 금속활자인 駿河版은 조선에서 가져간 금속활자를 모방하여 주조하였다. 인쇄 기술 역시 慶長勅版 목활자본인 「勸學文」(1597년)에는 "此法出朝鮮, 甚無不便(이 (인쇄) 방법은 조선에서 나왔는데, 심히 불편이 없었다)."라는 간행 기록도 있다. 하지만 일본은 조선의 인쇄공을 데려가지는 못한 듯하다. 駿河版 동활자의 주조 상태가 불완전할 뿐만 아니라, 금속활자를 다시 만들어내지 못했고 더는 기술 발전도 없었기 때문이다. 일본의 인쇄 관련 기록에도 조선인은 보이지 않는다. 일본의 활자인쇄는 17세기 중반 이후 일시 중단돼 준고활자와 근세 활자가 등장하기까지 침묵에 들어간다.

특이한 사실은 서양의 인쇄술은 조선보다 3년 먼저 선교사들에 의해 수입되었지만, 규슈 남부 민간에서만 24년간(1590-1614) 유행하다 추방되었다는 점이다. 이는 당시 천황과 무사 계급 등 권력층이 기독교에 배타적이었기 때문이었다. 이에 비하여 조선 활자는 권력층은 물론 사찰과 민간에 이르기까지 수도인 京都 지역을 중심으로 고활자인쇄가 중단될 때까지인 59년간 유행하였다. 이처럼 조선의 활자는 당시 일본 사회의 중심에서 활자인쇄를 견인하였으며, 발전 과정에서도 서양의 활자와는 비교할 수 없는 영향을 미쳤다.

4. 구텐베르크에의 영향 가능성

구텐베르크는 조선의 활자를 만났을까? 서양은 구텐베르크의 금속활자인쇄술에 대하여 독자적인 발명이라고 말한다. 그의 고향인 독일 마인츠에는 구텐베르크 박물관과 구텐베르크 대학이 있을 만큼 위대한 발명가로 추앙하고 있다. 癸未字(1403년)・庚子字(1420년)・甲寅字(1434년)에 이르러 활자인쇄술의 최고봉에 도달한 조선의 금속활자는 고려의 「南明泉和尙頌證道歌」(이전의 금속활자본을 1239년에 복각)・「新印詳定禮文」(1234-1241년)이래 200년 정도의 경험을 바탕으로 출현하였다. 반면, 구텐베르크는 1444년 20~40대 초반까지 동서양 무역의 중심도시인 스트라스부르(Strasbourg, 현재 프랑스의 알자스-로렌 지방)에서 귀금속 세공 등 여러 예술적 기술을 익혔다. 1438년에는 거울 반사경을 제작하기도 하였고, 필사 또는 목판인쇄로 서적을 생산하던 1439년에는 활자인쇄를 시도하였다. 그 후, 1448년 마인츠에서 고작 10년 만에 신기술을 터득하고 인쇄소를 설립, 1452년경 실제 인쇄에 착수하여 1455년 인쇄에 성공하였다. 조선 활자는 수많은 사람의 집단 창작품이지만, 구텐베르크는 단독으로 세계적인 작품을 만들어냈다. 고려와 구텐베르크의 시차는 200년 이상 떨어져 있다. 이 때문에 구텐베르크가 중국의 膠泥活字 또는 고려나 조선의 금속활자 등으로부터 영향을 받았을 것으로 추측하는 학자도 있다.

중국의 제지술과 목판인쇄술은 13세기 칭기즈칸의 대외 정복 정책으로 중앙아시아를 지나 유럽까지 전파되었다. 이와 달리 활자인쇄술은 敦煌, 西夏(지금의 중국 甘肅省, 오르도스), 위구르 등지에는 전파되었으나, 유럽은커녕 아라비아에도 닿지 못했다. 1310~1311년에 완성된 페르시아의 대재상인 라시드 알딘(Rashīd al-Dīn)의 「연대기의 집성(Jami al-Tawarikh)」(일명 「集史」, 「역사집성」)에는 목판인쇄술에 대해서만 서술하고 있을 뿐 활자인쇄술에 관한 내용은 전혀 없다. 중국의 활자인쇄가 언급되지 않은 이유는 아마도 당시 중국에서 활자가 유행하지 않았기 때문으로 보인다. 따라서 중국의 활자인쇄술이 독일에 전해졌을 가능성은 매우 희박하다.

그렇다면 구텐베르크가 조선의 활자를 만났을 가능성은 없을까? 고려 말 조선 초는 아시아와 유럽이 하나의 문화권으로 연결되는 실크로드의 최전성기로 육상과 해상을 통한 동서교역이 활발하였다. 조선 활자인쇄 기술의 전성기는 15세기 초반으로 구텐베르크보다 20~50년 앞선다. 당시 조선은 육상 실크로드를 통하여 明과 티무르, 위구르를 거쳐 유럽까지 사신을 보내고 무역 교류를 하였다. 티무르의 동서양 중개무역의 역할을 미루어 보아도, 활자가 전해졌을 가능성은 충분하다. 이런 교류 사실을 토대로 영국의 허드슨(Hudson)은 그의 저서 「중국과학사」에서 "한국의 금속활자가 볼가강을 넘어서 서양에 전파되었다."

라고 주장하였다. 최근에는 교류의 흔적을 추적하는 다큐멘터리도 제작되었다. 2003년 청주 MBC의 남윤성 PD는 <세상을 바꾼 금속활자, 그 원류를 찾아서(2부작)>를 제작하였다. 또 2017년 우광훈·데이비드 레드먼 감독은 <직지코드(Dancing with Jikji)>를 제작하여 KBS에서 독립영화로 방영하였다.

현재까지 구텐베르크가 조선의 금속활자와 접촉했다는 증거는 없다. 구텐베르크가 외부의 영향을 받았을지라도 그것이 꼭 조선일 이유도 없다. 하지만 20~50년의 시차가 있고, 육상과 해상 실크로드를 통한 외교활동과 교역, 구텐베르크가 금속활자인쇄술 개발 직전에 활동했던 도시의 성격 등을 종합할 때, 동서문화교류의 큰 흐름에서 영향을 주고받았을 가능성은 충분하다. 이러한 배경을 바탕으로 구텐베르크 활자의 수수께끼를 풀기 위하여 역사적 상상력을 발휘한다면 흥미롭지 않겠는가?

附錄 2. 韓國 古活字印刷 槪要

An Overview of the Early Typography in Korea

〈초 록·提 要〉

한국의 고활자는 고려시대 말기에 시작하여, 조선시대에 이르러 찬란하게 발달하여 세계에서 유례를 찾아볼 수 없다. 특히 金屬活字는 1232년 이전에 발명되어, 독일의 구텐베르크보다 200여 년이나 이르다.

고려시대의 금속활자는 2가지가 있다. 하나는 중앙 정부가 주조한 것이고, 다른 하나는 사찰이 주조한 것이다. 조선 왕조의 정부는 銅活字 30종, 鉛活字 2종, 鐵活字 8종, 木活字 24종, 陶活字 1종, 도합 65종을 조성하였다. 민간에서도 역시 적지 않은 鐵活字, 木活字, 竹活字, 瓢(葫蘆)活字, 陶活字 등이 유행하였다.

韓國古活字自高麗朝開始, 到朝鮮朝輝煌發展, 世上找不到一個國家如此發展. 尤其金屬活字便於1232年以前發明, 比德國的谷騰堡早200多年!

高麗朝金屬活字有二: 一爲中央政府所鑄, 二爲寺廟所鑄. 朝鮮朝政府就有30種銅活字, 2種鉛活字, 8種鐵活字, 24種木活字, 1種陶活字, 合起來一共65種. 民間亦流行不少鐵活字, 木活字, 竹活字, 瓢(葫蘆)活字, 陶活字等.

요어·關鍵詞: 韓國의 古活字, 金屬活字, 「南明泉和尙頌證道歌」, 「新印詳定禮文」, 「東國李相國後集」, 「白雲和尙抄錄佛祖直指心體要節」, 書籍 印刷 政策, 印刷 過程, 鑑別 方法.

1. 活字 以前의 印刷 = 木板印刷

한국의 서적 인쇄는 중국이 목판인쇄술을 발명한 이후 얼마 지나지 않아서, 이를 수입하여 발달하였다. 그 개요는 「中韓兩國古活字印刷技術之比較研究」(曹炯鎭. 臺北: 學海出版社, 1986. 13-17)를 참고하기 바란다.

韓國印刷書籍是中國發明雕板印刷後不久, 輸入之而發展, 其概況就請參考 ≪中韓兩國古活字印刷技術之比較研究≫(曹炯鎭. 臺北: 學海出版社, 1986. 頁13-17).

2. 活字 發明 以後의 木板印刷

활자와 활자인쇄술은 중국 宋代의 畢昇에 의하여 膠泥活字로 발명되었다. 한국은 고려시대 말기에 금속활자를 발명하였으나 목판인쇄도 여전히 유행하여 서적을 인쇄하였다. 그 개요는 "韓國朝鮮朝的雕板印刷概述"(淡江大學中文系·淡江大學漢語文化暨文獻資源研究所主編. 「昌彼得敎授八秩晉五壽慶論文集」. 臺北: 學生書局, 2005. 頁221-228)을 참고하기 바란다.

活字與活字印刷術就由宋朝畢昇以膠泥活字發明. 韓國則高麗朝末期, 發明了金屬活字, 但雕板印刷仍然流行印書. 其概況就請參考"韓國朝鮮朝的雕板印刷概述"(淡江大學中文系·淡江大學漢語文化暨文獻資源研究所主編. ≪昌彼得敎授八秩晉五壽慶論文集≫. 臺北: 學生書局, 2005. 頁221-228).

3. 金屬活字의 發明 時期 = 1232年 江華 遷都 以前

3.1 文獻 記錄

3.1.1 「新印詳定禮文」

「東國李相國後集」 권11에 수록된 李奎報가 晋陽公을 대신하여 쓴 「新印詳定禮文」 발문 끝에: 果於遷都(江華島)之際(1232年), ……遂用鑄字印成二十八本(<書影 1>).

≪東國李相國後集≫, 卷11所收李奎報代晋陽公行之 ≪新印詳定禮文≫跋尾: "果於遷都(江華島)之際(1232年), ……遂用鑄字印成二十八本."(<書影1>).

이 발문과 기타 역사 기록에 의하면,「新印詳定禮文」50권 28부를 주조한 활자로 인쇄하고 또 이 발문을 쓴 때가 1234년 진양후 책봉과 1241년 이규보 사망 사이라는 것을 알 수 있다. 주의할 점은 강화 천도 이후는 몽고병의 침입으로 활자 주조를 발명할 겨를이 없었을 것이므로, 금속활자 인쇄 기술은 천도 이전에 이미 보유하고 있었을 것으로 추측할 수 있다.

據此跋文與其他歷史記錄, 得知鑄字印成 ≪新印詳定禮文≫50卷28本, 且撰寫此跋文, 係於1234年(册封晋陽侯)至1241年(李奎報卒)之間. 要注意的是遷都江華以後, 因蒙古兵入侵的戰亂中, 應當無暇發明鑄字, 故可推測鑄字印書技術是在遷都江華以前已有之.

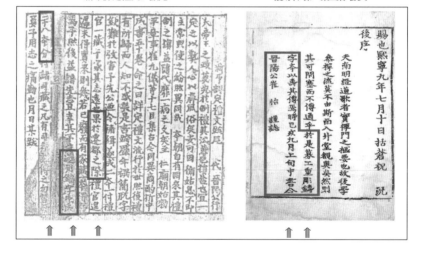

<書影 1>「東國李相國後集」所收「新印詳定禮文」跋尾.

<書影 2>「南明泉和尙頌證道歌」鑄字本의 覆刻本, 第44葉上葉, 跋文.

3.1.2 「南明泉和尙頌證道歌」

고려 금속활자본의 복각본인 「南明泉和尙頌證道歌」(「證道歌」로 약칭)(현존)의 권말에 수록된 발문에:

高麗鑄字本的覆刻本 ≪南明泉和尙頌證道歌≫(簡稱 ≪證道歌≫)(現傳)卷末所收跋文: "於是募工重彫鑄字本, 以壽其傳焉. 時巳 亥九月上旬, 中書令晋陽公崔 怡 謹誌."(<書影2>),

於是募工重彫鑄字本, 以壽其傳焉. 時巳 亥九月上旬, 中書令晋陽公崔 怡 謹誌(<書影 2>).

"巳亥"는 己亥의 오류로 1239年이다. "募工重彫鑄字本"은 장인을 모집하여 금속활자본을 새로이 복각한다는 뜻이므로, 그의 저본인 금속활자본은 당연히 이보다 이른 시기였을 것이며, 아마도 강화 천도 이전에 인출되었을 것으로 추정할 수 있다. 또 다른 해석 방법으로 만약 "於是募工重彫, 鑄字本以壽其傳焉."으로 해석한다면, 그 저본이 되는 금속활자본은 1239년에 간행된 것이다.

"巳亥"是己亥之誤, 己亥是1239年. "募工重彫鑄字本"之文意是將鑄造活字本重新覆刻的, 故可推想其爲底本的鑄字本應在此之前, 可能是在遷都江華以前已鑄印了. 另一種解釋法, 若可解釋爲 "於是募工重彫, 鑄字本以壽其傳焉.", 則其爲底本的鑄字本是印行於1239年.

3.2 現存 實物

3.2.1 "複" 活字 實物

"複" 활자 실물(<사진 1>)은 고려 활자로 전해지고 있다. 혹자는 그 합금 성분이 1102년에 주조한 "海東通寶"와 동일하고, 그 字體가 상술한 「證道歌」와 유사한 점을 근거로, 이는 1126-1232년 사이에 주조한 것이라고 주장하고 있다.

"複"字實物(<照片1>), 傳言是高麗活字. 有人據其金屬合金成分便與1102年所鑄海東通寶相同, 其字體和上述《證道歌》相近, 說此爲1126年至1232年之間所鑄的

<사진·照片 1> "複"(韓國國立中央博物館所藏) · "㮲"(北朝鮮開成歷史博物館所藏) 활자 실물

3.2.2 새로 출토된 「證道歌」 활자와 "高麗" 활자(暫定) 실물[1]

몇 년 전에 금속활자가 출토되었다. 현재로서는 고려시대에 「證道歌」를 인출한 활자(<사진 2>)와 기타 고려활자(<사진 3>)가 섞여 있는 것으로 판단된다. 중국의 丹東 지역에는 적지 않은 위작이 돌고 있다.

"證道歌活字"라고 임시로 칭하는 활자는 모두 140여 개가 출토되었다. 그 형태는 방정하지 않은 육면체로, 문자면에는 초록색 녹이 슬어있으며, 부분적으로 파손되었으며, 대부분 활자는 흙으로 덮여 있으며, 일부는 墨이 묻어 있어서 이미 사용한 것임을 알 수 있다. 배면에는 오목하게 들어간 반구형의 홈이 있다. 전후 측면은 평평하고, 좌우 측면은 2가지 형태가 있다. 하나는 평평하고, 다른 하나는 하저부에 단차가 돌출되어 있다.

그 字體는 「證道歌」 복각본과 유사하다. 금속의 합금 성분은 "法" 활자를 파괴 분석한 바에 의하면, 銅 85%, 錫 7%, 鉛, 鐵 등 기타 若干이다. "子" 활자의 비파괴 분석한 바에 의하면, 銅 38~45%, 錫 30~35%, 鉛 18~25%, 마그네슘, 알루미늄, 규소 등 기타 약간이다. 이 활자의 판본에는 「證道歌」·「東國李相國後集」(이상 복각본이 현존함)·「新 현존함」·「新印詳定禮文」(문자 기록에 의하여 추정) 등이 있다. "悲" 활자를 탄소동위원

新出土 ≪證道歌≫活字與 "高麗"活字(暫定)實物

前些年出土了一些金屬活字, 目前初步判爲混有高麗時代印出≪證道歌≫的活字(照片2)與其他高麗活字(照片3). 中國丹東地區有不少爲作贗品.

暫稱 "證道歌活字"供出土140餘粿. 其形態爲不定形六面體, 文字面上生有綠色銹, 部分被破損, 大部分以土掩蓋, 有些留有墨, 可知已用過. 背面有凹進去的半球形凹槽, 前後側面就平, 左右側面便有二種形態:一爲平, 二爲有界臺(界隔?).

其字體與 ≪證道歌≫覆刻本相近. 金屬合金成分便據破壞分析"法"活字爲銅85%, 錫7%, 其他鉛鐵若干. 再據非破壞分析"子"活字爲銅38~45%, 錫30~35%, 鉛18~25%, 其他鎂鋁硅等若干. 其印本有 ≪證道歌≫·≪東國李相國集≫(皆現傳覆刻本)·≪新印詳定禮文≫(據文字記錄推定)等. 將 "悲"活字做同位素炭14檢測, 結果爲1160-1280年間, 其他3粿活字爲902-1210年間.

---

1) 1. 韓國放送公司(KBS1). "歷史스페샬: 證道歌字 論難, 世界 最古 金屬活字의 眞實은?", 2010. 12. 2. 22:00-22:50.
   2. 南權熙. 「世界 最初로 鑄造된 金屬活字 證道歌字와 高麗時代 金屬活字」 (서울: 多寶星古美術, 2011).

소법으로 측정한 결과, 1160~1280년 사
이로, 기타 3개의 활자는 902~1210년 사
이로 판명되었다.

　"高麗活字"라고 임시로 칭하는 활
자는 모두 140여 개가 출토되었는데,
그중 2개는 소자이다. 그 형태는 "證
道歌活字"와 별 차이가 없다. 그러나
묵이 묻어 있지 않고, 배면은 다리가
4개 있어서 十자형으로 오목하게 들
어간 홈이 있다. 동체는 "證道歌活字"
보다 높고, 문자면은 더 크고, 금속
두께는 얇아서, 주조 기술이 더 우수
함을 알 수 있다. 아직 이 활자의 판
본은 발견되지 않고 있다.

　暫稱"高麗活字"供出土140餘粿, 其
中有2粿小字. 其形態與"證道歌活字"
差不多. 但沒留有墨, 背面有四個脚,
卽設有十字形凹進去的凹槽, 　胴體比
"證道歌活字"高, 文字面比"證道歌
活字"大, 金屬厚度比"證道歌活字"薄,
可知鑄造技術比"證道歌活字"高明.
尙未發現其印本.

<사진·照片 2> "證道歌活字"의 文字面·背面·前側面[2]

<사진・照片 3> "高麗活字"의 文字面・背面・前側面[3]

3.2.3 「白雲和尙抄錄佛祖直指心體要節」

1972년 프랑스 국립도서관이 UNESCO가 정한 '세계 도서의 해'를 기념하기 위하여 주최한 도서 전시회에서 「白雲和尙抄錄佛祖直指心體要節」(「直指」로 약칭)을 공개하였다.[4] 그 권말에는 "宣光七(1377)年丁巳七月 日 淸州牧外興德寺鑄字印施"의 간기가 있다(<書影 3>). 이로써 이전에 금속활자를 독일의 구텐베르크가 1455년경에 발명하였다고 인식하고 있던 유럽 여러 국가는 금속활자를 한국의 고려인이 먼저 발명하였으며, 구텐베르크보다 78년이나 이르다는 사실을 인정하지 않을 수 없게 되었다.

1972年法國國立圖書館爲了紀念 UNESCO所定 "世界圖書之年", 主辦過書展. 在此書展公開了 ≪白雲和尙抄錄佛祖直指心體要節≫(簡稱 ≪直指≫), 其卷末有刊記: "宣光七(1377)年丁巳七月日淸州牧外興德寺鑄字印施."(<書影 3>). 前此認爲金屬活字是谷騰堡(Gutenberg)於1455年左右發明的西方歐洲諸國都不得不承認金屬活字是由韓國高麗人發明, 竝比谷騰堡早78年.

---

2) 南權熙(2011), 14·15·27·28.

3) 南權熙(2011), 88.

4) 1. Bibliotheque Nationale, *Le Livre*, Paris, 1972.
   2. 프랑스국영텔레비전(法國國營廣播電視臺), 1972年 6月 1日 下午 8時, 뉴스(新聞).

<書影 3> 「白雲和尙抄錄佛祖直指心體要節」,
卷下 第39葉上葉, 刊記.

　　문헌 기록과 현존 실물에 의하면, 　　據文獻記錄與現存實物, 　韓國發
한국이 금속활자를 발명한 시기는 대　明金屬活字時期就大約於1232年以
략 1232년 이전으로, 독일의 구텐베　前. 此比德國的谷騰堡早200多年.
르크보다 200여 년 이르다.

4. 活字印刷의 發達 原因

　　목판인쇄의 장점은 책판을 조각하　　雕板印刷的優點爲, 刻好書板就可
기만 하면 장기간 보존할 수 있어서　以長期保存, 隨着所需量以印書, 其
필요할 때마다 인출할 수 있고, 인출　印量能達幾千部. 缺點就僅能印該
량도 수천 부에 달한다. 단점은 조각　書, 不能用到印別的書.
한 서적만 인출할 수 있고, 다른 서적
을 인출할 수 없는 점이다.

활자인쇄의 장점은 활자를 조성하기만 하면 반복 사용하여 여러 종류의 서적을 인출할 수 있다. 단점은 숙련된 조판 기술이 필요하고, 인출량이 적어서 대략 200부 정도이다.

한국은 지리적으로 중국과 밀착하여 정신·물질 등 각 방면에서 중국 문명의 영향을 받지 않을 수 없었다. 정치·경제·사회·문화 등의 수많은 제도는 중국을 모방하였다. 그러므로 서적 역시 중국이 가지고 있는 것은 한국도 필요하였다. 그러나 한국은 독서 인구가 중국보다 훨씬 적었다. 즉 한국은 필요한 서적의 종류는 많은데, 서적마다 수요량은 적었다. 이처럼 필요한 서적의 종류는 많고 수요량은 적을 경우, 활자인쇄는 그 장점을 발휘하여 발달할 수 있었다.

活字印刷的優點爲, 活字作好以後, 就可以反復使用以印很多種書. 缺點就需要熟練地排版技術, 竝印量少, 大約頂多200部.

韓國地理上靠近中國, 精神·物質等各方面皆受到中國文明之影響, 政治·經濟·社會·文化等很多制度模倣中國的, 故書本也是中國有什麼書韓國也需要什麼書, 但韓國本身讀書人口少得比不上中國. 卽說韓國所需要的書籍種類就多, 每種書籍需要量就少. 在這樣所需書籍多種少量的情況之下, 活字印刷就能發揮其優秀的功能而流行發展.

5. 高麗와 朝鮮의 書籍 印刷 政策

5.1 高麗時代

활자인쇄는 고려 말기에 등장하여 중앙 정부가 설립한 서적원이 금속 활자로 서적 인쇄 업무를 관리하였다. 그러나 오래지 않아 고려 정부가 멸망하여 진정한 기능을 발휘하지 못하였다.

活字印書就高麗末期出現. 由中央政府所設書籍院以管理鑄字印書, 但不久高麗朝政權垮台, 無法發揮眞正功能.

5.2 朝鮮時代

조선 왕조 500여 년 동안, 정부의 기본적인 서적 인쇄 출판 정책은 태종 3(1403)년 주자소를 설치한 이후부터, 중앙 정부가 宋·元本이나 한국인의 저작을 입수하면, 먼저 교정하여 금속활자로 인출한 후, 문신들에게 하사하고 각 지방 정부에 보내어 이를 저본으로 복각하도록 하였다.[5] 이처럼 지방 정부에게 금속활자본을 저본으로 복각하도록 한 주요 이유는 판면의 미감을 위해서였다. 이러한 서적은 대부분 권위를 나타내는 御製書 및 「國朝寶鑑」등 관찬서나,[6] 장기간 보존을 위한 것이었다.[7] 또는 당시 금속활자인쇄 기술상 많은 양을 인출할 수 없으므로 수요량이 많은 서적은 역시 복각하여 널리 보급하여야 하였다.[8]

朝鮮朝500餘年間, 最基本的政府印書出版政策是自太宗3(1403, 明永樂元)年鑄字所設置以後, 由中央政府一得宋·元本或韓國人著作, 即先讎校, 鑄字印書後, 內賜文臣外亦分送地方政府, 令地方政府以此爲底本覆刊的. 如此以鑄字印本爲底本, 令地方政府覆刻之主要理由是爲了板面之美感. 此類多半爲表示權威之御製敎書及≪國朝寶鑑≫等官撰書; 或者爲了長久之保存; 或是爲了當時鑄字印刷技術尙不能印很多, 故需要量多的書籍, 還是要覆刻而廣布之.

---

5) 1. 『朝鮮王朝實錄』, 「世祖實錄」, 卷11, 4年正月戊寅條.
 2. 『朝鮮王朝實錄』, 「中宗實錄」, 卷23, 11年丙 子正月甲辰條.
 3. 『朝鮮王朝實錄』, 「宣祖實錄」, 卷210, 40年丁未4月乙未條.
 4. "鑄字跋", 正祖21(1797, 淸嘉慶2)年丁酉字印本 「春秋左傳」 收錄.
 5. 李塏, "李塏跋"(明)景泰甲戌(5, 1454, 朝鮮 端宗 2年), 韓國國立中央圖書館所藏 「音註全文春秋左傳句讀直解」 收錄 등 기록이 모두 이러한 사례를 서술하고 있다.

6) 金斗鍾, 「韓國古印刷技術史」(서울: 探求堂, 1974), 頁204-205.

7) 李秉岐, "韓國書誌의 硏究(上)", 「東方學志」 第3輯(1957), 頁34.

8) 1. 『朝鮮王朝實錄』, 「世祖實錄」, 卷51, 13年辛亥2月癸亥條.
 2. 李塏, "李塏跋"(明)景泰甲戌(5, 1454, 朝鮮 端宗 2年), (韓國國立中央圖書館所藏 「音註全文春秋左傳句讀直解」 收錄): "太宗大王所印鑄字本, 字大便於觀覽而印少歲久……癸未夏, 上遂命全羅道觀察使……鋟梓于錦山郡, 以廣其傳.".
 3. 『朝鮮王朝實錄』, 「世祖實錄」, 卷11, 4年正月戊寅條.

6. 活字印刷의 發達 槪要

자세한 내용은 「中韓兩國古活字印刷技術之比較研究」 참조.

詳情就請參考 ≪中韓兩國古活字印刷技術之比較研究≫.

6.1 高麗時代

6.1.1 政府 活字

문헌 기록에 의하면, 「新印詳定禮文」·「證道歌」·「東國李相國集」 등이 있다. 「證道歌」·「東國李相國集」은 활자본의 복각본이 현존하고 있다.

據文獻記錄, 有 ≪新印詳定禮文≫·≪證道歌≫·≪東國李相國集≫. 後二者就現有活字本的覆刻本.

6.1.2 寺刹 活字

「直指」는 현재 프랑스 국립도서관에 소장되어 있고, 「慈悲道場懺法」은 그 복각본이 현존하고 있다. 사찰 활자의 주조방법은 밀랍주조법이다.[9]

≪直指≫就現藏在法國國立圖書館, ≪慈悲道場懺法≫就現有其覆刻本. 寺廟活字的鑄法爲撥蠟法.

6.2 朝鮮 時代

조선 왕조 500여 년 동안, 정부가 보유하고 있는 기술로 조성한 활자는 동활자 30종, 납활자 2종, 철활자 8종, 목활자 24종, 도활자 1종 합계 65종이 있다. 이외에 대략 1578년경부터는 목활자로 「朝報」(政府公報)를 인출하기 시작하였다. 자세한 내용은 韓國古活字年表(「中韓兩國古活字印刷技術之比較研究」, 223-236) 참조.

朝鮮朝500餘年間, 政府或利用政府保有技術所製活字有30種銅活字, 2種鉛活字, 8種鐵活字, 24種木活字, 1種陶活字, 合起來一共65種. 另大約自1578年左右開始以木活字印 ≪朝報≫(政府公報). 詳細的就請看韓國古活字年表(≪中韓兩國古活字印刷技術之比較研究≫頁223-236).

---

9) 曺炯鎭 「「白雲和尙抄錄佛祖直指心體要節」 復原 研究」(坡州: 韓國學術情報(株), 2019) 參照.

민간에서도 역시 여러 가지 활자를 조성하여 적지 않은 서적을 인쇄하였는데, 鐵活字, 木活字, 竹活字, 瓢(葫蘆)活字, 陶活字 등이 있다. 조선시대 후기에는 개인 각수가 직접 목활자를 조성하여 타인의 족보류와 문집류를 인쇄해 주는 것이 유행하였다. 이는 중국 淸代 후기의 상황과 비슷하다. 조선시대 후기에는 또한 개인이 철활자를 주조하여 서적을 인출한 적이 있다.

정부의 금속활자 주조방법은 주물사법으로, 그 주조 효율은 대단히 높고, 서품 역시 목판본에 손색이 없을 정도였다. 민간 철활자의 주조방법은 단면점토판주조법으로 그 기술 수준은 그다지 우수하지 못하였고, 서품 역시 좋지 않았다.

民間也製造樣樣活字以印不少書, 包括鐵活字, 木活字, 竹活字, 瓢(葫蘆)活字, 陶活字等. 朝鮮朝後期, 私人刻工自己刻一套木活字到處代人印, 以流行印家譜類與文集類, 這情形與中國淸朝末期相同. 朝鮮朝後期亦出現私人鑄鐵活字印過書.

政府所鑄金屬活字的鑄法爲翻砂法, 其鑄造效率非常高, 書品也幾乎沒遜色刻本. 民間所鑄鐵活字就爲單面陶版鑄造法, 其技術不高明, 書品不佳.

7. 活字印刷의 淘汰

조선시대 정부의 활자인쇄는 1910년 일제 강점 이후 도태되어 조선총독부가 대행하게 되었으며, 마지막 판본은 1915년에 丁酉字로 인출한 「靑丘詩鈔」이다. 민간에서는 20세기 초까지 습용되어 오다가, 서양 문화의 수입과 사회 환경의 변화로 적응하지 못하고 도태되었다.

朝鮮朝政府活字印書就於1910年被日本强占之後, 自動被淘汰, 而由日本的朝鮮總督府代印, 最後一本是≪靑丘詩鈔≫(1915年丁酉字印). 民間就仍沿襲用到20世紀初. 後來西方文化傳入, 社會環境條件不同了, 就適應不了而被淘汰了.

8. 活字本의 內容

경사자집을 모두 포함하고 있다.
조선시대 중기 이후에는 「朝報」가 있
었고, 후기에는 족보류와 문집류가
많이 인출되었다.

經史子集皆有. 朝鮮朝中期以後有
≪朝報≫, 後期就多印家譜類與文集類.

9. 活字本의 印刷 過程과 鑑別 方法

판본의 감별은 우선 인쇄 과정을
이해하여 그 결과를 예상할 수 있으
면 많은 도움이 된다.

要鑑別板本, 先要了解印刷過程,
就可想像得出其結果, 幇助鑑別.

9.1 印刷 過程

9.1.1 木板本의 印刷 過程

① 목재 벌목, ② 연판 = 수액을 제
거하여 부패와 건조 시의 변형을 방지,
③ 판재 조성, ④ 대패로 평면 조성, ⑤
네모 칸에 문자를 가득 차게 써서 판하
본 완성, ⑥ 평평한 판재에 판하본을
뒤집어 붙이기, ⑦ 문자 조각(陽刻 反
體字), ⑧ 교정, ⑨ 수정, ⑩ 묵즙 도포
하여 인출, ⑪ 장정 ⇒ 목판본 완성.

①砍伐木材, ②練板 = 抽出樹液以
防止腐敗與乾燥時變形, ③裁板木, ④
鑢平, ⑤寫底本在格內寫字寫得滿, ⑥
反帖底本在板木上, ⑦刻字(陽刻反體
字), ⑧校對, ⑨修改, ⑩塗墨刷印, ⑪
裝訂 ⇒ 刻本完成.

9.1.2 活字本의 印刷 過程

1) 활자 조성(낱개로, 복수로): 도활자
는 조각 또는 주조. (宋)畢昇의 교니활
자는 조각, (淸)翟金生의 泥活字는 주
조하였다. 木活字는 조각. 金屬活字는
조각 또는 주조. 고려와 조선은 주조, 明

1) 活字製造(單個的·複數的): 陶
活字是刻或鑄, 宋畢昇的膠泥活字就
刻, 淸翟金生的泥活字就鑄. 木活字
是刻. 金屬活字是刻或鑄, 高麗與朝
鮮朝就鑄, 明朝無錫地區的錫活字與

朝 無錫 지역의 錫活字와 淸朝의「古 今圖書集成」銅活字는 조각하였다.

2) 조판(인판에 활자를 조립): 원고 대로, 활자·변란재·계선재·어미재 등을 배열, 조립하여 인판을 완성한다. 이 과정이 가장 숙련된 기술과 가장 많은 시간이 필요하다.

3) 인출(묵즙 도포, 인출): ① 인판을 작업 받침에 고정, ② 인출면에 묵즙 도포, ③ 책지 얹기, ④ 밀대로 밀어내기, ⑤ 책지 들어내기. 이 과정은 목판 인쇄와 같다.

4) 재사용(해판, 재사용에 제공): ① 인판 상의 활자 등을 해체하여, ② 환원, ③ 보존, 재사용에 제공한다.

5) 인출한 서엽을 모아서 장정 ⇒ 활자본 완성한다.

淸朝≪古今圖書集成≫銅活字就刻.

2) 排版(將一板上活字組合): 照原 稿, 將活字·邊欄材·界線材·魚尾 材等排好, 組合成印版. 此過程需要 最熟練的技術與最長時間.

3) 刷印(塗墨, 刷出): ①將印版擺好 在印臺上, ②塗墨印出面, ③布紙, ④ 刷背, ⑤拿出紙張. 此過程與雕板印刷 差不多.

4) 再使用(拆開, 以備再用): ①將印 版上活字拆開, ②還原, ③貯存, 以備 再使用.

5) 將印好紙張裝訂⇒活字本完成.

9.2 鑑別 方法

비교하기 쉽도록 표로 설명하고자   爲了容易比較, 以圖表說明. 但要
한다. 다만 여러 예외 현상은 주의하   注意樣樣例外現像.
여야 한다.

<표 1> 板本의 鑑別 方法

		金屬活字本	木活字本	活字本의 覆刻本	木板本
1	匡郭, 꼭짓점	연접하지 않아서 꼭 짓점이 떨어져 있다.	연접하지 않아서 꼭 짓점이 떨어져 있다.	연접하여 꼭짓점이 붙 어있다.	연접하여 꼭짓점이 붙 어있다.
	匡郭, 四角	不連接, 四角有缺口	不連接, 四角有缺口	連接, 四角沒缺口	連接, 四角沒缺口
2	界線, 魚尾	붙지 않고 각각 떨어 져 있다.	붙지 않고 각각 떨어 져 있다.	붙어있다.	붙어있다.
		不連接, 各分隔	不連接, 各分隔	連接	連接
3	版面의 墨色	농담이 균일하지 않 고, 비교적 연하다.	농담이 균일하지 않 고, 비교적 진하다.	농담이 균일하고, 비교적 진하다.	농담이 균일하고, 비 교적 진하다.
		濃淡不均勻, 較淡	濃淡不均勻, 較濃	濃淡均勻, 較濃	濃淡均勻, 較濃
4	文字의 안치 각도	삐뚤어지고, 90도 누 워있거나 180도 뒤집 혀 있다.	삐뚤어지고, 90도 누 워있거나 180도 뒤집 혀 있다.	삐뚤어지고, 90도 누워있거나 180도 뒤집혀 있다.	반듯하다.
	字位	有歪斜, 橫排, 倒排	有歪斜, 橫排, 倒排	有歪斜, 橫排, 倒排	沒歪斜
5	文字의 가로 세로 줄	삐뚤어지고, 가지런하 지 못하다.	삐뚤어지고, 가지런하 지 못하다.	삐뚤어지고, 가지런 하지 못하다.	반듯하고, 가지런하다.
	文字 行伍	有歪斜, 不整齊	有歪斜, 不整齊	有歪斜, 不整齊	沒歪斜, 整齊
6	字間	떨어져 있고, 필획이 교차하지 않는다.	떨어져 있고, 필획이 교차하지 않는다.	떨어져 있고, 필획이 교차하지 않는다.	밀착해 있고, 필획이 교차한다.
		分隔, 筆劃不交叉	分隔, 筆劃不交叉	分隔, 筆劃不交叉	不分隔, 筆劃交叉
7	字樣	동일하다.	동일하지 않다.	동일하지 않다.	동일하지 않다.
		一致	不一致	不一致	不一致
8	筆劃	균일하고, 윤곽이 둥 그스름하다.	균일하지 않고, 윤곽 이 모나고 도각 흔적 이 있다.	균일하지 않고, 윤곽 이 모나고 도각 흔 적이 있다.	균일하지 않고, 윤곽 이 모나고 도각 흔적 이 있다.
	字劃	均勻, 圓滑	不均勻, 稜角, 刀刻痕迹	不均勻, 稜角, 刀刻痕迹	不均勻, 稜角, 刀刻痕迹
9	漫漶	필획이 가늘수록 끊 어지지 않는다.	필획이 굵을수록 목 리가 나타난다.	필획이 굵을수록 목 리가 나타난다.	필획이 굵을수록 목 리가 나타난다.
		筆劃越細, 沒斷筆	筆劃越粗, 木理出現	筆劃越粗, 木理出現	筆劃越粗, 木理出現

10. 活字本 書影(結論 대체)　　活字本 書影(代結論)

(1) <書影 4>「白雲和尙抄錄佛祖直指心體要節」, 高麗金屬活字本, 卷下 第5葉.

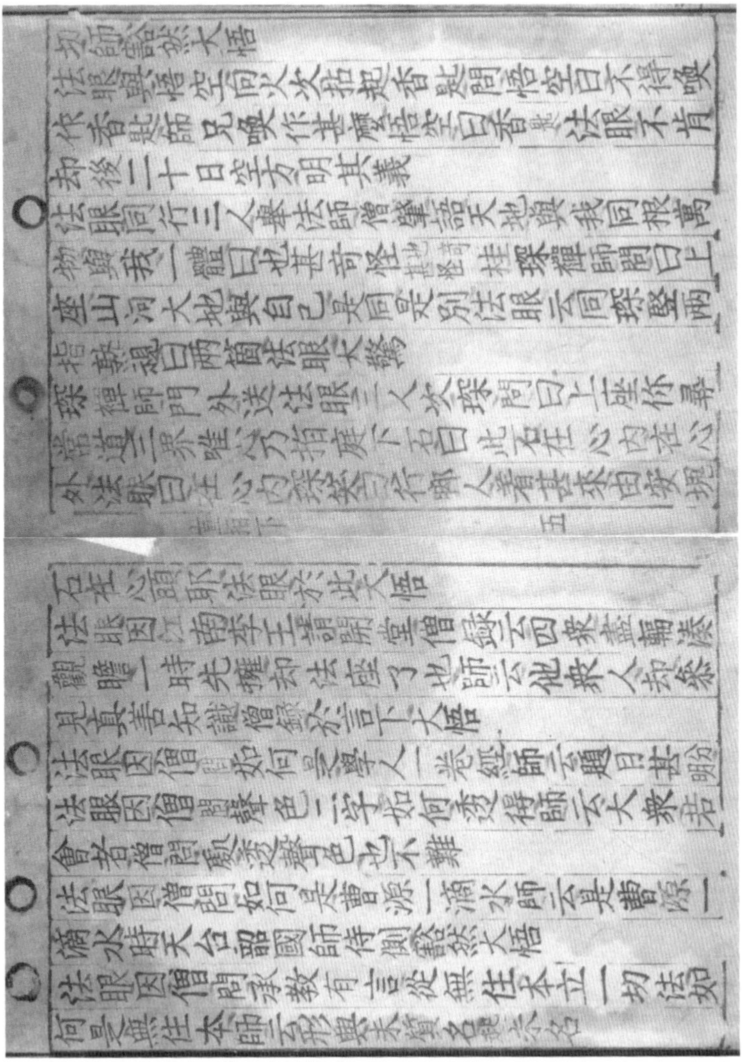

⑵ <書影 5>「音註全文春秋括例始末左傳句讀直解」,
　　1646年癸未字(1403年鑄)覆刻本, 綱目 第1葉.

(4) <書影 7> 「東坡先生詩」, 1434-1450年間甲寅字(1434年鑄)印本, 卷6 第1葉.

(5) <書影 8> 「東坡先生詩」, 甲寅字覆刻本, 卷8 第1葉.

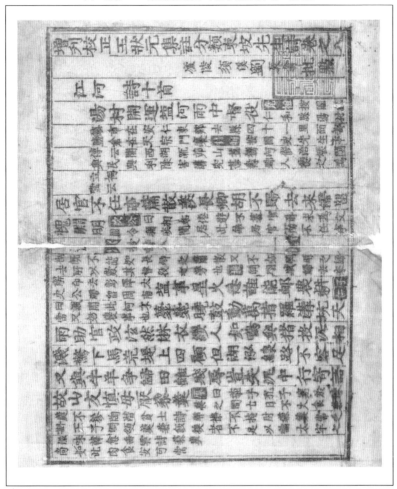

(6) <書影 9>「東坡先生詩」, 1609-1649年間訓練都監(甲寅字體)字印本, 卷1 第1葉.

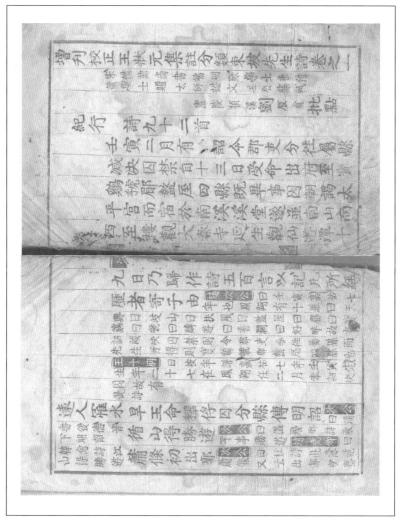

(7) <**書影** 10> 「**大明一統志**」, 1506-1608**年間乙亥字**(1455**年鑄**)**印本**, **卷**86 **第1葉**.

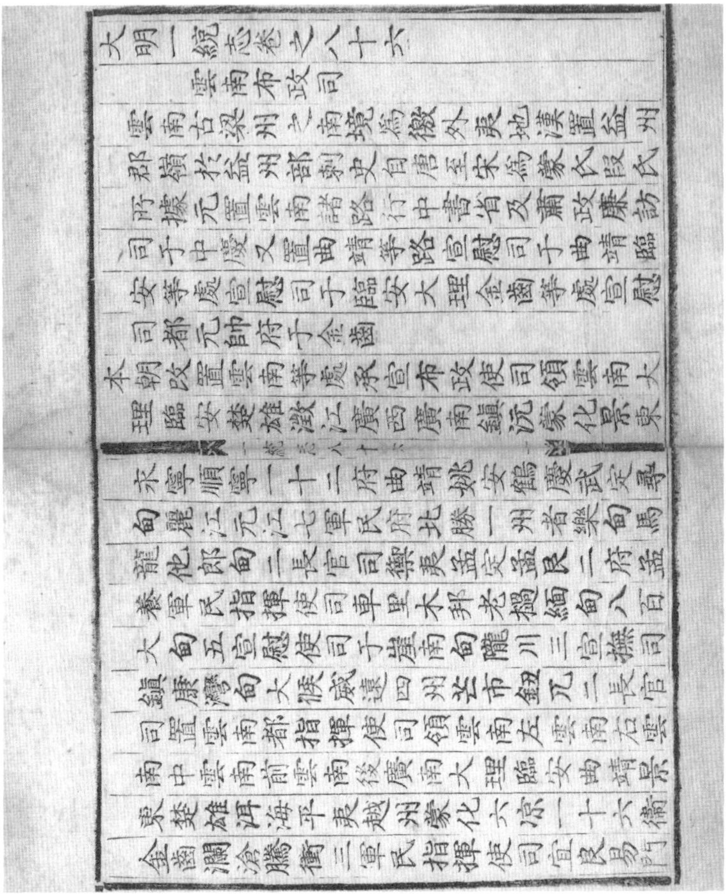

大明一統志卷之八十六
雲南布政司
雲南古梁州之南境爲徼外夷地漢置益州
郡隸於益州部刺史自唐至宋爲蒙氏段氏
所據元置雲南諸路行中書省及肅政廉訪
司于中慶又置曲靖等路宣慰司于曲靖臨
安等處宣慰司于臨安大理金齒等處宣慰
司都元帥府于金齒
本朝改置雲南等處承宣布政使司領雲南大
理臨安楚雄澂江廣西廣南鎮沅蒙化景東
永寧順寧一十二府曲靖姚安鶴慶武定尋
甸麗江元江七軍民府北勝一州者樂甸馬
龍他郎甸二長官司鎮夷孟定孟艮二府孟
養軍民指揮使司車里木邦老撾緬甸八百
大甸五宣慰使司于崖南甸隴川三宣撫司
鎮康灣甸大候威遠四州芒市鈕兀二長官
司置雲南都指揮使司領雲南左雲南右雲
南中雲南前雲南後廣南大理臨安曲靖景
東楚雄洱海平夷越州蒙化六涼一十六衛
金齒瀾滄騰衝三軍民指揮使司宜良易門

(8) <書影 11> 「周易傳義」, 1466年乙亥字(1455年鑄)印本, 卷13 第38葉.

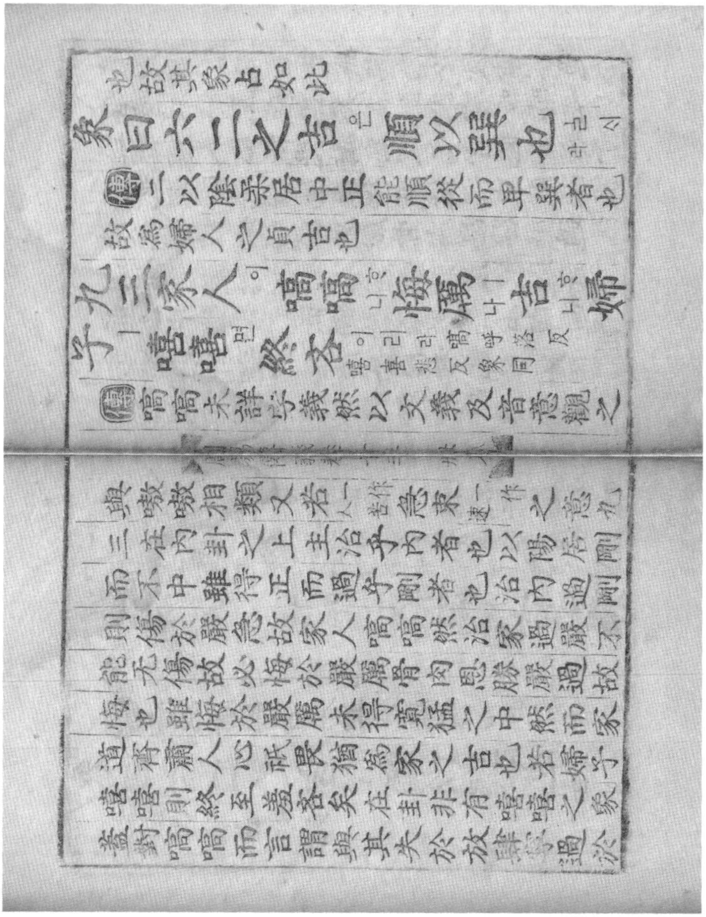

靑丘詩鈔序

活版印書之法在朝鮮始於高麗之時至李朝而其
術漸進諸書銅鑄歷代之鑄字不知幾十百萬夷而也宗
行甲寅以明板孝順事實字體有似於王若軍呼師衛夫人筆蹟故
稱鑄夫人字後至英祖正祖時更增鑄字三十萬餘字實
中丙現藏于總督府者大小二十萬餘字實朝鮮活字之
樂因游此活字新印一書以頒同好乃抄高麗以前

青丘詩鈔序

詩歌題曰青丘詩鈔青丘是朝鮮別稱也卿記其呼

由爲序
大正四年九月　日
朝鮮總督府參事官法學博士秋山雅之介

(10) <書影 13> 「論語集註大全」, 18世紀瓢活字印本, 卷5 第1葉.

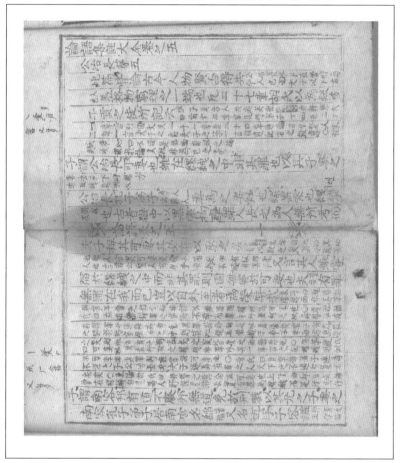

(11) <書影 14>「歷代總要」, 陶活字印本, 卷4 第1葉.

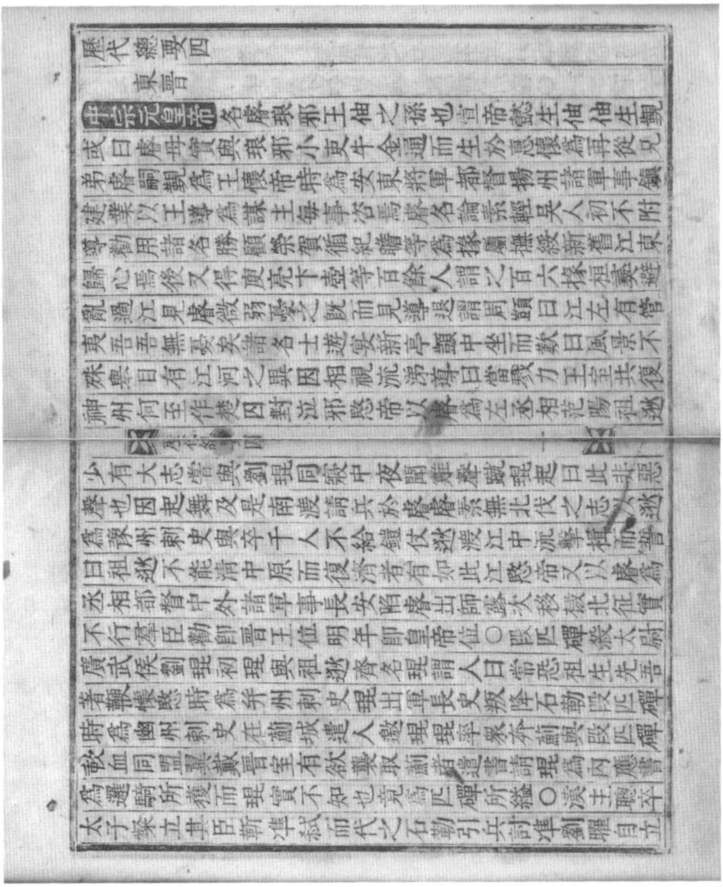

附錄 3. 金屬活字本說 「南明泉和尙頌證道歌」의 鑑別 方法 研究*
A Study on the Distinguishing Methods for
Nammyung chenwhasangsongjungdoga's
Allegedly Metal Type Edition

〈초 록〉

공인박물관 소장 「南明泉和尙頌證道歌」가 금속활자본으로 인정받기 위해서는 다음의 요소를 제시하여야 한다.

(1) 활자의 재사용 현상

(2) 인판의 재사용 현상

(3) 인출면의 높이 차이 현상

(4) 字樣의 일치 현상과 유연묵의 특징

(5) 기타 과학적 증거

要語 : 「南明泉和尙頌證道歌」, 「증도가」, 공인박물관, 금속활자본, 감별

---

* 조형진, "金屬活字本說 「南明泉和尙頌證道歌」의 鑑別 方法 研究", 「書誌學研究」 제63집(2015. 9), 91-117.

〈ABSTRACT〉

In order to certify *Nammyungchenwhasangsongjungdoga* as metal type edition which is collected by Kongin Museum, the following grounds must be submitted.

(1) Evidence for repeated usage of type.

(2) Evidence for repeated usage of printing plate.

(3) Evidence for height discrepancy of printing face.

(4) Evidence for uniformity of character form and oil ink attribute.

(5) Other scientific evidences.

Key words : *Nammyungchenwhasangsongjungdoga, Jungdoga,* Kongin Museum, Metal Type Edition, Distinction

1. 緒 言

공인박물관 소장 「南明泉和尙頌證道歌」(이하 「증도가」로 약칭) (不分卷 1冊)에 대하여 鑄字本 = 금속활자본이라는 주장이 제기되었다.[1] 이 판본[2]은 이미 오래전에 금속활자본의 복각본으로 알려졌던 것으로, 2012년에는 목판본으로 인정되어 보물 758-2호로 지정되기도 하였다.

전통문화 유물의 문화재 지정은 진실에 근거하여 이루어져야 한다. 「증도가」역시 동일하다. 순수한 학문적 연구 자세로 접근하여야 한다. 금속활자본으로 단정 짓고 근거를 찾아내려는 연역적 연구 자세는 위험하다. 근거를 찾은 후 판본을 결정하는 귀납적 연구 자세가 절대 필요하다. 그리하여 금속활자본으로 밝혀지면 '증도가활자'의 실물과 함께 그 발명의 증거 자료가 되어 국가적 자존심을 세계에 알릴 자산이 될 것이다. 반대로 비학문적 자세는 단호히 배격하여야 한다. 만약 조작에 의한다거나 다른 저의 또는 누구의 이익을 위한 시각 등 학문 이외의 관점으로 접근하여 다른 판본을 금속활자본으로 왜곡한다면, 이는 판본 하나의 감별 실수에 그치지 않고 학술계를 분탕질하는 대단히 나쁜 행위일 뿐만 아니라,[3] 더 나아가 세계적으로 국가의 망신을 자초

---

1) 박상국, "금속활자본 「남명천화상송증도가」", 보조사상연구원 제110차 정기 월례학술대회(2015. 3. 21), 5-23.

2) 공인박물관 소장본. 과거 안동 박동섭 소장본·안동본이라 칭하기도 하였고, 지금은 부산 원진 스님 소장본·대성암 소장본이라고도 칭한다.

3) 전 금속활자장 오국진이 복원한 밀랍주조법(吳國鎭, 「直指活字 復元報告書」(청주: 청주고인쇄박물관, 1996))에 대하여 1987년부터 의구심을 품은 이후, 약 13년간 질문과 추적을 통하여 거짓임을 확신하고 바로잡기 위하여 투쟁하였다. 황정하 청주고인쇄박물관 학예실장의 배석 하에 본인으로부터 거짓이라는 실토를 받아냈다. 당시 청주 MBC 남윤성 PD로부터 "1995년 「직지」관련 다큐프로그램 제작을 위하여 오국진이 밀랍주조법으로 금속 용액을 주입하였으나, 주입되지 않고 쇳물이 역류하여 튀는 현상을 촬영까지 하였다."라는 말을 직접 전해 들었다. 필자는 이를 바로잡기 위하여 본인에게 정정할 것을 끈질기게 요구하였다. 문화재청 등 관계 기관과 인사에게 관련 자료와 내용증명을 여러 통 발송하여 정정될 수 있도록 협조도 요청하였다. 충북방송은 직지 복제 관련 기획 점검 뉴스로 3일에 걸쳐 보도하기도 하였다(2004. 7. 9-12). 그러나 끝내 본인 스스로 거짓을 수

하는 결과를 초래할 것이다. 왜냐하면 '증도가활자'와 「증도가」는 금속
활자의 발명작이 될 수 있어서 전 세계가 주목하고 있기 때문이다.

필자는 평생 활자를 연구해 온 학자로서 사실을 말할 줄밖에 모르며,
진실로 최근 발견된 '증도가활자'도 진품이기를 기대하고, 금속활자본
「증도가」의 출현도 목마르게 기다리고 있다. 마음이 이토록 간절하다
할지라도 거짓을 조작할 수는 없다. 복각본이면 복각본이라고, 금속활
자본이면 금속활자본이라고 하지 않을 수 없다. 있는 사실 그대로를 밝
혀야 한다. 이러한 학문적 자세로 「증도가」의 금속활자본설에 대하여
모든 선입견을 배제한 채 객관적 자세로 살펴보고자 한다.

우선 거론되고 있는 「증도가」의 사진판과 실물을 2시간여 동안 관찰
할 기회를 주신 박상국 님께 감사드린다. 충분한 검토까지는 못했지만,
나름대로 의견은 제시할 수 있을 듯하다. 실물 검토 결과 이 판본은 매
우 특이한 특징을 두루 보인다. 즉 묵색·농담·광곽·문자 행렬 등에
서 금속활자본·목판본·활자본의 복각본, 심지어 도활자본의 특징도
번갈아 나타나고 있다. 또한 「증도가」의 다른 2종의 판본4)과는 인출

정하지 않은 채 사망하였다. 그 결과 지금까지도 활자 관련 연구에서 이 거짓 보고서가 인용되는
실정이다. 예: 남권희, "「白雲和尙抄錄佛祖直指心體要節」 硏究의 成果와 課題", 2000 청주인쇄출판
박람회 조직위원회, 「제3회 청주국제인쇄출판문화학술회의」 (청주: 청주고인쇄박물관, 2000),
136-137. ; 남권희 등, 「直指와 金屬活字의 발자취」 (청주: 청주고인쇄박물관, 2002), 일러두기,
147-159, 324-328. ; 옥영정, "고려 금속활자인쇄술에 관한 종합적 검토", 「고려시대 금속활자 "증
도가자" 학술발표논집」 (2011. 6). ; 옥영정, "고려 금속활자 연구에 관한 종합적 검토", 「고려 금속
활자 조사연구」 (청주: 청주고인쇄박물관, 2011), 332-335. ; 옥영정, "고려 금속활자 연구의 흐름과
새로운 변화", 한국학중앙연구원, 「국제학술회의 고려의 금속활자와 세계인쇄사의 재조명」 (성남:
한국학중앙연구원, 2012. 2. 8), 173-201, 「書誌學報」 제39호(2012. 6), 149-184에 전재. 인용 또는
참고 사례는 이 밖에도 더 있지만, 이들은 결국 헛된 연구가 되거나, 연구 내용의 가치가 하락할 것
이니 피해자인 셈 아닌가? 이를 생각하면 지금 돌이켜봐도 본인의 입으로 바로잡게 하지 못한 것이
아직도 분하다. 거짓을 바로잡기 위하여 협조를 요청한 관계 기관 중 일부는 개인감정이 아니냐며
오히려 저항하였다. 학문적 이유가 확실한 이것이 개인감정인가?

4) 1. 삼성출판박물관소장본. 1984년에 1239년 복각본으로 인정되어 보물 758호로 지정. 후쇄본으로 보인다.
   2. 대구개인(김병구)소장본. 이 판본은 책 말미에 1472년의 金守溫 인정 발문이 붙어 있어서, 그 무렵에
      인출한 것으로 판단할 수 있다. 2015년 3월 현재 이 발문을 떼어내고 문화재 지정 신청된 상태이다.
   3. 1종(대구파계사종진스님본)이 더 있는 것으로 들었다.

시기의 선후 현상이 혼재하고 있다.

이는 아마도 활자인쇄 기술 발달 양상이 정착하기 전의 미숙한 초기의 판본 단계에서, 당시의 인쇄 장인들이 기술 개량을 위하여 이렇게도 저렇게도 해 보는 과정에서 나타난 현상일 수도 있다. 또는 「증도가」의 다른 2종의 판본과 저본이 달랐거나 보판이 섞여 있거나 보각 또는 수리를 했을 가능성도 있어 보인다. 문자와 광곽에서 가필 현상도 적지 않게 나타난다. 이처럼 오늘날 이를 감별하기에 어려운 특징을 보인다. 정확한 결론을 얻으려면 심도 있는 검토가 더 필요할 것으로 판단된다.

2. 文獻 記錄

2.1 "重彫鑄字本"

문제가 되는 최이의 발문 중에서 핵심 부분은 "重彫鑄字本"이다.

이에 대하여 금속활자본설은 6명의 해석을 제시하고 있다. 그 해석을 살피면 한글 표현의 애매함으로 인하여 중조본이 복각본인 경우와 금속활자본인 경우의 두 가지 해석이 가능한 경우가 있다(이정섭: "주자본으로 다시 새겨"). 이를 고려하여 구분하면, 4명(김두종·박상준·이광호: "주자본을 중조" 또는 "주자본을 다시 새겨"·김두재: "이전에 만들어진 활자본을 그대로 목판에 옮겨서 간행")은 과거의 금속활자본을 이 당시(1239년)에 복각한 것으로 보았다. 다른 2명(이정섭·정원태: "중조함에 있어 주자본으로 하여")은 이 당시에 금속활자본을 인출한 것으로 보았다.5) 금속활자본설은 이 중 후자를 선택하였다.

---

5) 한문의 한글 번역이 애매할 때는 한글 번역문을 다시 한문으로 작문해 보면, 한글 번역이나 의미

필자는 이 구절의 해석법에 대하여 이미 30여 년 전부터 고민했다. 결론은 농축된 언어인 한문의 태생적 특성으로 인하여, 이 두 가지의 해석이 모두 가능하다. 전자는 문자의 본래 의미에 충실하게 '주자본을 (목판에) 조각'한 것으로 "彫"를 해석한 것이다. 이에 비하여 후자는 '주자본을 인출'한 것으로 "彫"를 해석한 것이다. 이는 이미 500년 이상 이어져 온 목판인쇄의 '彫刻'이 '彫印' = '印出' = '印刷', 즉 책을 찍어내는 개념으로 관행화되었을 것으로 보아 가능한 해석이다. 따라서 이미 알려진 문헌 기록의 해석을 바꾸어 금속활자본의 근거로 삼기에는 어려워 보인다. 목적성 해석으로 오해받을 수 있다. 즉 금속활자의 기원을 가능한 한 소급하여 민족의 자존심을 살리려는 시각이라면 전자로 해석할 것이요, 현재의 판본이 금속활자본이라고 주장하고 싶다면 후자로 해석할 것이기 때문이다.

오히려 이와 반대로 1239년의 금속활자본이 출현한다면, 이에 근거하여 문헌 기록을 후자로 해석하는 것이 옳았었다고 결론지을 수 있다. 금속활자본이 출현하지 않는다면, 정직하고 순박한 우리의 조상은 문자에 충실하였다고 해석한 전자가 옳았다고 판단하는 것이 순리일 것이다. 더욱이 지금으로서는 1239년 당시, 늦어도 1472년 이전에 복각한 판본의 후쇄본[6]이 현존하므로, 1239년의 주자본이 출현하기 전까

───────────

분석의 정확도가 더 분명해질 수 있다.

6) 후쇄본의 인출 연대 추정을 위한 척도 연구에 관하여 사족 하나 첨언한다. 목판본 중에 많은 후쇄본이 있으나, 후쇄 연도는 예측하기 어렵다. 왜냐하면, 아직까지 후쇄본의 인출 연대를 유추할 수 있는 척도가 없기 때문이다. 「증도가」 A본도 복각 후, 즉시 인출한 초쇄본이라기보다는 후쇄의 현상이 여러 곳에 나타나 보이지만 인출 연대는 알 수 없다. 이를 위하여 연구 과제가 있다. 목판본의 목록 저록을 위하여 감별하여야 하는 중요한 요소 중의 하나는 판각 연도와 인출 연도이다. 판각 연도의 감별은 간기가 있으면 쉽게 밝힐 수 있고, 간기가 없다 할지라도 기타 요소에 근거하여 어렵지 않게 밝힐 수 있는 경우가 대부분이다. 그러나 인출 연도의 경우는 변수가 있다. 목판본은 판각 후, 대체로 바로 인출하여 서적을 생산하므로, 이 같은 초쇄본의 경우는 판각 연도와 인출 연도가 일치한다. 목판본의 장점 중 하나가 책판만 잘 보관하면 서적이 필요할 때마다 인출하여 수요에 제공할 수 있는 점이다. 이러한 장점으로 인하여 초쇄본이 소진되면 후쇄본이 적지 않게 생

지는 문자의 본래 의미에 맞게 "彫"를 복각으로 해석하는 것이 타당할 것으로 보인다. 또한 '주자본을 인출'한 것으로 해석한다면, 금속활자본은 현존하지 않으면서 복각 사실도 없는 복각본이 현존하고 있는 점과도 모순이다. 따라서 문헌 기록의 새로운 해석법을 찾기보다는 실물 판독으로 금속활자본 여부를 감별하는 것이 옳은 방법으로 보인다.[7)]

김두재는 "重彫鑄字本"의 한글 해석을 오해 또는 두 가지 가능성의 여지 없이 명확히 풀이하였다. 그러나 발문 전체에 대하여는 "한문의 문법 상 이 발문은 분명히 주자본(鑄字本)에 관하여 쓴 발문으로 보입니다. 목판본을 위해서 지은 발문이라고는 생각할 수 없습니다."라고 하였다.[8)] 이는 "重彫鑄字本"의 해석과 모순이다. "이전에 만들어진 활자본을 그대로 목판에 옮겨서 간행"하면서 지은 이 발문이 어떻게 "이전에 만들어진 활자본"의 발문이 될 수 있겠는가? 착각이 아닌가 생각한다. 다만 두 가지 해석의 가능성에 따라서 중조본이 복각본이라면 복각본의 발문이 될 것이요, 중조본이 주자본이라면 주자본의 발문이 될 것이다. 분명히 밝히지만, 최이의 이 발문은 중조본의 발문이다.

산되곤 하였다. 이 후쇄본의 경우, 인출 연도를 따로 표기하지 않는 경우가 대부분이다. 그 결과 오늘날 판각 연도는 알 수 있지만, 인출 연도는 구체적으로 밝히지 못하고 '후쇄본'으로만 저록하고 있는 실정이다. 이러한 현실을 고려하면 후쇄본의 인출 연도를 밝히기 위한 연구가 절실하다.

후쇄본의 경우, 책판 보관 기간이 흐를수록 건조가 진행되면서 목리(할렬)가 점차 커진다. 이 점에 착안하여 판각 연도와 인출 연도가 밝혀진 후쇄본을 여러 종 확인하여 기간 차이에 따른 목리 크기의 척도를 구축하면 인출 연도를 알 수 없는 후쇄본의 목리 크기에 근거하여 후쇄 연대를 유추할 수 있을 것이다. 다만 책판은 판각할 때 이미 연판 과정을 거쳐서 가공한 목재이므로 1~20년 이내의 단기간 차이에는 변형을 구분하기 어려울 것이다. 따라서 판각 후 3~50년, 6~70년, 또는 100년이 경과한 후에는 목리의 크기 구분이 가능할 것이다. 즉 '목판본 후쇄본의 판각과 인출 연도 차이에 의한 목리 크기의 척도 구축 연구'가 필요하다. 후진의 분발을 기대한다.

7) 필자는 「白雲和尙抄錄佛祖直指心體要節」(이하 「직지」로 약칭)의 자적만을 분석하여 직지활자의 주조 방법과 조판 방법까지 추출할 수 있었다. 이에 근거하여 「직지」의 복원을 목전에 두고 있다. 즉 실물 판독만으로도 금속활자본 여부를 충분히 감별할 수 있다.

8) 박상국(2015), 10.

2.2 重彫本의 底本

금속활자본설은 더 나아가 이 판본에 서문과 후서가 붙어 있는 것으로 보아 宋本을 저본으로 삼았다고 하였다.

판본 발달사를 보면, 明代 이후로 宋本을 복각하면서 과거의 좋은 판본을 복각하는 습관이 유행하기 시작하였다. 조선의 경우는 중앙정부가 활자로 인출하여 지방정부에 보내면, 지방정부는 이를 근거로 복각하여 대량으로 유통한 인쇄 정책은 이미 알려진 사실이다. 그런데 문제는 후대에 복각할 때 복각 사실을 정확히 밝히기도 하지만, 대체로는 저본에 있는 과거의 각종 서문이나 발문까지 그대로 복각하는 습관이다. 이는 복각을 거듭할 때에도 동일하다. 따라서 복각본의 저본을 추적하는 일은 서문과 발문의 복각 여부뿐만 아니라 판식 등을 종합적으로 고찰하여야 한다.

현재 거론되고 있는 「증도가」의 저본에 대하여, "重彫鑄字本"을 전자로 해석한다면 금속활자본이 저본임은 확실하다. 후자로 해석한다면 이 금속활자본의 저본이 어떤 판본인지는 발문 기록에 전혀 설명이 없다. 서문과 후서는 가능성을 나타낼 뿐이다. 이 금속활자본의 저본이 宋本이라는 주장은 비약이다.

그렇다 할지라도 현재 거론되고 있는 이 판본이 1239년에 인출한 금속활자본인지는 별개의 문제다.

3. 實物에 나타난 現象

3.1 匡郭의 斷切 現象

금속활자본설은 공인박물관소장본(A본)의 광곽이 삼성출판박물관소장본(B본)·대구의 개인소장본(C본)과 일부(제1·2·5엽[9])는 거의 비슷하고 일부(제4·6·9·10·27·29·32엽)는 완전히 다르다고 하였다. 같은 경우는 결락까지 그대로 번각하였기 때문이라 하였다. 또한, A본의 광곽이 결락처럼 끊어져 보이는 것은 광곽을 만들 때 쇳물이 녹아내려 높이를 맞추지 못했기 때문이라 하였다(<사진 1>).

<사진 1> 「證道歌」의 광곽 현상

A·B·C본 순		
제4엽상엽 제1행 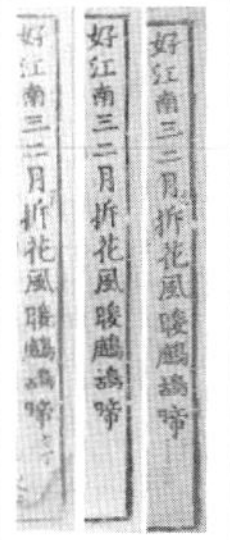	제6엽상엽 제1·8행, 하엽 제1·8행 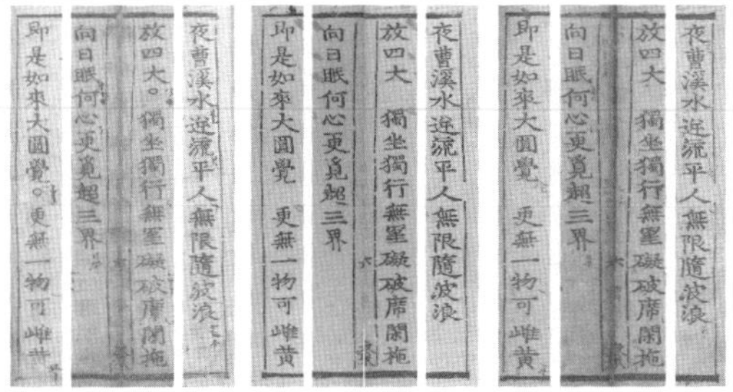	제27엽상엽 제1행 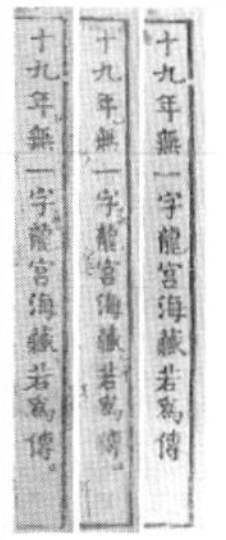

필자의 판단으로 고려시대 당시 중앙정부의 금속기술 수준이 지극히 간단한 광곽용 금속 막대를 이렇게 고르게 만들지 못할 만큼 낮은 정도는 아니었다. 청동기 시대 이후 금속을 다루어온 조상의 지혜와 기술

---

9) 제5엽은 완전히 다르다고 하였지만, 확인 결과 비슷하다. 정리 상 제6엽의 실수로 보인다.

수준은 신라시대에 이미 범종과 동경 등의 섬세한 문양까지 표현한 것을 보면 충분히 짐작할 수 있다. 더욱이 A본의 일부 광곽이 칼로 자르듯 단절된 모습은 "광곽을 만들 때 쇳물이 녹아내려" 비스듬해졌을 모습과도 일치하지 않는다.

일반적으로 활자본에는 광곽이나 계선이 단절된 현상은 거의 없다. 있다고 하여도 몇 곳에 불과하며, 다른 엽에 반복적으로 나타난다. 왜냐하면, 2~4개의 인판을 번갈아 반복적으로 사용하기 때문이다.

목판본의 경우, 광곽의 일부가 단절된 것처럼 나타나는 이유는 3가지가 있다. 첫째, 책판의 관리상 부주의로 판면의 일부가 파손되어 탈락된 결과이다. 둘째, 책판을 오랜 기간 보존하는 과정에서 건조되면서 나무가 튼 결과, 즉 木理,10) 목재 조직학에서 말하는 "할렬" 현상이다. 셋째, 건조가 더 진행되면서 목리의 정도가 심하여 책판이 빠개진 현상이다. 이 경우 광곽의 단절된 현상이 대체로 1~2mm 정도로 매우 작으면서도 본문까지 이어지는 경우가 간혹 보인다(<사진 2>).

<사진 2> 목판본의 목리 현상과 책판이 빠개진 현상

「論語集註大全」, 20권 7책. 朝鮮庚辰(1820)年新刊內閣藏版刻本.
권1 제40엽하엽 제5~10행 8자(광곽의 튼 틈은 1mm 정도).

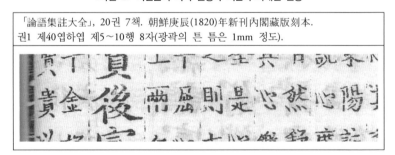

---

10) 목재 조직학에서는 이를 "할렬"이라 한다. 목리는 나무의 세로 절단면의 문양으로 설명하고 있다.

그런데 「증도가」에는 광곽의 일부가 단절된 현상이 A본과 B・C본
의 인출 시기의 선후를 가리기 어려울 정도로 다양하게 나타나고 있다.
그뿐만 아니라 거의 모든 엽에서 보일 만큼 너무 많으며, 단절된 현상
도 매우 크고 모두 다르다. 파손에 의한 탈락으로 보이지만, 금속활자
본이 아닐 가능성으로 보인다.

이에 반하여 목리 현상에 의한 것으로 보이는 경우가 있기는 하되,
광곽의 빠개진 현상이 본문까지 이어지는 경우는 제21엽하엽 제8행 제
6자 "修"・제33엽상엽 제1행 제7자 "下"・제44엽상엽 제1행 제5자
"九"의 3곳이 의심스러운 정도이다. 이 점은 목판본이 아닐 가능성으
로 보인다. 가필 때문인지 아니면 다른 이유가 있는지를 복각본설이 연
구해야 할 과제로 보인다.

따라서 금속활자본 여부를 판단하기 위하여는 B・C본과의 차이를
비교하기보다는, A본 내에서 단절된 현상의 반복 여부를 찾을 필요가
있다. 왜냐하면, 금속활자본 「증도가」를 인출하기 위하여 44개의 인판
을 만들어 한 번 사용하고 끝냈을 리는 없기 때문이다.

3.2 墨色의 濃淡 現象

금속활자본설은 판면의 문자에 따라서, 한 문자 내에서도 묵색의 농박 차이가 A본은 심하지만, B본은 고르다. 이는 활자의 높낮이 차이 때문이라고 하였다(<사진 3>).

<사진 3> 「證道歌」의 농담 현상

A본의 판면	B본의 판면	A·B·C본의 문자
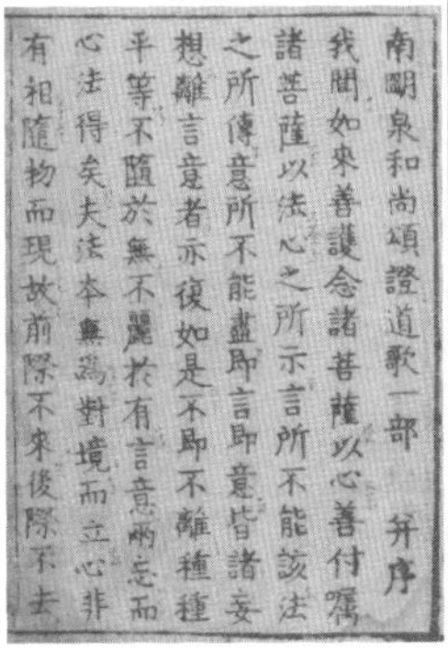 南明泉和尚頌證道歌一部 幷序 我聞如來善護念諸菩薩以心善付囑 諸菩薩以法心之所示言所不能該法 之所傳意所不能盡即言即意皆諸妄 想離言意者亦復如是不即不離種種 平等不隨於無不麗於有言意兩忘而 心法得矣夫法本無爲對境而立心非 有相隨物而現故前際不來後際不去	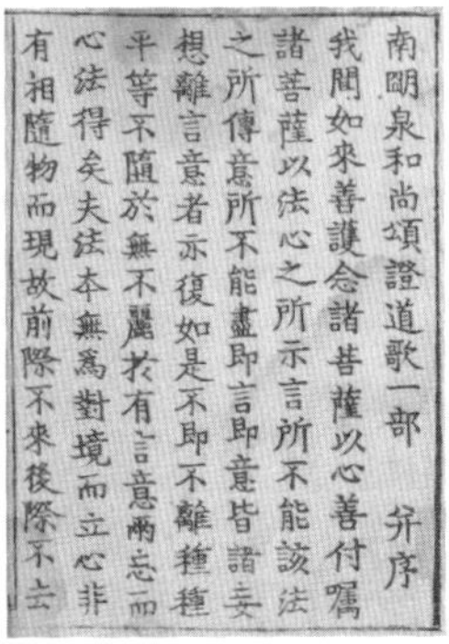 南明泉和尚頌證道歌一部 幷序 我聞如來善護念諸菩薩以心善付囑 諸菩薩以法心之所示言所不能該法 之所傳意所不能盡即言即意皆諸妄 想離言意者亦復如是不即不離種種 平等不隨於無不麗於有言意兩忘而 心法得矣夫法本無爲對境而立心非 有相隨物而現故前際不來後際不去	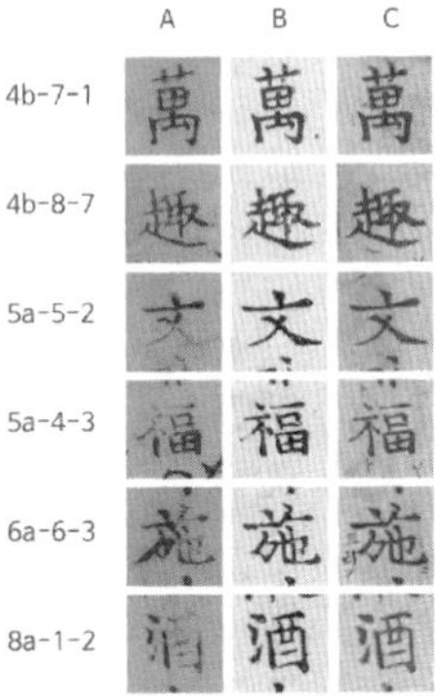

필자의 안목으로도 A본 판면의 문자에 따라서 약간의 묵색 농담 차이는 있어 보인다. 하지만 B본도 정도는 약하지만 역시 약간의 농담 차이가 보인다. 이는 물론 인출면 활자 높낮이의 영향을 크게 받지만, 책지의 지질과 먹물의 도포 상태와 함께 밀대로 밀어내는 인출 기술의 영향으로 나타나기도 한다. 완전 수동식 인쇄의 특징이다. 농담 차이만으로는 활자본과 구별하기 어려운 목판본에서 이 사실을 알 수 있다. 특히 농담 차이를 줄이는 것이 인쇄 기술이므로 수준 높은 활자본은 농담이 크게 차이 나지 않아서 목판본과 비슷한 현상으로 비치기도 한다.

묵색 농담 차이가 활자본의 큰 특징 중 하나지만, 이것만으로 A본이 금속활자라고 단정할 수는 없다. 왜냐하면, 목활자도 유사한 현상이 나타나기 때문이다. 따라서 A본이 금속활자본으로 인정받으려면 금속활자의 특징을 더 추출하여야 한다.

단독 문자의 농담 분석은 더욱 신중하여야 한다. 우선 가필은 제외하여야 한다. 목판본에도 문자에 따라서 농담이 달리 나타날 수 있는 점을 고려하여야 한다(<사진 4>). 정상적인 문자에 나타난 현상이 활자로 인한 것인지, 인출 과정상의 특징인지를 구별할 수 있어야 한다. <사진 3>에서 예시한 문자에는 활자의 특징인 듯한 것도 있고, 다른 요소에 의한 것도 있어 보인다. 따라서 활자본의 분석은 주변 문자의 정황을 종합적으로 분석하여야 실수를 범하지 않을 수 있다. 왜냐하면, 상하좌우 활자의 영향으로 농담이 달라질 수 있기 때문이다.

<사진 4-1> 목판본 문자의 농담 현상(판면 전체)

「春秋經傳集解」, 30권 15책. 日本舊刊本. 권3 제23엽하엽.

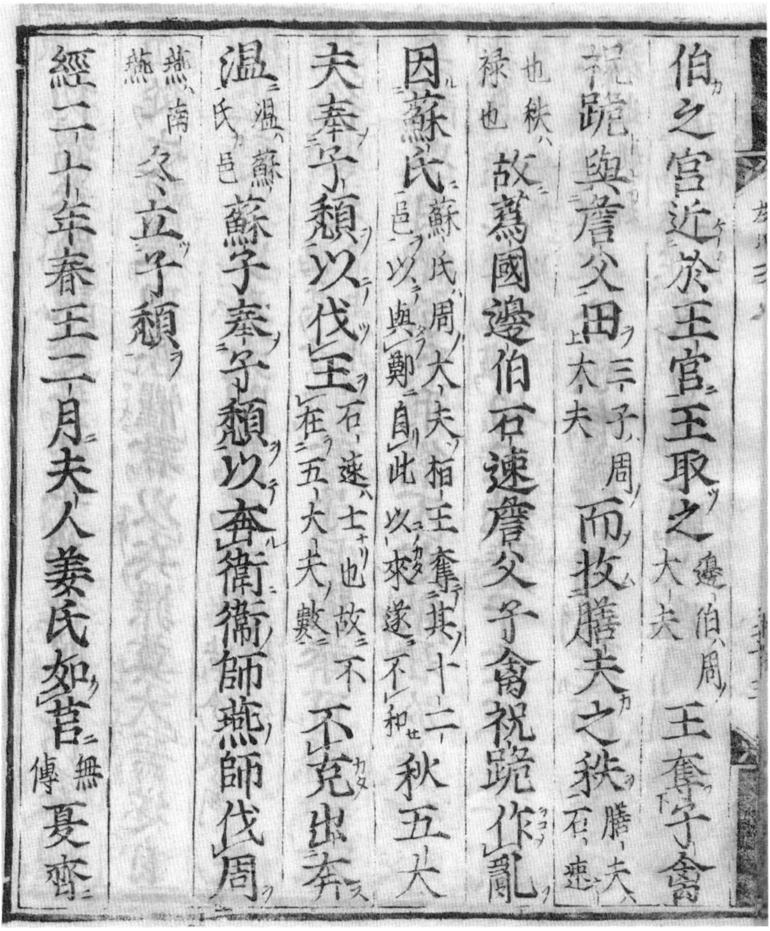
伯之宮近於王宮王取之邊伯周大夫王奪子禽
祝跪與詹父田三子周大夫而收膳夫之秩膳夫石速
祝也秩祿也故蔿國邊伯石速詹父子禽祝跪作亂
因蘇氏蘇氏周大夫桓王奪其十二邑以與鄭自此以來遂不和秋五大
夫奉子頹以伐王石速士也故不在五大夫數不克出奔
溫溫蘇氏邑蘇子奉子頹以奔衛衛師燕師伐周
燕南燕冬立子頹
經二十年春王二月夫人姜氏如莒無傳夏齊

<사진 4-2> 목판본 문자의 농담 현상(문자 부분)

「山谷詩集注」, 淸宣統2(1910)年傳春官覆宋紹興刻本 (각 엽 상엽 또는 하엽 이하의 숫자는 行字 수. 이하 동).			
권2 제15엽하엽 1-8	권2 제20엽하엽 9-9우 "盧"	권2 제21엽상엽 4-11	권2 제27엽상엽 4-5

권1 제7엽하엽 3-4～9	권1 제9엽하엽 9-6～9	권1 제12엽하엽 4-4～9	권2 제21엽상엽 9-1～9
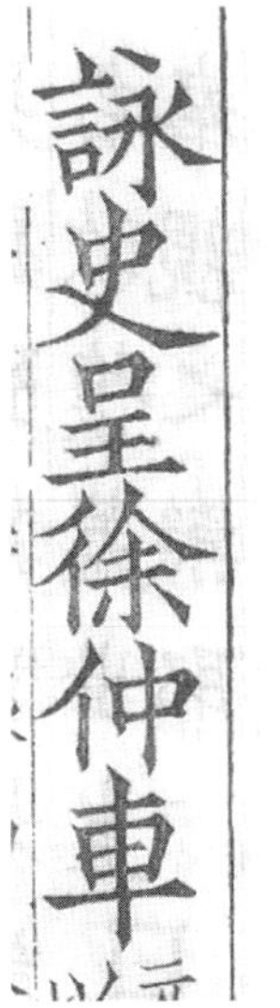		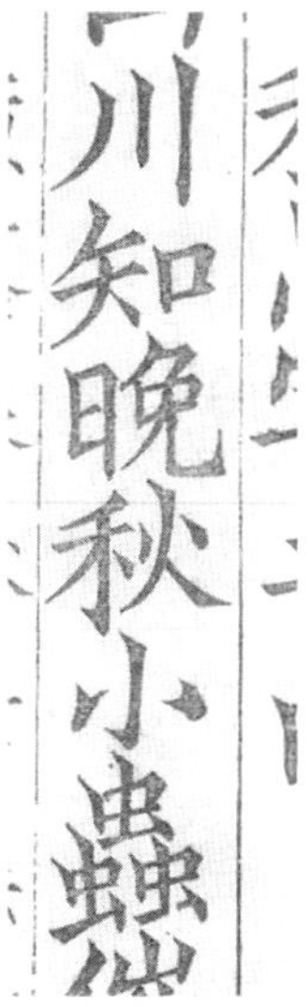	

3.3 活字의 움직임 現象

금속활자본설은 A본에 조판 미숙으로 활자가 밀렸다고 하면서 사례를 예시하였다. 목판본에는 있을 수 없다고도 하였다(<사진 5-1>).

<사진 5-1> 「證道歌」 A본의 활자 움직임 현상

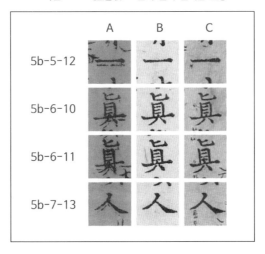

필자의 견해로는 완전한 감별 실수다. 이는 인출장의 실수에 의한 이중 인출 현상이다. 인출장이 인판에 먹물을 도포한 후, 책지를 인출면 위에 얹을 때 부주의로 단번에 얹지 못하고 약간 움직인 결과다.

금속활자본설은 계선이 없는 제5엽하엽의 본문용 활자가 움직인 현상을 제시하고 있다. <사진 5-1>에 제시된 것처럼 인출된 문자의 자적만 보면, 마치 활자가 움직여서 나타난 결과로 보일 수도 있다.

A본에는 이중 인출 현상이 제5엽하엽·제6엽상엽·제9엽상엽·제10엽상엽·제29엽하엽·제39엽상엽·제43엽하엽 등의 7곳에 보인다.

그중 제9엽상엽에는 우변 상부의 광곽이(<사진 5-2>), 제43엽하엽에는 우측의 판심 계선이 활자와 함께 이중 인출되었다. 만약 금속활자본설대로 활자가 움직였다면, 독립된 개체인 활자의 움직인 정도와 방향 등이 각각 달리 나타나야 할 것이며, 광곽과 계선은 고정되어 있어야 한다. 그러나 활자가 움직였다는 부분을 종합적으로 살피면, 광곽이나 계선도 활자와 동일한 방향·거리·각도의 이중 인출 현상을 보인다. 그뿐만 아니라 이중 인

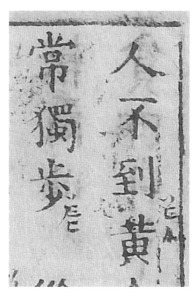

<사진 5-2> 「證道歌」 A본의 이중 인출 현상 (제9엽상엽, 제1~2행, 제1~4자 본문과 광곽)

출된 유격이 활자가 움직여서 나타난 결과라고 하기에는 너무나 멀리 떨어진 예도 있다. 이는 활자가 움직여서 나타난 현상이 아니고, 인출장의 실수로 인하여 인판과 책지와의 관계가 움직인 방증이다.

이러한 현상은 목판본에도 어렵지 않게 발견할 수 있다(<사진 6>). 동일한 판본이라 하여도 모든 복본에 다 나타나는 것은 아니다. 이중 인출 현상은 필자가 2003년 활자본의 인쇄 기술을 평가하기 위한 객관적 척도를 계량화하여 제시할 때, 평가 요소의 하나로 제시하였다.[11]

---

11) 曹炯鎭, "古活字 印刷技術의 評價에 관한 硏究", 「書誌學硏究」 제25집(2003. 6), 369-406.

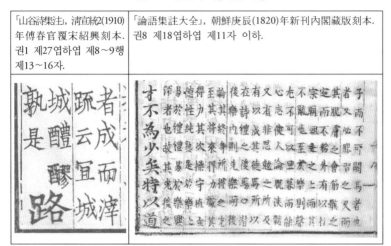

「山谷詩集注」, 清宣統2(1910)年傳春官覆宋紹興刻本. 권1 제27엽하엽 제8~9행 제13~16자.	「論語集註大全」, 朝鮮庚辰(1820)年新刊內閣藏版刻本. 권8 제18엽하엽 제11자 이하.

3.4 補寫와 加筆 現象

금속활자본설은 전혀 인출되지 않거나, 일부 필획이 불완전하게 인출된 문자를 완전하도록 보충하였는데, 이는 활자가 낮거나 기울어져서 나타난 것이라고 하였다(<사진 7>).

<사진 7> 「證道歌」의 보사와 가필 현상

보사 문자			가필 문자		
	A	B	C		A	B	C
27a-1-5				40a-7-9			
29b-8-15				40b-4-2			

필자의 판단으로는 문자가 전혀 인출되지 않을 정도는 교정 과정에
서 수정된다. 더욱이 고려시대 중앙정부의 활자본에서 문자가 인출되
지 않은 현상을 그대로 두고 인출했다고는 믿어지지 않는다.

또한, 문자가 인출되지 않거나, 일부 필획이 불완전하게 인출되는 원인
은 여러 가지가 있다. 일부 필획이 불완전하게 인출된 문자는 목판본에서
도 어렵지 않게 찾을 수 있다. 제시한 서영을 보면 A·B·C본이 공히 유
사해 보인다. 금속활자본임을 증명할 수 있는 직접 증거가 되지 못한다.
기본적으로 補寫나 加筆 문자는 연구 대상에서 제외하는 것이 원칙이다.

3.5 쇠똥과 철편 現象

금속활자본설은 쇠똥 자국과 철편이 반영된 문자를 예시하고 있다
(<사진 8>).

<사진 8> 「證道歌」의 쇠똥과 철편 현상

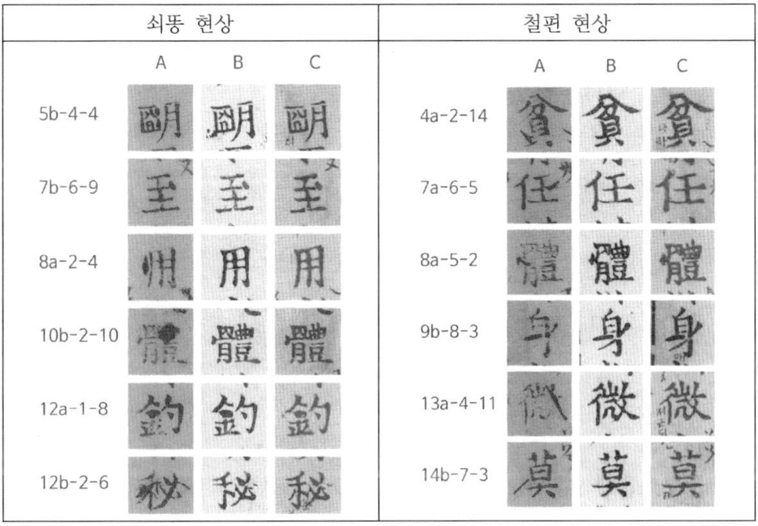

필자의 생각은 묵즙이 인출 과정에서 번진 현상이 아닌가 판단하여야 한다. 또 묵즙을 도포하는 과정에서 먹솔의 부스러기가 인출면에 붙어서 자적으로 반영된 경우도 구별하여야 한다(<사진 9>).

금속활자는 주조 과정에서 너덜이가 없을 수 없다. 이는 사용 전에 깨끗이 다듬는다. 활자의 문자면을 제외한 동체 상의 너덜이는 깨끗이 다듬을 수 있다. 그러나 문자면 상의 너덜이는 제거할 수 없다. 그래서 대체로 폐기하는데, 너덜이의 정도가 가벼워서 사용할 만한 경우는 문자면과 동일한 높이까지는 다듬는다. 따라서 필획 사이의 너덜이에 의한 잡묵이 문자와 함께 인출된다. 주의할 점은 이 너덜이의 묵색도 문자와 동일하다. <사진 8>에서 예시한 사례는 쇠똥 또는 철편 부분의 묵색이 문자 부분과 농담이 완전히 다르다.

<사진 9> 먹솔 부스러기 등이 인출면에 반영된 문자

「山谷詩集注」, 淸宣統2(1910)年傅春官覆宋紹興刻本.		
권1 제14엽상엽 9-5	권2 제10엽상엽 4-3	권1 제2엽하엽 3-16
	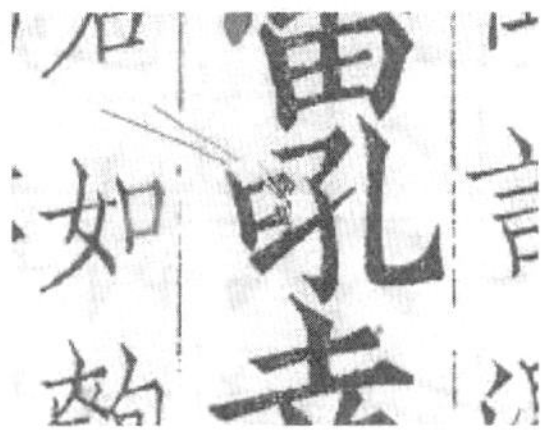	
권1 제16엽하엽 8-3	권1 제21엽상엽 1-5	권2 제8엽상엽 1-14

이상 제시한 금속활자본설의 증거는 모두 간접 자료로서, 목판본에서 드물게 나타나는 예외적인 현상이다. 목판본에 흔하지 않은 현상이라 하여, 이를 근거로 금속활자본이라고 주장하는 것은 어리석다. 그뿐만 아니라 복각본인 B·C본과 다르니까 A본이 금속활자본이라는 판단은 비약이다. A본 역시 또 다른 목판본일 수도 있다는 가능성이 있다. A본으로부터 직접 증거를 찾아야 한다.

4. 金屬活字本의 鑑別

금속활자본설의 근거가 부족하다면, 무엇을 찾아내어야 금속활자본으로 인정받을 수 있는가? 금속활자본의 감별 방법이 실로 중요하지 않을 수 없다.

4.1 木板本의 特徵 解明

「증도가」가 금속활자본으로 인정받으려면 우선 목판본의 특징을 해명하여야 한다. 광곽 등 이미 거론된 요소 외에도 수많은 판심 계선과 문자 상의 목리 현상, 판심 하단의 인명 등이다. 특히 판심 하단의 인명은 거의 목판본에만 나타나는 특징으로서, 아직 활자본에서는 발견하지 못하였다. 이는 각수명으로서 임금을 계산하려는 방편으로 알려져 있다. 간혹 약칭이나 흘려 쓴 명칭을 사용하기도 한다.

「증도가」에는 淂·東伯·叔敄·珎才·唐甫·公大·吳準·一明·二世·元暉·思集 등 11명의 인명이 있다. 이 중 東伯·珎才·公大·一明의 4명은「증도가」의 복각이 이루어지던 1239년에「再雕大藏經」의 각

수로도 참여하였다. 이들과 함께 唐甫·吳準도 1236년부터 1251년 사이에 이루어졌을 것으로 추정되는 「再雕大藏經」의 각수로 참여하였다.12)

4.2 活字의 再使用

궁극적으로는 설득력 있는 금속활자본의 방증을 종합적으로 찾아야 한다. 활자인쇄는 목판인쇄의 책판에 조각한 문자를 재사용할 수 없다는 불편을 극복하여 재사용함으로써 인쇄 효율을 높이고자 발명된 기술이다. 따라서 활자의 생명은 재사용이다. 「증도가」에 수록된 8,660개의 문자를 위하여 8,660개의 금속활자를 만들어 한 번 사용하고 끝냈을 리는 만무하다. 재사용 여부를 찾는 방법은 똑같은 실수는 반복되지 않는다는 원리에 착안하여, 금속활자본설이 제시한 쇠똥 문자, 철편 문자 등의 독특한 문자, 또는 기타 10여 획 정도의 특징적인 문자를 선정하여 「증도가」에 사용된 경우를 모두 추출하여 비교하면 간단하다(<사진 10>). 역설적이게도 완벽하게 주조된 활자의 자적을 피하는 이유는 하나의 활자로 두 번 찍었는지, 두 개의 활자로 각각 한 번씩 찍었는지 구별하기 어렵기 때문이다.

---

12) 남권희·김성수·조형진, 『「南明泉和尙頌證道歌」 복원을 위한 기초 조사연구』 (청주: 청주시, 2003), 39-40, 51-55.

<사진 10> 활자 재사용의 예

「直指」卷下		
6엽下엽8-5, 8엽下엽7-17, 15엽上엽10-12 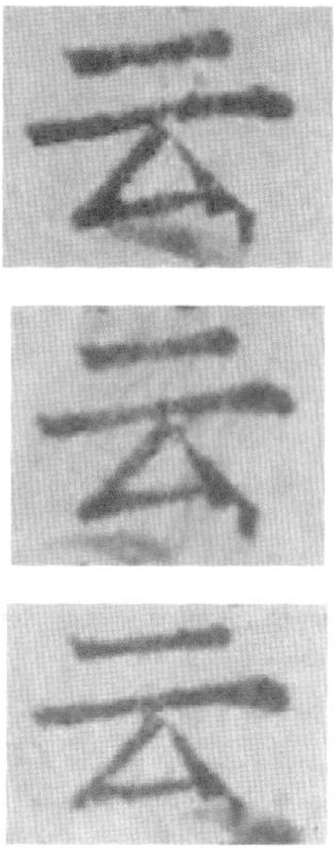	13엽上엽4-4, 20엽上엽6-17, 32엽下엽5-5 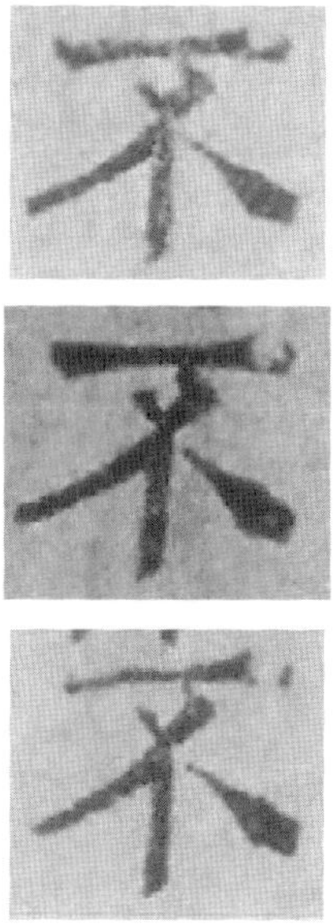	4엽下엽10-13, 6엽下엽4-17, 10엽下엽4-3 

4.3 印版의 再使用

인판 역시 반복하여 재사용하였음은 물론이다. 필자의 감각으로 「증도가」의 인출을 위하여 1~4장의 인판이면 충분하다. 따라서 인판에 고정적으로 쓰이는 광곽·계선·판심·어미·광곽과 계선의 缺口 등에 반복적으로 나타나는 특징을 찾아서 제시하면 간단하다. 民國 6(1917)年敦睦堂木活字印本인 「霍氏宗譜」의 卷1 霍氏創修譜略 제2~6엽과 希周公譜叙略 제1엽까지에 나타난 현상을 보면, 상하 광곽 내선

의 들림과 끊어짐, 판심 계선의 이어짐 또는 끊어짐, 흑어미의 문양 등
이 반복되는 모습을 볼 수 있다(<사진 11>).

<사진 11> 인판 재사용의 예

「霍氏宗譜」, 32권 12책. 民國6(1917)年敦睦堂木活字印本.
卷1 霍氏創修譜略 제2∼6엽, 希周公譜叙略 제1엽

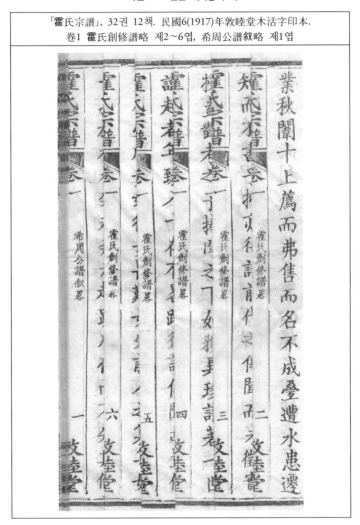

4.4 印出面의 높이 差異 現象 등

이 밖에 인출면을 구성하는 광곽·계선·판심·활자 등 각각의 높이 차이에 의한 현상(<사진 12>), 문자의 전도와 탈락 등도 유력한 방증이다. 이상은 목활자 등을 포함한 활자본의 방증이다.

<사진 12> 인출면 활자 및 광곽과 활자의 높이 차이 현상

「儷文程選」, 12권 6책. 1627년訓鍊都監字本. 권1 제1엽상엽 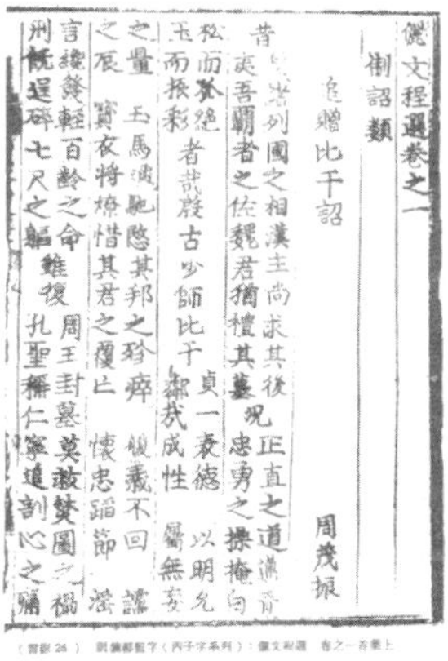	「直指」, 권하 제7~8·11~12엽하엽 상변 제1~11행 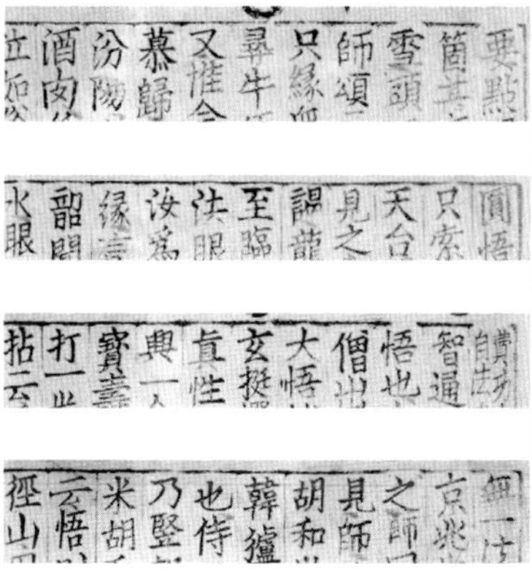

4.5 字樣의 一致 現象과 油煙墨의 墨色 特徵

더 나아가 금속활자본의 특징을 제시하여야 한다. 한 엽에 쓰인 복수의 동일한 문자의 자양 일치 여부(<사진 13>), 금속활자에 사용하는 유연묵의 묵색 특징(<사진 14>) 등도 추출할 수 있다면 금속활자본으로 인정될 수 있을 것이다. 특히 자양의 일치 여부는 금속활자의 주조 방법까지 유추할 수 있는 중요한 증거가 될 수 있다. 「증도가」 A본이 금속활자본이라면 금속활자본의 특징은 그 안에 있다. 이를 위하여 인쇄 기술사적 안목이 필요함은 물론이다.

<사진 13> 동일한 문자의 자양 일치 현상

「東坡先生詩」, 25권 25책. 1434-1450年間甲寅字印本.	
卷6 제3엽하엽 2-3~4・8-3~4	卷6 제20엽하엽 4-4・5-16・9-6・10-15

<사진 14> 유연묵의 묵색 특징

直指 活字의 字跡. 권하 제3엽하엽 5-18・제3엽하엽 7-16・제5엽하엽 8-9	甲寅字의 字跡 (「東坡先生詩」, 1434-1450年間印, 卷6, 제3엽하엽 4-2~3, "雪"은 木活字 補字)

4.6 其他 科學的 方法

판본학적 감별 방법 외에도 금속활자본의 방증을 찾을 방법이 있다. ① 현재, 증도가 활자 실물이 일부는 진품으로 밝혀지고 있으므로, 이를 인본 상의 자적과 대조하면 쉽게 논란을 종식할 수 있을 것이다. ②「증도가」의 실물이 존재하므로, 이로부터 먹과 종이의 시료를 채취할 수 있다면 탄소 동위원소 측정 등 과학적 방법도 가능할 것이다.[13] 이는 물론 시료의 양이 분석하기에 충분하여야 하며, 오염되지 않아야 하는 조건이 있다. ③ 다행스럽게도「증도가」실물에는 당시의 구결이 표기되어 있으므로 구결 연구를 통하여 간행 연대를 가늠해 볼 수도 있을 것이다. ④ 목재 조직학적 측면에서도「증도가」에 찍힌 자적이 어떤 재질로부터 인출되었는가를 짐작할 수 있을 것이다.

5. 結 語

이상 검토 결과를 종합하면 다음과 같다.

(1) 1239년의 주자본이 출현하기 전에는, 복각본이 현존하고 있으므로 "彫"를 문자 본래의 의미에 충실하게 '복각'으로 해석함이 타당하다.

(2) 공인박물관 소장「증도가」를 금속활자본으로 단정하기에는 이르다. 광곽·묵색 농담·이중 인출·가필·너덜이 등 제시된 현상은 간접 증거로서 직접 증거를 제시하여야 한다.

(3)「증도가」가 금속활자본으로 인정받으려면 다음의 요소를 제시하여야 한다.

---

13) 황정하 청주고인쇄박물관 학예실장 조언.

1) 활자의 재사용 현상

2) 인판의 재사용 현상

3) 인출면의 높이 차이 현상

4) 字樣의 일치 현상과 유연묵의 묵색 특징

5) 기타 과학적 증거

공인박물관 소장본은 적지 않은 연구 과제를 제시하고 있다. ① 가필 현상이 문자와 광곽에도 적지 않으므로 이를 모두 제외하여 순수한 연구 대상을 추출하여야 한다. ② 일부 엽에 나타난 문자의 필획이 B·C본보다 가는 현상, ③ 광곽의 결락에 선후가 혼재하고 있는 현상이 혹 가필로 인한 혼란인지, ④ 광곽에는 목리 현상이 크고 뚜렷한데 인접한 본문에는 나타나지 않은 이유, ⑤ 판본 전체에 걸쳐서 나타나는, 목판본이라고 하기에는 상당한 정도의 농담 차이 현상 등은 연구 대상이 될 것이다.

미리 말씀드리지만, 이 판본이 어느 판본으로 결론이 날지라도 그 가치는 금속활자의 발명작과 관련되어 있어서 이미 어마어마하다.

附錄 4. 蔡倫은 製紙術의 發明者인가?

1. 緒 言

영국의 철학자 Francis Bacon(1561-1626)은 인류의 문명 발전에 가장 큰 영향을 미친 과학발명으로 지남침·화약·제지술·인쇄술의 네 가지를 들었다. 당시에는 이 네 가지의 발명이 모두 서양에서 이루어진 것으로 인식했었다. 그 후 영국의 역사학자 Arnold Toynbee (1889-1975)에 의하여 이 네 가지의 과학발명이 공교롭게도 모두 중국인에 의하여 서양보다 앞서서 이루어진 것으로 증명되었다. 이로부터 이 네 가지의 발명이 중국인에 의한 것이라는 인식은 세계적으로 공인되고 있다.

그중 제지술에 관하여, 지금까지는 서기 105년에 중국 漢代의 蔡倫이 발명하였다[14]고 알고 있다. 그런데 1970~90년대 중국 居延·敦煌 등지에서 기원 전후의 것으로 보이는 종이의 실물들이 출토되었다. 즉 蔡倫이 종이를 발명한 때보다 훨씬 이전의 종이가 발굴된 것이다. 이 밖에도 여러 출토 실물이 있으며, 문헌에도 蔡倫 이전의 종이에 관한

---

14) (劉宋)范曄, 「後漢書」, 卷78, 宦者列傳第68, 蔡倫.

기록이 보인다. 그렇다면 종이는 과연 蔡倫이 발명한 것인가?

2. 종이의 誕生 過程

종이는 과연 어떠한 과정을 거쳐서 발명되었을까? 지금까지 지구상에 등장했던 수많은 고대 문명 중에서 누에의 입에서 나오는 실을 이용할 줄 알았던 문명은 중국 문명뿐이었다. 이 실의 뭉치, 즉 누에고치를 비단 옷감, 정확하게는 명주로 가공하기 위하여는 섬유 사이에 있는 점액질 등 섬유에 해로운 성분을 제거하여야 한다. 고대의 중국인은 이 같은 유해성분을 제거하기 위하여 누에고치를 넓찍한 대발에 담아서 맑은 물가에서 방망이로 두드리면서 빨았다(<圖 1> 참조). 이 작업이 끝나면 다 씻은 누에고치는 명주로 가공하고, 대발은 걷어서 말려두었다가 다음에 다시 사용하곤 하였다. 그런데 누에고치를 빠는 과정에서 부서져 나올 수밖에 없는 눈에 보이지 않는 미세한 섬유 부스러기가 대발에 남아 있었는데, 이 대발을 깨끗이 헹구지 않은 채 건조한 결과 대발에 남아 있던 섬유 부스러기가 자체의 점액 성분으로 엉겨서 미세한 막을 형성하게 되었다. 이 막을 대발

<圖 1> (淸)吳嘉猷 繪, 漂絮圖(누에고치 빨기)

로부터 뜯어내면 곧 종이의 원조가 되었다. 이처럼 종이는 누에고치를 옷감으로 가공하는 과정에서 우연히 발명되었다. 따라서 만약 대발을 다 사용한 후 깨끗이 헹구어서 건조했으면 종이의 발명이 늦어졌거나 발명되지 못했을 수도 있을 것이다.

이 과정은 최근의 재현 실험에서도 가능성이 증명되었으며, 오늘날까지도 이용되고 있는 수공업 한지의 생산원리와 기본적으로 완전히 일치하고 있다. 종이가 이 같은 과정을 통하여 발명된 결과 종이 "紙"자를 실 糸 변에 쓰게 된 것으로 보인다. 만약 蔡倫이 발명한 것이라면 木 변이나 艹 두에 썼을 것이다.

이처럼 종이의 발명은 생활 속에서 경험이 축적되면서 집단에 의하여 자연스럽게 그리고 서서히 이루어졌다. 그러나 당시에는 그것이 종이 발명의 계기가 된 것을 인식하지 못하고 있다가 먼 훗날 비로소 그것이 중요한 발명이었음을 깨닫게 되었다. 그 결과 발명의 주체·시기·장소를 분명하게 밝히기가 거의 불가능하다.

이 같은 동양의 발명은 마치 동서양 문명의 차이만큼이나 유사하다. 즉 서양의 발명은 인류 생활의 불편을 개선하기 위하여 연구를 거듭한 끝에 이룩한 것이 대부분이어서 발명의 주체·객체·시기·장소 등을 명확히 알 수 있다. 이에 비하여 동양의 발명은 자연에 순응하고 조화를 이루며 생활하는 가운데 점진적으로 경험이 누적되면서 부지불식간에 이루어진 것이 대부분이어서 발명의 주체·객체·시기·장소 등을 명확히 알 수 없다. 심지어 발명 당시에는 그것이 발명인지조차도 인식하지 못하고 있다가 먼 훗날에야 비로소 과거의 그것이 대단한 발명이었다는 것을 깨닫게 된 것도 많다.

종이 발명의 계시는 동물성 단백질 섬유인 누에고치를 가공하는 과정에서 받았지만, 그 후 점차 재료를 생활 주변의 여러 소재로 다양화하면서 식물 섬유를 사용하게 되었다. 이렇게 발상의 전환이 이루어지면서 다양한 식물성 재료를 사용하여 오늘날과 같은 종이를 만들기에 이른 것이다.

3. 종이의 定義

종이란 무엇인가? 어느 범주까지는 종이의 전제 단계며, 어느 범주부터 진정한 종이인가? 전통적인 종이 역시 발명을 위하여는 전제가 되는 과정이 있었을 것이며, 이로 인하여 종이의 개념이 연구자에 따라 일치하지 않고 있다. 이는 종이에 관한 역사나 기술을 연구할 때 우선 해결해야 하는 문제다.

종이의 개념[15]은 재료·제조 과정·외관적 형태·용도 등의 네 영역에서 조건을 살펴볼 수 있다. 첫째, 재료는 반드시 식물 섬유 또는 동물 섬유를 사용하여야 한다. 무기질 섬유·인조 섬유 등을 이용하여 만든 것은 전통적인 의미의 종이가 아니다. 일부 학자는 식물 섬유만을 고집하기도 한다.[16] 둘째, 제조 과정은 재료를 화학적·물리적 방법으로 가공하는 과정을 거쳐야 한다. 즉 화학적 방법으로는 섬유질 속의 불순물을 제거하는 탈교 처리를 통하여 순수한 섬유소를 추출하여야 한다. 물리적 방법으로는 섬유질을 분산시켜서 지장을 조제하고 초조하고 건조하는 정형화된 과정을 거쳐서 처리되어야 한다. 이러한 과정

---

15) 潘吉星, 「中國造紙技術史稿」 (北京: 文物出版社, 1979), 2-8.

16) 그 결과 고고학적으로 출토된 蔡倫(105년) 이전의 마지를 제조 과정상 종이의 범주가 아니라고 부인하면, 종이는 蔡倫의 발명설로 이어진다.

이 아닌 다른 과정으로 처리된 것은 전통적인 의미의 종이가 아니다. 셋째, 완성된 종이의 외관적 형태는 표면이 비교적 평평하고, 질은 부드럽고 질겨야 하며, 기본적으로 섬유를 분산하여 불규칙한 방향으로 결합하게끔 이루어져서 전체적으로 얇은 상태여야 한다. 넷째, 용도는 필사·인쇄·포장 등 생활 문화용품으로 사용될 수 있어야 한다. 이러한 조건을 동시에 만족시켜야 전통적인 의미의 종이라고 할 수 있다.[17]

4. 종이의 千年 旅行

중국 문명이 발명한 종이는 인류 생활에의 편리함으로 인하여 1700년의 여행을 통하여 세계 각국으로 전파되었다.[18]

동쪽으로 한국에는 지리적으로 중국과 밀착해 있는 관계로 4세기경에, 일본에는 서기 610년에 전파되었다.

서쪽으로 敦煌에서는 312∼313년경의 종이가 발견되었다. 大食國(지금의 사마르칸트)에는 751년에, 바그다드에는 793년에 제지 공장이 설립되면서 유럽과 미주에까지 전파되기 시작하였다. 스페인에는 1150년에, 프랑스에는 1180년에, 이탈리아에는 1276년에, 독일에는 1391년에, 영국에는 1494년에 제지술이 전파되었다. 그 후 1690년에는 미주의 Philadelphia에까지 전파되었다.

---

17) 멕시코의 AMATE는 식물 섬유 재료·외관적 형태·용도는 종이의 정의에 일치하나, 화학적·물리적 가공 과정을 거치지 않고 나무껍질 자체를 평평하게 펴는 무두질로 대신한 점에서 종이의 범주에 속하지 않는다.

18) 1. 潘吉星(1979), 146-162.
　　2. 王菊華 등저, 「中國古代造紙工程技術史」(太原: 山西教育出版社, 2006), 390-399.
　　3. ≪造紙史話≫編寫組, 「造紙史話」(上海: 上海科學技術出版社, 1983), 174-185.

5. 蔡倫 以前의 文獻 記錄

종이를 언급하고 있는 고문헌의 기록 중에서 蔡倫의 종이 관련 기록 연대인 서기 105년 이전의 것은 모두 16건에 이른다.[19]

(1) (唐)袁郊, 「三輔故事」[20]의 기록: 衛太子大鼻, 武帝病, 太子入省, 江充曰: 上惡大鼻, 當持紙蔽其鼻而入.

(2) (漢)班固, 「漢書」, 司馬相如傳의 기록: 相如爲武帝作「游獵賦」, 帝令尙書給筆札. 이에 관한 (唐)顔師古 注의 기록: 時未多用紙, 故給札以書.

(3) (漢)班固, 「漢書」, 趙皇后傳의 기록: 武發篋中, 有裹葯二枚, 赫蹏書曰: 告偉能努力飮此葯, 不可復入, 汝自知之. 이에 관하여 (唐)顔師古가 「漢書」를 註釋할 때 (東漢)應劭를 인용한 기록: 赫蹏, 薄小紙也. 또 (曹魏)孟康을 인용한 기록: 蹏猶地也, 染紙素令赤而書之, 若今黃紙也.

(4) (東漢)應劭, 「風俗通」의 기록: 建武元(AD 25)年冬, 漢光武帝(劉秀)由長安車駕徙都洛陽, 載素‧簡‧紙經凡2000輛.

(5) (劉宋)范曄, 「後漢書」, 賈逵傳의 기록: 建初元(AD 76)年詔逵入講北宮白虎觀, 南宮云臺. 帝善逵說, 使出「左氏傳」大義, ……令逵自選……諸生高才者20人, 敎以「左氏」, 與簡‧紙經傳各一通.

(6) (晉)袁宏, 「後漢紀」, 孝和帝紀의 기록: 永元14(AD 102)年冬10月,

---

19) 1. 陳大川, 「中國造紙術盛衰史」(臺北: 中外出版社, 1979), 14-17.
   2. ≪造紙史話≫編寫組(1983), 21-22.
   3. 王菊華 등 저(2006), 39-46.

20) (後漢)韋彪, 「三輔舊事」에도 같은 고사의 기록이 있다.: 衛太子岳鼻, 太子來省疾, 至甘泉宮, 江充告太子勿入, 陛下有詔惡太子岳鼻, 當以紙蔽其鼻. 充語武帝曰: 太子不欲聞天子濃臭, 故蔽鼻; 武帝怒太子, 太子忝還.

辛卯立皇后鄧氏, ……后不好玩弄珠寶之物, 不過于目, 諸家歲時裁供紙墨通殷勤而已.

(7) (東漢)服虔, 「通俗文」의 기록: 方絮曰紙, 字從糸氏.

(8) (東漢)許愼, 「說文解字」의 기록: "紙, 絮, 一苫也, 從糸·氏聲."; "絮, 敝緜也, 從糸·如聲."; "簀, 牀棧也, 從竹·責聲."

(9) 「說文解字」에 관한 (淸)段玉裁 注의 기록: "紙, 絮一苫也, ……苫, 澈絮簀也; 澈, 於水中擊絮也. ……按造紙昉於漂絮, 其初絲絮爲之, 以苫荐而成之, 今用竹質·木皮爲紙, 亦有緻密竹簾荐之是也"; "絮, 敝緜也, ……敝緜·孰緜也, 是之謂絮"; "漂, 浮也, ……漂澈, 水中擊絮也."

(10) (唐)張懷瓘, 「書斷」의 기록: 漢興有紙代簡, 至和帝時, 蔡倫工爲之.

(11) (宋)陳槱, 「負喧野錄」의 기록: 蓋紙, 舊亦有之, 特蔡倫善造爾, 非創也.

(12) (宋)蘇易簡, 「文房四譜」의 기록: 漢初已有幡紙代簡, 成帝時, 有赫蹏書詔, 應劭曰: 赫蹏, 薄小紙也. 至後漢元興, 中常侍蔡倫剉故布及魚網·樹皮而作之彌工, 如蒙恬以前已有筆之謂也.

(13) (南宋)史繩祖, 「學齋拈畢」의 기록: 紙·筆不始于蔡倫·蒙恬, ……但蒙·蔡所造, 精工于前世則有之, 謂紙·筆始此二人則不可也.

(14) (明)謝肇淛, 「五雜俎」의 기록: 今人謂紙始于蔡倫, 非也. 西漢「趙飛燕傳」: 篋中有赫蹏書. 應劭曰; 薄小紙也. 孟康曰; 染紙令赤而書, 若今黃紙也, 則當時已有紙矣, 但倫始煮穀皮·麻頭·敝布·魚網搗以成紙, 故紙始多耳.

(15) (淸)祈駿佳의 인식: (漢)班固, 「漢書」, 趙皇后傳의 赫蹏·「西京記」의 赫蹏, 注云; 薄小紙也·「三輔故事」의 衛太子以紙蔽鼻 등 3건은 모두 蔡倫 이전으로 종이가 蔡倫에 의하여 시작된 것이

아님을 알 수 있다. 혹 蔡倫의 제지는 古法을 종합하여 정통하
게 알았으므로 그 이름을 갖게 된 것이다.

(16) (梁)顧野王, 「玉篇」의 기록: 上漢(西漢)人所謂紙, 絲絮所成, 今
紙, 木皮麻布所造.

이상의 기록을 분석하여 종합하면 크게 4종류로 구별할 수 있다.
3・7・8・9・12의 전반부, 14・15・16 등 8건의 기록은 繭絮紙를
의미한다. 견서지는 누에고치의 솜으로 만든 종이인데 옷감을 짜는
방식이 아닌 비방직 수단으로 만들어진 것이다. 즉 겸백(명주)과 유
사하나 방직 수단으로 제작된 것이 아니다. 2(간독)・10(죽간) 등 2
건의 기록은 간독을 의미한다. 1(素, 겸백)・4(素, 겸백)・5(겸백)・6
(素, 겸백)・12의 후반부(겸백) 등 5건의 기록은 幡紙를 의미한다. 번
지는 겸백의 별칭으로 명주다. 그리고 11・13 등의 2건은 견서지인
지 겸백인지 마지인지 재료를 알 수 없다.

이상의 문헌 기록은 蔡倫 이전에 누에고치를 이용한 종이, 즉 繭紙가 이
미 8건이나 있었음을 증명하는 근거가 되고 있다. 다만 이상의 문헌 기록
에 견 이외에 麻를 사용하였다는 기록이 없어서, 대부분의 출토 실물인 麻
紙가 蔡倫 이전에 이미 있었다는 사실을 문헌으로 증명하지 못할 뿐이다.

6. 蔡倫 以前의 出土 實物

중국에서 고고학적으로 출토된 매장 문화재 중에서 蔡倫 이전의 종
이로 판명된 것은 10건에 이른다.[21] 비록 이에 대하여 종이의 범주가

---

21) 1. 潘吉星(1979), 24-30.
　　2. 王菊華 등 저(2006), 46-78.

아니라거나 연대가 더 늦다는 주장도 있으나, 학계의 대세를 정리하면 다음과 같다.

(1) 羅布淖爾紙: 1933년 新疆省 羅布淖爾의 漢代 봉수대 터에서 발굴된 麻質의 종이다. 백색으로 사변이 불완전한 네모의 얇은 조각이다. 문자는 없다. 크기는 약 4×10cm로 지질은 거칠고 고르지 못하며 표면에 마의 섬유가 보인다. 대체로 종이 제작 초기의 작품으로 정교하지 못하다. 동시에 출토된 목간에 (西漢)宣

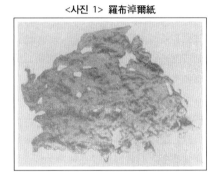

<사진 1> 羅布淖爾紙

帝 黃龍 元(BC 49)年의 연호가 있어서 같은 시대의 것으로 보인다. 실물은 1930년대 항일전쟁 시기에 훼멸되었다. 이에 대하여 종이 직전의 원시 형태라는 주장이 있다.

(2) 査科爾帖紙: 額濟納(河)紙라고도 칭한다. 1942년 가을, 居延 額濟納河 연안의 査科爾帖 봉수대에서 발굴된 현존 세계 最古의 문자가 있는 마지이다(<사진 2> 참조). 지질은 거칠고 덩어리로 뭉쳐 있어서 두터운데(약 3mm) 대발 문양은 분명하지 않다. 크기는 약 10×10cm, 진한 갈색이다. 이보다 상층부에서 스웨덴의 Bergman에 의하여 (西漢) 和帝 永元 5(AD 93)~7(AD 95)년의 무기 목간과 10(AD 98)년의 역참 목간이 발견된 점으로 미루어 이 시기 전후의 것으로 보인다. 현재 臺灣 中央研究院 歷史語言研究所 도서관 소장. 이에 대하여 109~110년의 유물일 수 있다는 주장이 있다.

<사진 2> 査科爾帖紙

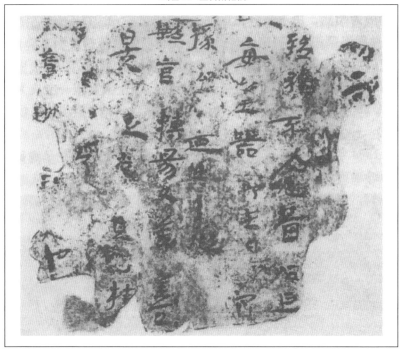

<사진 3> 灞橋紙

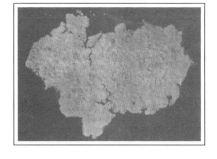

(3) 灞橋紙: 1957년 5월, 陝西省 灞橋의 고분에서 여러 부장품과 함께 발굴된 종이다. 길이와 폭이 최대 10cm 정도 이하의 88개 조각들이지만 황색을 띤 麻紙로 섬유는 가늘고 얇고 균일하여 제작기술이 상당히 성숙했음을 알 수 있다. 발굴 초기에는 동물성 絲質 섬유로 오판하기도 하였다. 동시에 출토된 부장품을 분석하면 (西漢)武帝(BC 142-87) 시기보다 늦지

않을 것으로 보이는데, 종이 역시 이 시기의 것으로 보인다. 이 출토 유물은 연대에 대한 이의가 있고, 제작 방법 상 종이의 범주가 아닌 마섬유 뭉치라는 주장이 있다.

(4) 居延 金關紙: 1973∼1974년, 居延 金關의 봉수대 성곽 유적지에서 목간·기타 실물과 함께 발굴된 2건의 종이다. 하나는 덩어리 상태를 편 결과, 크기는 21×10cm의 백색으로 얇고 균일한데 한쪽면은 평평하지만, 한쪽 면은 섬유질이 약간씩 일어나 있다. 지질은 세밀하고 견인한 大麻 섬유다. 같은 곳에서 출토된 목간의 하한이 (西漢)宣帝 甘露 2(BC 52)년이다.

<사진 4> 金關紙

또 하나는 크기가 11.5×9cm로 暗黃色이며 마의 굵은 섬유·끈·넝마 조각 등이 섞여 있는 거친 식물성 종이로 희소한 경우다. 출토된 지층이 (西漢)平帝(BC 1-AD 5)·(西漢)哀帝 建平年間(BC 6-3) 이전에 속한다. 제지 방법 상, 종이 직전의 원시 형태라는 주장이 있다.

(5) 中顔紙: 1978년 12월, 西漢시대의 저장고에서 청동기 등과 함께 출토된 종이다. 이는 銅泡(청동기의 일종)의 입구를 밀봉하기 위하여 마개와의 공극에 충전했던 것인데, 분석 결과 뭉쳐진 종이였다. 乳黃色의 마지로 가장 큰 것은 6.8×7.2cm이고 기타 몇 조각은 크기가 고르지 않다. 지질은 비교적 견인하고 접힘에 강하며 색채도 비교적 좋고 좀먹거나 썩지도 않았다. 灞橋紙보다 약간 정교하나 역시 여전히 거친 편이다. 확대경으로 관찰하면 섬유 다발과 완전히 헤쳐지지 않은 마 노끈 조각

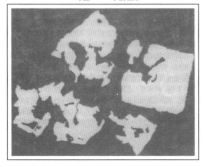
<사진 5> 中顔紙

이 비교적 많이 보이고, 조직이 성기며 섬유질의 분포가 고르지 않다. 두께는 0.22~0.24mm다. 종이의 물리적인 구조를 보면 초기의 종이임에 틀림이 없어서, 羅布淖爾·金關의 마지와 가깝다. 출토 유물을 분석하면 저장고는 (西漢)平帝 이전의 것이며, 마지의 제작 연대는 (西漢)宣帝(BC 73-49) 시기의 것으로 보인다. 제지 방법 상, 종이 직전의 원시 형태라는 주장이 있다.

<사진 6> 馬圈灣紙

(6) 馬圈灣紙: 1979년 10월, 甘肅省 敦煌縣 馬圈灣 봉수대 터에서 각종 생활 유물과 함께 발굴된 종이로 5건의 8조각에 이른다. 지질은 麻紙인데 이미 구겨진 상태로 출토되었다. 하나는 황색으로 거칠고 섬유 분포가 고르지 못하며 가장자리는 분명하다. 크기는 32×20cm로 지금까지 출토된 마지 중에서 가장 크다. 동시에 출토된 목간은 (西漢)宣帝 元康年間(BC 65-61)부터 甘露年間(BC 53-50)의 것이다. 다른 4조각은 가축의 분뇨와 함께 쌓여 있어서 색깔이 오염되었는데 황색을 띠고 있고, 지질은 곱고 균일하다. 동시에 출토된 목간은 (西漢)成帝(BC 32-7)·哀帝(BC 6-1)·平帝 시기의 것이다. 다른 한 조각은 백색으로 지질은 곱고 균일

하다. 가장자리에 마의 섬유가 노출되어 있다. 다른 2조각은 백색으로 지질은 곱고 균일하다. 王莽(AD 9-21) 시기의 것으로 보인다. 그러나 우수한 제지 가공 기술까지 관찰되는 점에서 東漢 후기 또는 그 이후의 종이라는 주장이 있다.

(7) 象崗紙: 1983년 6월, 廣州 象崗山에서 BC 2세기 西漢 초기의 제2대 南越王 고분을 발견하였는데, 여기에서 1,000여 점의 각종 유물과 함께 출토된 종이다. 가장 큰 조각이 3×4cm, 灰黃色이다. 묘실이 여러 번 침수된 결과 종이 역시 심하게 부식되었다. 섬유는 麻紙, 동시에 麻

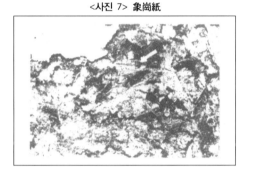

<사진 7> 象崗紙

布도 출토되었다. 墓主의 신분이 명확하여 같은 시대의 종이로 보인다. 그러나 재료와 제작 방법 면에서 종이의 범주가 아닌 마섬유 또는 마포라는 주장이 있다.

(8) 放馬灘紙: 1986년 3월, 甘肅省 放馬灘에서 발견된 고분군(秦墓 13기, 漢墓 1기) 중, 漢代의 고분에서 여러 부장품과 함께 출토된 마지이다(<사진 8> 참조). 이는 地圖가 그려져 있는 종이로 관 안의 사자의 흉부에 있었다. 지질은 얇고 부드러우나 고분 안에 물이 배여 있고 습기가 차서 불규칙한 파편만 남아 있었다. 출토 당시에는 황색이었는데 지금은 엷은 灰黃色으로 변했고, 표면에 오물이 묻어 있기는 하지만 평평하고 매끄럽다. 지도는 가는 검은 선으로 산·강·도로 등의 도형을 그렸다. 그리는 방법은 長沙 馬王堆의 漢墓에서 출토된 帛書의 그림과 유사하다. 크

기는 5.6×2.6cm로 현재까지 알려진 最古의 종이 지도 실물이다. 이 고분의 구조는 秦墓와 기본적으로 같으나, 부장품의 특징이 陝西省·湖北省 雲夢 등지의 漢墓와 유사하여 (西漢)文帝(BC 179-157)·景帝(BC 156-141) 시기의 것으로 보인다. 이에 대하여 연대에 대한 이의와 면직물 지도라는 주장이 있다.

<사진 8> 放馬灘紙

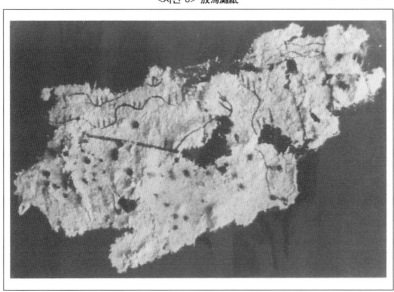

(9) 懸泉紙: 1990〜1992년 1월, 敦煌 동쪽 64Km의 漢代 懸泉 역참 유적지에서 70,000여 점의 유물과 함께 출토된 460여 건의 마지로, 흑색·갈색·백색·황색을 띠고 있다. 그 중 10건에는 문자가 기록되어 있는데, 백색 또는 황색이다. 출토된 35,000여 점의 간독 중, 문자가 있는 것은 23,000점이다. 주요 내용은 역참·우편·조서·정부 문서·율

령·직급·사법 문서·장부·서신·문화 전적 등이다. 그중 1,900점에는 연대 표시가 있는데 (西漢)武帝 元鼎 6(BC 111)년부터 東漢 安帝 永初 원년(AD 107)년까지이다. 전체 간독은 魏晉시대까지 약 400년에 걸쳐 있어서 장기간 서사 재료의 주류로 사용되었음을 알 수 있다. 이 유적지는 지형의 구조와 출토 유물의 분포로 보아 5개의 지층으로 구분할 수 있다. 제1층 표층은 현대에서 漢代까지의 유물이 섞여있다. 여기에서 西晉 시기의 종이 1건이 출토되었는데, 7행 31자의 편지글이다. 크기는 14×7.5cm의 황갈색 네모 형으로 지질은 거친 부분과 고운 부분이 있다(<사진 9> 참조). 이는 표층 가까이에서 출토되기도 하였지만, 종이의 가공 기술·황염색·문자의 서체·사용 용어 측면에서 晉代의 유물로 보인다. 제2층인 東漢-西漢 王莽층에서 종이가 가장 많이 출토되었다. 지질은 거친 것과 고운 것이 섞여 있는데 서체로 보아 東漢의 중후기~王莽 시기로 보인다. 여기에서 출토된 문자가 있는 종이 2건 중 1건에는 예서체 2행 "巨陽大利繕皂五匹"이 있다. 크기는 30×32cm, 회황색이다. 東漢층 가까이에서 출토된 다른 1건에는 의복의 명칭이 쓰여 있다. 제3층은 西漢층으로 문자가 있는 종이 4건 중 1건은 초서체 2행의 문자 "□持書來, □敵薔□"가 있는 문서로 보인다. 크기는 7×3.5cm, 백황색이다. 제4층은 西漢 宣帝-昭帝(BC 86-74) 후반층. 제5층은 西漢 昭帝-武帝층으로 문자가 있는 종이 3건에는 예서체 "付子·薰力·鈿辛"이 쓰여 있는데, 모두 藥材名으로 보아 약재 포장지로 보인다. 크기는 각각 18×12.6cm·12×7cm·3×4cm, 백색이다. 이에 대하여 이 지역은 교통의 요지로 漢·晉·淸代의 여러 건축물이 혼재하였고, 광풍 水災 등 변화가 심한 자연 조건으로 인하여 지층이 교란되었을 가능성이 크며, 그 결과 출토된 간독의 문자도 종이의 고증에 절대적일 수 없으며,

제지 기술이 우수한 점 등에서 西漢의 종이를 부인하기도 한다.

<사진 9> 懸泉紙

<사진 10> 綿陽紙

(10) 綿陽紙: 1995년 2월, 四川省 綿陽의 雙包山 지역에서 발견된 대형 고분에서 1,000여 건의 부장품과 함께 출토된 종이다. 木槨의 중간 부분에서 파편 상태로 발견되었는데, 크기는 1.5×5cm의 작은 것에서 20×32cm 정도로 큰 것도 있다. 두께는 약 0.2mm, 색상은 백색이나 황색을 띄고 있다. 표면에 형광 물질이 직선형으로 묻어있다. 육안으로도 식별이 가능할 만큼 일부 돌출된 섬유가 보이는 것도 있다. 문자나 지도가 기록된 실물도 3건이나 있다. 연대를 알 수 있는 기물은 출토되지 않았는데, 고분의 매장 형식과 출토 유물에 근거하면 西漢 文帝에서 武帝 시기의 것으로, 대체

로 BC 179~AD 98년으로 고증되었다. 이들의 재료는 마지라는 설과 고정지라는 설이 있다. 고정지 설은 이 종이가 근래 도굴꾼에 의하여 혼입된 골판지로 보고 있다.

이상의 출토 실물 종이는 반론이 있기는 하지만 蔡倫 이전의 유물들로 보인다. '紙千年, 繭五百'이라는 말이 있다. 종이는 수명이 천년을 가며, 명주는 오백 년을 간다는 말이다. 앞에서 살펴본 종이의 출토 실물은 모두 麻 또는 식물 섬유다. 그러나 문헌 기록을 보면 식물 섬유를 이용한 종이 이전에 繭을 이용한 동물 섬유 종이가 있었음을 충분히 짐작할 수 있다. 다만 2000여 년이나 지난 오늘날 일부 보존이 잘된 식물 섬유 종이는 남아서 출토되고 있으나, 동물 섬유 종이는 수명이 식물 섬유만큼 길지 않은 까닭에 모두 부식되어 출토 실물 중에 견지가 없는 것으로 보인다.

7. 蔡倫의 貢獻

앞에서 살펴본 바와 같이 문헌 기록과 출토 실물은 蔡倫 이전에 이미 종이가 있었음을 증명하고 있다. 그렇다면 왜 蔡倫을 종이의 발명자라고 하는가? 蔡倫이 종이를 발명한 것이 아니라면, 蔡倫은 제지술의 발달 과정에서 어떠한 역할을 하였는가?

蔡倫 이전까지는 종이를 만드는 기술이 미숙하여 생산된 종이의 품질이 좋지 못하기 때문에 궁중이나 귀족들은 이를 사용하기를 꺼렸다. 또한, 재료도 다양하지 못한 결과 공급이 제한적이어서 종이의 생산량은 그다지 많지 않았으며 백성의 일상생활에서도 보편화되지 못했을

것으로 짐작된다.

　湖南省 출신인 蔡倫은 조정에서 사용하는 각종 기물과 물품을 공급하는 직책을 맡은 책임자였다. 종이는 이러한 물품 중의 하나였다. 蔡倫은 맡은 바 업무상 이 같은 물품과 기물의 품질을 연구하고 개량하여 더 좋은 것을 충분히 공급해야 하는 책임을 잘 알고 있었다. 그는 제지 기술의 개량을 위하여 河南省 지역의 여러 제지 공장을 돌아보고 돌아와 더욱 우수한 종이를 만들기 위하여 시험 제작에 착수하였다. 이러한 과정을 통하여 이룩한 蔡倫의 공헌은 다음과 같이 요약할 수 있다.

　(1) 다양한 재료의 개발: 蔡倫은 당시까지 마지 제조에 사용한 재료인 넝마·마·노끈 등에, 추가로 생활 주변에서 쉽게 구할 수 있는 나무껍질과 헤어진 어망을 사용하였다.

　(2) 기술의 개량: 어망은 넝마나 노끈보다 가공하기 어려운 재료이므로 이를 사용할 수 있도록 기술을 개량하면서 제지 재료의 공급량과 종이의 생산량을 크게 늘릴 수 있게 하였다. 더 나아가 나무껍질을 재료로 개발하면서 동시에 가공 기술도 남방에서 많이 생산되는 대나무로 대발을 사용할 수 있도록 개량하여 종이를 대량으로 생산할 수 있도록 하였다.

　(3) 대중에의 보급: 또한 蔡倫은 이 같은 종이의 생산을 제도화하고, 궁중이나 일부 계층만이 사용할 수 있도록 제한하지 않고 백성에게 보급하도록 조정에 건의하여 일상생활에 널리 사용할 수 있도록 함으로써 큰 변화를 가져오게 하였다. 이처럼 서기 105년에 드디어는 蔡倫에 의하여 다양한 재료가 사용되고 기술적으로 크게 개량되면서 대량생산이 가능하게 되었고 일상생활에서 보편적으로 사용할 수 있게 된 것이다. 그 후 과거로 인재를 등용하는 봉건사회는 종이의 수요를 촉진하는

영향을 주었다.

종합하면 (1) 당시의 넝마·마·노끈 등을 사용한 기존의 마지 제조 기술을 개량하여 마지의 품질을 높였고, 헤어진 어망을 재료로 사용하여 재료의 공급량을 확충하고, 기술을 개량하였다. (2) 나무껍질을 종이의 재료로 개발하고 남방에서 많이 생산되며 일상생활에 쓰이는 대나무로 대발을 만들어 종이를 뜨는 데 사용할 수 있도록 하였다. 즉 제지의 새로운 재료로 목본 인피섬유와 대발을 사용할 수 있게 함으로써 기술상 일대 발전을 이룩한 점이다. (3) 조정에 종이의 생산과 사용을 건의함으로써 대중의 일상생활에 널리 사용할 수 있도록 한 제지술의 개혁자이면서 보급자 역할도 한 점이다. 이 점이 제지술의 개혁자 蔡倫의 최대 공헌으로써 불멸의 업적으로 기록된 것이다. 그 결과 종이는 蔡倫이 발명한 것이라고까지 확대된 것으로 보인다.

8. 結 言

이상에서 연구된 내용을 요약하면 다음과 같다.

(1) 역대의 문헌에 나타난 기록과 출토된 종이 실물은 분명히 蔡倫이전의 것으로, 蔡倫은 종이를 발명한 것이 아님을 증언하고 있다. 엄밀히 구분하면 蔡倫은 종이의 발명자는 아니다. 종이는 집단에 의하여 그 이전에 이미 발명된 것이다.

(2) 그러나 蔡倫이 제지 기술 발달 과정에서 보여준 역할은 재료 공급의 다양화와 기술 개량 측면에서 거의 발명에 가까울 만큼 혁신적이었다. 더 나아가 종이의 생산과 보급을 조정에 건의함으로써 모든 백성

에게 일상생활에서 혜택을 입을 수 있도록 하였다.

(3) 이를 통하여 우리는 역사적 사실을 정확하게 판단할 수 있는 근거가 되는 고문헌 기록의 중요성과 고고학적 출토 실물의 가치를 제대로 인식하고, 이를 발굴하고 보존하기 위한 정신 자세를 새로이 하는 노력이 필요함을 알 수 있다. 따라서 오늘날 우리는 문헌 기록과 출토 실물에 근거하여 이러한 역사적 사실을 정확히 인식하고, '발명이냐? 개량이냐?'를 구분하려는 소모적인 논쟁보다는 蔡倫의 인류 생활에 대한 공헌을 사실 그대로 인정하는 것이 현명할 것이다.

〈색인〉

조형진(曺炯鎭・Cho, Hyung-Jin)

중앙대학교, 문학학사
中華民國 國立臺灣大學, 문학석사
中華民國 中國文化大學, 문학박사수학
중앙대학교, 문학박사

미국 University of Washington, Visiting Scholar
日本 帝京大學, 客員研究員
강남대학교, 교수(현재)

저서
中韓兩國古活字印刷技術之比較研究
「直指」復原 研究

「慵齋叢話」"活字"條 實驗 研究
An Experimental Investigation of the "Type" Paragraph in *Yongiae Ch'onghwa*

: 朝鮮時代 鑄物砂法 金屬活字印刷術
: Metal Typography of Green Sand Mould Casting Method in Joseon Dynasty

초판인쇄 2020년 2월 29일
초판발행 2020년 2월 29일

지은이 조형진
펴낸이 채종준
펴낸곳 한국학술정보㈜
주소 경기도 파주시 회동길 230(문발동)
전화 031) 908-3181(대표)
팩스 031) 908-3189
홈페이지 http://ebook.kstudy.com
전자우편 출판사업부 publish@kstudy.com
등록 제일산-115호(2000. 6. 19)

ISBN 978-89-268-9862-8 93010